포시에트에서
아르바트까지

이 책은 한국연구재단의 지원(NRF 362-2009-1-B00005)으로 발간되었음.

포시에트에서 아르바트까지

러시아 속 한국 발자취 150년

김현택 · 라승도 · 이은경 지음

HUEBOOKs

추천의 글

1995년 유난히도 추운 겨울, 상트페테르부르크 시내를 거닐다가 마린스키 극장에 들러 공연을 보고 깊은 감동에 빠졌던 기억이 생생합니다. 이때부터 시작된 저와 러시아의 인연은 그 후 상트페테르부르크국립대학교로, 한·러대화(Korea-Russia Dialogue) 활동 등으로 계속 이어졌고, 지금은 영광스럽게도 러시아 대사 직을 수행하고 있습니다.

김현택, 라승도, 이은경 교수가 공동 집필한 『포시에트에서 아르바트까지: 러시아 속 한국 발자취 150년』을 독자 여러분에게 소개하게 되어 아주 기쁜 마음입니다. 제목이 말해주듯이 지난 150년간 '러시아'에 발자취를 남긴 '한국'의 이야기를 시대별 주제별로 기술한 이 책은 2년 전 출간되어 독자들에게서 호응을 얻은 '한국'에 발자취를 남긴 '러시아'의 이야기를 다룬 책 『사바틴에서 푸시킨까지: 한국 속 러시아 발자취 150년』의 후속편이라 할 수 있습니다. 이전에 출간된 책이 우리가 미처 알지 못하던 한국 내 러시아 흔적들을 일깨워주는 계기가 되었다면, 이 책은 그와 대칭을 이루며 러시아 내 한국의 발자취에 대한 체계적 조망을 시도하고 있습니다.

이러한 책의 출판 자체는 양국이 과거와 현재를 관통하여 그만큼 서로 많은 영향을 주고받았다는 사실을 보여주고 있어 의미가 매우 크다고 봅니다. 특히 선행 도서가 알렉산드르 티모닌 대한민국 주재 러시아 대사의 추천사로 시작한 것에 이어서, '러시아 속 한국 이야기'를 담은 후속작의 추천사를 러시아연방 주재 대한민국 대사 자격으로 제가 쓰게 되어 더욱더 영광스럽습니다.

이 책에서 우리는 러시아 내 한국인들의 과거와 현재를 두루 확인할 수 있습니다. 러시아 한인의 생활공간이자 독립운동 무대였던 극동 지역과 러시아 역사, 문화, 스포츠 등 각 분야에서 두각을 나타낸 고려인의 발자취를 통해 러시아 내 한국의 '과거' 이야기가 전개되는 한편, 러시아인들 사이에서 최근 큰 인기를 누리고 있는 한국문화, 케이팝(K-pop), 한국 음식 등을 통해서는 러시아 내 한국의 '현재' 모습이 생생하게 소개되고 있습니다. 특히, 이 책을 읽으면서 독자들은 지금까지 많이 알려지지 않았던 러시아 거주 한인들의 활약상, 러시아 전역으로 확산 중인 한국 문화의 높은 인기, 우리 기업들의 역동적인 움직임도 새롭게 인식할 수 있다고 확신합니다.

러시아와 한국은 여러 분야에서 서로 좋아하는 것들이 있습니다. 우리 한국 사람들은 러시아 문학, 공연, 음악에 대해 큰 관심을 두고 많은 사람이 러시아에서 공부하고, 즐기고 있습니다. 또한, 러시아에서는 최근 많은 젊은이가 케이팝 등 한국 문화에 큰 관심을 보이며 한국을 좀 더 알아가고자 합니다. 평일 저녁 혹은 주말에 한국어 수업에 참여하여 한국어와 한국 문화를 배우는 러시아 젊은이들을 쉽게 찾아볼 수 있습니다. 한국을 대표하는 기업 중 하나는 '러시아에서 가장 사랑받는 브랜드' 여론조사에서 7년 연속 1위를 차지하기도 했습니다. 이 책은 이러한 현실도 잘 보여주고 있습니다. 문헌 연구와 러시아 여러 지역 현지 답사에서 얻은 생생한 자료를 활용하며 이 책에서 필자들이 소개하고 있는 '러시아에 투영된 한국의 다양한 모습'에서 우리는 오랜 역사를 두고 진행된 양국 간 교류의 흥미로운 결실과 현대 러시아에서 한국의 위상을 새삼 확인할 수 있습니다.

2018년은 한·러 관계가 새롭게 도약하는 한 해가 될 것으로 기대합니다. 이를 위해서는 양국 사람과 사람 사이의 소통과 교류가 어느 때보다 더 필요할 것입니다. 모쪼록 이 책이 양 국민 사이의 상호 이해에 이바지하는 소통과 공감의 매개체가 될 수 있기를 바랍니다.

저도 모르는 사이에 러시아에 제 발자취 하나를 남기게 되었듯이, 이 책을 읽는 독자들도 그런 발자취를 앞으로도 계속 이어가 주시기를 바라며, 『포시에트에서 아르바트까지: 러시아 속 한국 발자취 150년』이 과거, 현재, 미래에 걸쳐 우리 모두의 발자취를 서로 연결해 주는 소중한 길잡이가 되었으면 합니다.

2017년 12월
러시아연방 주재 대한민국 대사
우윤근

머리말

러시아 속 한국 발자취를 찾아서

유라시아 대륙에 걸쳐 방대한 영토를 차지하고 있는 러시아는 수 개국과 국경을 접하고 있다. 북유럽과 중유럽, 발트해, 벨라루스와 우크라이나, 캅카스, 중앙아시아, 몽골, 중국 등 많은 나라와 인접해 있다. 짧다고는 하지만, 한반도와도 두만강을 경계로 인접해 있다. 그리고 러시아는 오랜 역사를 통해 서로 다른 문명에 속하는 다양한 국가와 민족과 교류하며 독특한 삶의 양식과 문화예술을 일궈왔다.

오늘날 많은 한국인에게 러시아가 미국, 일본, 중국 같은 나라들보다 더 낯설게 여겨지듯이, 대다수 러시아인에게 자국 영토 동쪽 끝자락에 인접해 있는 한국은 이미지가 선명하지 않은 동양의 한 나라에 불과할 수도 있다. 러시아가 우리에게 익숙하지 않은 까닭은 해방 후 남북이 분단되고 냉전 체제가 지속하면서 과거 소련과의 직접적 교류 통로가 완전히 닫혀 있었기 때문이다. 러시아인들로서는 지리적으로 가깝고 문화 교류가 훨씬 활발했던 유럽과 비교할 때 동북아 지역 국가들, 그중에서 특히 한국에 대한 관심은 미미했을 수 있다.

하지만 이러한 고정관념은 지난 세기말에 크게 달라졌다. 1988년 서울 올림픽 참가를 계기로 소련이 한국을 새롭게 발견했고, 1990년 수교 이후에는 많은 한국인이 개혁·개방 정책을 내걸고 변화하는 소련을 앞다투어 방문했다. 상대방에 대한 호기심과 막연한 기대감이 충만하던 이 시기에 한국과 러시아 국민은 오랜 역사를 두고 양국 간에 이루어진 다양한 교류와 상호 영향에 미처 관심을 기울일 여유가 없었다. 어쩌면 오랜 단절과 적대 관계 속에서 한·러 교류의 과거 역사 상당 부분이 제대로 조명되지 못한 채 묻혀 있던 탓도 있었다.

양국의 많은 사람에게 있었던 이런 피상적 인식과는 달리, 두만강을 경계로 짧은 국경을 맞대고 있는 한국과 러시아는 지난 150여 년 동안 꽤 흥미로운 교류 경험을 쌓았다. 한반도 최북단 지역에 거주하던 우리 동포들의 러시아 이주와 정착으로 시작된 양국 간 인적 교류는 이후 한국인들이 광활한 유라시아 대륙 곳곳으로 퍼져나가며 현지 삶에 적응하고 이바지하는 긴 역사로 이어졌다. 다른 한편, 바다를 통한 대외 교류가 원활치 못했던 오래전 한국에서 북방의 이웃 러시아는 서양식 문화를 대표하는 이색적 공간으로 인식되었다. 육로를 통해 서로 오가며 직접 교류할 수 있었기에 가능한 일이었다.

연해주 지역에 우리 동포들이 이주해 정착하면서 시작된 한국과 러시아 사이의 접촉과 교류의 역사는 시간이 흐르면서 몇 단계의 변화 과정을 겪었다. 한인들이 농사지을 땅을 찾아 러시아 국경을 넘었던 시기 이후에는 일제 치하에서 조국 해방을 위해 시베리아·극동 지역을 무대로 활동하던 항일 독립운동가들이 있었다. 그중 일부 인사는 식민 통치하의 민족해방 운동을 적극적으로 지지하는 공산주의 이데올로기에 매료되어 스스로 모스크바 여행길에 오르기도 했다. 1937년에는 연해주를 중심으로 한 극동 지역에 집중적으로 거주하던 동포들이 하루아침에 강제 이주되는 비극적 사건이 있었다. 그 결과 한인들은 척박한 중앙아시아 땅에서 맨손으로 다시 새 삶을 개척해야 했다.

다른 한편, 사할린에는 일제 강점기에 징용으로 끌려와 탄광에서 일하다가 해방 후 조국으로 돌아가지 못하고 남아 살게 된 동포들이 있었다. 이러한 경로로 러시아 땅에 뿌리내린 한국인들은 러시아 사회에서 한국에 대한 이미지를 형성하는 데 중요한 역할을 담당했다. 스탈린 사망 이후 도래한 이른바 해빙기에는 소수민족의 재이주가 부분적으로 용인되었고, 중앙아시아 지역 거주 한인 중 일부는 유럽 지역을 포함한 러시아 주요 거점 도시로 진출했다. 고등교육을 받은 후 전문 분야로 진출한 러시아 한인들은 여러 분야에서 두각을 나타냈다. 한국 성을 가진 노동 영웅, 운동선수, 소설가, 학자, 화가, 음악가 중에는 전국적 명성을 얻은 사람들이 여럿이었다. 흥미로운 점은 우리 동포들의 이동 경로를 따라 한국인의 생활 습관과 음식 문화가 소개되고 또 그중 일부가 현지인들 사이에서 확산했다는 사실이다.

제정 러시아 시대부터 시작된 러시아의 한국 관련 연구와 교육의 역사도 한국에 대한 이해에 적잖게 이바지했다. 120년 역사를 자랑하는 러시아 한국학은 정치적 상황에 따라 단절과 복원을 거듭하던 중에서도 높은 수준의 학문적 전통을 유지해왔다. 서구 최초의 한국어 교육, 한·러 사전 편찬, 한국 고전문학 번역, 한국 역사 연구 등 기초 인문 분야에서 러시아 한국학은 빛나는 업적을 이뤘다.

희소 분야가 갖는 한계에도 불구하고 러시아 한국학이 낳은 소중한 성과들은 직접 교류가 아예 없었거나 북한과의 제한적 소통 채널만 가동되던 시기에 한국과 러시아(소련) 두 나라를 간접적으로나마 연결하는 교량 역할을 담당했다.

1990년 한·러 수교 이후 갑자기 직접 교류의 물꼬가 트이면서 비즈니스, 관광, 문화예술, 교육과 학술 등 다양한 분야에 걸쳐 교류가 크게 활성화되었다. 수도 모스크바에는 어학연수를 받으러 온 한국 대학생과 유학생, 우리나라 대표 기업들의 지상사 직원과 가족들이 밀려들었다.

오래전 러시아 땅에 뿌리내리고 러시아 전역에 흩어져 살던 우리 동포들 외에 새로운 한국인들이 러시아 중심부에 모습을 나타낸 것이다. 이들과 함께 러시아에는 한국산 전자제품과 다양한 소비재가 상륙했다. 삼성과 LG의 각종 전자제품과 함께 도시락 라면, 초코파이 같은 한국 식료품도 러시아 시장을 석권했다. 그리고 최근 들어서는 한국 대중문화, 이를테면 케이팝, 드라마, 영화, 한식당 등의 약진도 두드러진다. 한국인으로 러시아에 귀화한 빅토르 안 선수가 소치 동계 올림픽에서 러시아에 여러 개의 금메달을 안겨주면서 국민적 영웅으로 떠오르는가 하면, 한국에서 발레 수업을 하고 러시아에서 활동하며 세계적 수준의 마린스키 극장에서 수석 무용수로 활동하는 김기민 같은 인물도 있다. 요컨대, 오늘날 러시아 속 한국은 선명한 이미지로 존재한다.

150년 전 러시아 영토 주변부에 정착한 한인들에서 시작된 러시아 속 한국의 첫 발자취는 역사 속에서 넓은 공간으로 확장되었고, 여러 굴곡 과정을 거쳐 오늘날에 이르러서는 정치와 외교, 경제와 무역, 학술과 문화, 관광과 인적 교류 등 모든 영역에 걸쳐 쌍방향의 호혜적 협력이 활성화되고 있다. 『포시에트에서 아르바트까지』라는 제목을 붙인 이 책의 주목적은 지난 150년 동안 축적된 러시아 속 한국의 발자취를 따라가며 살펴보고 유형화하는 데 있다. 이 과정에서 필자들은 배고픔에서 벗어나기 위해 타국 땅을 찾았던 동포들과 빼앗긴 조국을 되찾기 위해 시베리아·극동 지역을 누비던 애국선열들의 피땀과 눈물이 마침내 러시아 땅 중심부에서 한국이 이룬 경제성장의 기적과 민주화의 결실로 피어나면서 러시아인들 사이에 새로운 한국의 이미지를 선명하게 각인시키고 있음을 확인할 수 있었다. 포시에트는 오래전 연해주로 이주했던 우리 동포들이 초기에 정착한 작은 러시아 항구의 이름이며, 아르바트는 모스크바의 대표적인 중심 거리로 주변에 롯데호텔과 현대자동차의 전시관, 러시아 록 음악의 전설인 빅토르 최를 위한 추모의 벽 등이 자리 잡고 있다. 상징적 의미가 큰 이 두 공간의 명칭을 책 제목으로 선정한 이유가 여기에 있다.

이처럼 주변에서 중심으로 진출한 러시아 속 한국의 발자취는 결코 우리 한국인들의 독자적인 노력으로만 형성된 것은 아니며, 모든 것이 한국과 러시아 두 나라 사람들 사이의 정신적 교감과 상호 이해, 다른 문화와 생활양식에 대한 상호 존중과 수용이 있었기에 가능했다는 것이 필자들의 공통된 의견이다. 아울러 두 나라 사이의 교류 과정에서 역사를 통해 누적된 유무형의 다양한 자산은 앞으로 양국의 젊은 세대들이 주도할 한층 더 창의적이고 호혜적이며 미래 지향적인 협력과 협업을 매개로 더욱더 위력을 발휘하리라는 기대도 하게 되었다.

여러 분야에 흩어져 있는 다양한 정보 수집과 관련 문헌 조사, 주요 인사 인터뷰, 라승도, 이은경 박사의 현지 답사와 사진 촬영 자료 등을 두루 활용하여 현재의 모습으로 재구성한 '러시아 속 한국 발자취 150년'이 양국 관계의 역사적 뿌리를 살펴보고, 그동안 상호 교류 성과를 정리하고 더 나아가 공동의 미래를 설계하는 데 참고가 되었으면 하는 바람이다. 마침 2018년은 두 나라가 전략적 협력 동반자 관계를 선언한 지 10주년이 되는 해이고, 2020년에는 한·러 수교 30주년을 맞이할 예정이니 이번 작업이 2년 전 출간한 『사바틴에서 푸시킨까지: 한국 속 러시아 발자취 150년』과 짝을 이루어 양국 관계와 교류의 문화적, 인문적 차원을 재조명하는 데에도 조금이나마 이바지할 수 있기를 바란다.

끝으로, 이 책이 세상의 빛을 보기까지 여러 사람의 관심과 성원, 도움이 많았다. 특히, 우윤근 러시아연방 주재 대한민국 대사님, 이석배 블라디보스토크 주재 총영사님, 이진현 상트페테르부르크 주재 총영사님, 엄기영 이르쿠츠크 주재 총영사님께 깊은 감사의 말씀을 드린다. 모스크바와 상트페테르부르크, 블라디보스토크, 이르쿠츠크 등은 러시아 속 한국 발자취와 관련한 자료와 정보가 많아 이들 지역 재외공관의 도움이 긴요했다. 매우 빠듯한 일정 속에서도 우리 책의 원활한 출판을 위해 최선을 다해 도와준 한국외국어대학교 지식출판원 신선호 팀장님과 이환 D&B 박정원 이사님에게도 감사의 마음을 전한다.

2017년 12월 26일

필자들을 대신하여 김현택

포시에트에서
아르바트까지

차례

제2부 러시아에 뿌리내린 한국 문화와 예술

제3부 러시아를 사로잡은 한국의 멋과 맛

제1부

유라시아 대륙으로 진출한 한인들

1장

러시아 한인 공동체의 기원과 신한촌

오늘날 한국인 중에는 러시아 작가 안톤 체호프에 관해 한번쯤은 들어봤을 사람들이 적지 않을 것이다. 체호프는 문학도가 아니어도, 굳이 러시아와 연관된 사람이 아니어도 우리나라에서 가장 많이 무대에 올린 연극의 원작자로, 아니면 한번쯤 포스터에 붙은 이름으로라도 만나봤을 러시아인이다. 한국인의 남다른 체호프 사랑을 떠올리면서 그와 한국의 작은 인연에 대해 생각해보게 된다. 체호프의 작품 속에서 한국인에 대한 언급이 있다는 것을 아는 사람은 정작 그리 많지 않을 것이다.

19세기 러시아의 기라성 같은 작가들 사이에서 빼어난 단편 소설과 희곡들로 명성을 얻었던 체호프는 말년에 획기적인 단편 연작 『사할린 섬』(1893)을 발표했다. 이 작품은 1890년 4월부터 시작된 6개월간의 여행 기록으로 사회학적 조사의 성격이 강했다. 그도 그럴 것이 이 작품은 당시 혹독한 유형지였던 사할린 섬의 생활풍습과 지리, 동식물, 교도소 제도, 유형수의 삶, 강제노역, 노인, 여인과 아이들, 날씨에 이르기까지 거의 모든 것을 담아낸 일종의 현실 보고서였다.

구한말 러시아로 이주한 한인에 대한 체호프의 증언도 바로 이 작품에서 전해들을 수 있다. 그 옛날 저 멀리 모스크바에서 명성을 떨치던 유명 작가가 한국인에 대해 알고 있었다니 지금 생각해봐도 그저 놀랍기만 하다.

> *세묘노프 밑에는 만자(우수리 지역과 연해주에 사는 중국인)와 조선인, 러시아인이 일하고 있다. [중략] 나는 또 「크론시타트 통보」 1890년 제112호에서 '사할린 섬, 마우카만에 관한 상당히 흥미로운 몇 가지 정보'라는 기사를 발견했다. 내용은 마우카가 10년간 해조류 채취권을 러시아 정부에서 받은 회사의 소재지였고, 그 주민은 유럽인이 3명, 러시아 군인이 7명, 그리고 조선인, 아이누인, 중국인으로 구성된 노동자가 700명이라는 것이다.* (안톤 체호프, 『사할린 섬』, 55쪽, 179쪽)

체호프의 『사할린 섬』은 근대 사할린에 거주하는 한인들에 관한 최초 기록으로 역사적으로도 중요한 의미가 있다. 알려진 대로라면 한인들이 사할린으로 이주하게 된 것은 1930년대 일제 강점기 강제징용에 의해서였다. 그러나 체호프는 이미 19세기 말에 사할린의 노동 현장에서 한인들을 목격했다고 증언하고 있다. 그렇다면 한인들이 러시아 땅에 등장한 것은 강제징용 때보다도 훨씬 더 전이었음을 알 수 있다.

구한말 조선은 러시아를 가깝게 느끼고 있었다. 국가적으로는 일본을 견제하기 위해 친러 정책을 펼치고 있었고, 일반 민중은 러시아를 기회의 땅으로 여기고 있었다. 러시아 극동 지역은 한반도와 두만강을 접하고 있어 접근이 용이했다. 러시아 땅에 발을 딛게

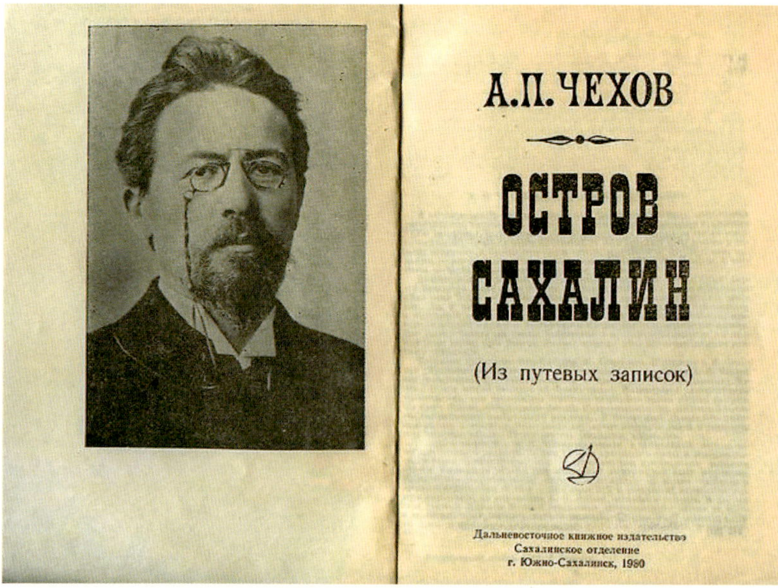

안톤 체호프의 여행기 『사할린 섬』(사진 : 한국외국어대학교 러시아연구소, 이하 IRS로 약칭)

된 최초의 한인들은 굶주림에 지쳐 조선 땅에서 더는 살아갈 희망을 찾지 못한 사람들이었다. 형편 좋은 곳을 찾아 도착한 땅이 바로 러시아였다.

한인의 러시아 이주 1863년 함경도 농민 13가구가 굶주림과 억압을 피해 두만강을 넘어 포시에트 항구로 옮겨오면서 시작됐다. 이 시기 월경은 조선의 국법에 어긋나는 것이었다. 그럼에도 농가가 단체로 이주를 강행했으니 생존을 위한 불가피한 상황이었음을 짐작케 한다. 당시 조선왕조는 강력한 쇄국정책을 펼치고 있어서 외부인의 접촉과 국외 이주가 엄격히 금지되어 있었다. 하지만 러시아와 중국의 접경지대에 거주했던 일부 조선인은 산삼을 찾거나 사냥을 위해 국경을 넘나들었다. 러시아 땅으로의 한인 이주는 두 개의 역사적 사건에 의해 촉발되었다. 조선의 접경 지역이던 연해주가 러시아 영토로 편입된 사건이 하나이고, 또 다른 하나는 러시아의 적극적인 이주 장려 정책이었다.

러시아는 1860년 아편전쟁에서 패한 중국 청나라와 맺은 베이징 조약에 따라 연해주 일대를 넘겨받았다. 러시아는 처음 10년간 이 지역에서 심각한 인력난을 겪었다. 1861년 4월에 제정된 '아무르주와 연해주 이주 러시아인과 이민족을 위한 규범'은 이 지역으로 이주하는 모든 사람에게 정착 대여금, 토지, 면세 등의 특혜를 제공하는 파격적인 조건을 내걸었다. 러시아 황제 알렉산드르 2세는 연해주 이주민에게 20년 무세금과 군사의무 면제 등의 혜택을 부여하며 이주를 적극 권장했다. 그러자 한인들의 이주 행렬은 기하급수적으로 늘어났다. 조선 이북 지역 주민들이 봉건군주의 잔혹한 전횡과 대지주, 관료, 고리대금업자들의 횡포를 피해 러시아와 만주의 접경지대로 몰려들면서 최초의 한인 이주자가 되었다. 이렇게 해서 극동 지역으로의 본격적인 이주가 시작되었고, 연해주 총독 표트르 카자케비치도 1864년 한인 이주를 공식적으로 허가했다.

당시 한인들은 블라디보스토크에서 남우수리 지역으로 약 250km 정도 떨어져 있으면서 두만강과 경계를 이루고 있는 포시에트만 일대를 중심으로 마을을 형성했다. 한인들은 포시에트를 목허우라고 불렀고, 이곳에 최초의 한인 정착지 지신허 마을이 형성되었다. 1864년 1월 14가구 65명의 한인이 조선 정부 몰래 러시아 지역으로 이주하여 노브고로드 국경 초소에서 15km 떨어진 지점에 자리를 잡았다. 바로 이곳이 러시아어로 티진헤라고 불리는 지신허 마을이었다. 지신허는 함경도 무산 사람 최운보와 경흥 사람 양응범이 몰래 두만강을 건너 새롭게 개척한 곳으로, 당시 이곳에는 농사를 짓고 있던 중국인 10여 가구와 러시아 군인이 약간

포시에트 항구의 현재 모습 (사진 : wikimapia.org)

주둔하고 있었다. 1865년에 한인 부락이 형성되기 시작하면서 이곳이 러시아 한인 이주사의 시원지가 되었다.

당시 러시아는 농노제로 인해 극동 지역으로 농민들을 대거 이주시키는 것이 불가능했다. 이를 개선해보고자 이주 시 농노 신분을 해방시켜주는 특별 법안을 마련했지만, 실현되지 못했다. 그러던 차에 러시아 땅으로의 이주를 요구하는 한인들을 받아들이는 것은 더할 나위 없이 좋은 대안이기도 했고, 한인들로서는 안전까지 보장해주겠다고 하니 서로 득이 되는 상황이었다. 러시아 관료들은 당시 한인 마을을 직접 방문해서 이들의 삶을 둘러보고 긍정적인 평가를 내렸다. 한인 이주가 러시아에 유익할 뿐 아니라 해당 지역 발전에도 중요한 역할을 한다고 생각했으며, 심지어 한인 이주를 적극적으로 장려할 것을 제안하는가 하면 한인 유치를 위한 구체적인 대안까지 마련했다. 지신허 마을을 둘러본 표트르 겔

메르센 2등 대위는 앞서 발포된 이주법의 특혜를 한인 이주자들에게도 적용하도록 제안할 정도였다. 한인 이주자들의 기여에 만족한 러시아는 극동 지역에서 처녀지 개간과 식량 확보를 위한 값싼 노동력으로 한인 이주자들을 유치하고자 했다.

1867년 1월 1일 남우수리 변강의 한인 이주자들을 대상으로 시행한 최초의 인구 조사를 보면, 이 지역 한인 이주자의 규모는 185가구 999명에 이를 정도였다. 하지만 당시 이곳에는 정착한 이주민 외에도 농번기 수확을 위해 일시적으로 포시에트에 들어왔다가 다시 조선으로 돌아가는 계절노동자도 많았다. 이른바 '고본질'이라고 하는 영농방식은 농번기에는 객지에서 농사를 지으며 생활하다가 농한기에는 고향으로 돌아와 생활하는 계절 농업 형태를 가리키는데, 러시아에 들어온 한인 다수가 이러한 방식의 삶을 살고 있었다. 하지만 얼마 안가 이들 역시 이 지역에 정착하게 되었고, 조선과 청국의 반발에도 불구하고 이주자의 수는 지속적으로 늘어났다.

1869년에는 홍수로 인해 조선에 기근이 심해지자 러시아 이주가 더욱 급물살을 타기 시작했다. 같은 해 9월 말에서 10월 초에 이르는 기간에 무려 1,850명이 지신허 마을로 이주해왔다. 당시 경흥 전체가 두만강을 건너 지신허 마을로 옮겨왔다고 할 정도였다. 빈곤에 허덕이던 한인들이 기대를 갖고 러시아로 이주해왔지만, 지신허에서조차도 머물 처소 없이 추위와 굶주림에 절규하는 상황이었다. 러시아 당국이 보리와 밀가루를 나눠줬지만, 이것도 역시 한인들의 근본적인 경제난을 해결해줄 수는 없었다. 1870년 봄이 되어도 상황은 나아지지 않았고, 얀치혜, 포시에트, 지신허의 길가에는 굶어죽은 시체가 널려 있었다. 지신허에 정착한 농민 중에는 생

1891~1897년 철도 건설에 투입된 연해주의 한인 노동자들 (사진 : koryo-saram.ru)

존을 위해 다른 지역으로 이동하는 경우가 있었다. 지신허 빈민 중 96명이 청나라 배 세 척에 나누어 타고 추풍으로 향했지만, 블라디보스토크에 이르러 배가 암초에 부딪히는 바람에 22명이 익사하는 비극을 겪기도 했다. 대규모 이주를 감당하기 어려워진 러시아는 한인 이주자 600명을 해로를 통해 블라디보스토크로, 70명은 니콜스크 마을로 보내도록 명령했으며, 나머지만 지신허 마을에 남도록 조치했다.

지신허는 1937년 한인들의 중앙아시아 강제 이주 이후 폐허화되었다. 가수 서태지가 이곳에 러시아 최초의 한인 정착지를 알리는 지신허 기념비를 세우면서 그나마 마을의 위치를 알려주고 있다. 1863년 9월 21일 한인 13가구가 지신허 강가에 정착한 것을 시작으로, 1864년 지신허 포시에트 구역이 만들어졌다. 시디미강과 얀치혜강 유역에 마을이 형성되면서 1867년에 상안치혜, 하안치혜 마을이 생겼으며, 1867년에는 시디미 마르, 케드로바야파드 마을들이 생겨났다. 포시에트 구역에 속하는 한인 마을은 시디미(1867), 부루시에, 아디미(1872), 라자놉카(1879), 수하놉카, 지신허(1864), 얀치혜(1867), 파타쉬(1871), 크라베(1882) 등이었다.

1867년 12월 경흥의 궁핍한 농민 150가구가 당국의 허가 없이 얀치혜 마을로 무단 이주를 감행했는데, 이곳에는 이미 30가구의 한인이 살고 있었다. 이들이 얀치혜마을에 도착하기까지는 2개월이 걸렸다. 어느 러시아 학자는 이들이 겪었을 궁핍상에 대해 "잘 알려진 것처럼 자기 가족들에 대한 애착이 강한 한인들이 겨우 몇 접시의 식량을 얻기 위해 처와 자식들을 판 경우가 있었다"라고 전한다. 3개월 뒤 이들 중 일부는 얀치혜 마을에 남았고, 나머지 한인은 얀치혜 마을을 떠나 블라디보스토크로 향했다. 이들이 블라디보스토크에 도착한 것은 1868년 3월이었다. 한 달 후 몇 가구는 블라디보스토크에 남았고, 나머지는 행정당국의 허가를 받아 기선을 타고 라즈돌리노예역(하마탕역)으로 보내졌다. 이들은 정착지를 특별 할당해줄 것을 러시아 당국에 청원했다. 이에 연해주 당국은 수이푼강의 오른쪽 분지를 할당하기로 하고 관리 미하일 푸칠로를 파견했다. 라즈돌리노예에 온 지 8개월 만이었다. 다시 일부는 라즈돌리노예에 정착하기 위해 남고, 나머지 가구들이 푸칠로를 따라 수이푼강의 지류인 육차하자강 오른편 분지에 정착했다.

니콜스코에 마을에서 서쪽으로 약 26km 떨어진 최초의 한인 마을은 러시아 관리 푸칠로의 이름을 따서 푸칠롭카라고 불렀다. 한인들은 이곳을 육성촌(六城村)이라고 불렀다. 육성촌에 처음 정착한 한인 가구는 10가구였다. 이들은 중국식과 조선식을 모방해 거처할 집과 다른 용도의 건물들을 지었다. 푸칠롭카 마을이 들어선 분지는 사람이 근접할 수 없는 잡림이 빽빽하게 들어찬 황무지였다.

하지만 이주 한인들이 매년 분지를 뒤덮고 있는 삼림을 베어내면서 몇 년 만에 오래된 참나무 몇 그루를 빼놓고 16~17km에 달하는 분지를 덮고 있던 삼림이 사라졌다.

처소가 마련된 뒤 정착민들에게 절박했던 것은 일용할 식량이었다. 이들은 소와 말 같은 가축이나 주요한 농기구조차 없어 몇 안 되는 목재나 철제의 호미와 도끼를 갖고 거의 맨손으로 땅을 일궈 채소와 곡식을 파종할 밭을 마련했다. 이들은 러시아 당국으로부터 종자를 제공받아 조, 감자, 옥수수를 심었다. 1870년 러시아 당국은 토지 경작을 위한 경작용 소 한 쌍을 푸칠롭카 마을에 제공해 더 많은 땅을 개간할 수 있게 했다. 이와 함께 러시아는 파종용 종자를 구입할 수 있도록 돈도 제공했는데, 농민들은 이 돈으로 국경지대에 있는 중국 마을에서 종자를 구입했다.

한편, 1912년에 간행된 「연흑룡주의 중국인, 조선인, 일본인」은 1910년 연흑룡주 지역 일대를 조사한 아무르 탐험대의 종합 보고서로, 최초의 한인 이주에 대해 구체적으로 언급하고 있다. 당시 탐험대의 단장 니콜라이 콘닷티는 1911~17년 연흑룡주 총독을 지낸

라즈돌리노예역 전경 (사진 : panoramio.com)

인물로 한인들에게 매우 우호적인 정책을 취했다. 아무르 탐험대에 참여했던 블라디미르 그라베가 작성한 이 보고서에는 "1863년 이전에는 블라디보스토크와 남부 우수리군(郡)에 소수의 독신 조선인들이 나타났지만, 이들은 여름에 일하고 가을에 되돌아갔다. 1863년에 들어서면서 가족들의 (영구정착을 위한) 이주가 시작됐다. 최초 13가구가 노보고로드만에 새로 조성된 포시에트 구역의 국유지를 점유했던 것이다"라고 기록돼 있다.

남부 우수리 지역에 이주한 최초의 한인들에 대한 첫 번째 공식 문건은 노보고로드 초소장인 바실리 레자노프가 연해주 군무지사인 카자케비치에게 보낸 1863년 11월 30일자 보고서다. 이 보고서에 따르면 레자노프 중위는 "한인 몇 사람이 와서 20가구가 노보고로드 초소에서 16km정도 떨어진 지신허강 분지에 정착할 수 있게 해달라고 호소했는데, 이미 이들은 이곳에 대여섯 채의 집을 지어놓은 상태였다"고 보고했다. 이들 한인은 자신들을 홍후즈로부터 보호해줄 수 있도록 러시아 군인 5명을 파견·배치해줄 것을 요청했다. 레자노프 중위의 보고를 받은 연해주 군무지사 카자케비치는 한인들의 요청을 받아들였다. 1864년 5월 레자노프 중위에게 홍후즈의 공격으로부터 한인들을 보호하기 위한 초소를 지신허 마을 주변에 배치하고, 한인들의 정착을 지원하라고 명령했다.

레자노프 중위가 이 명령서를 접수한 것은 1864년 가을이었는데, 이 무렵 지신허강 분지에는 60여 명의 한인이 새로 지은 집과 채소밭, 농토를 갖고 가축을 키우며 살고 있었다. 카자케비치 군무지사에게 보낸 레자노프 중위의 두 번째 보고서는 1864년 9월 21일에 작성된 것인데, 지신허 마을의 한인에 대해 한층 더 자세하고 공식적인 내용을 담고 있다. 이 보고서에서 레자노프는 지신허에 정착한 한인들이 열심히 농사를 짓고 있으며 이들이 생산한 메밀을 우선해서 국고로 구매할 수 있게 해달라고 청원했다. 또 연자맷돌을 설치해주고, 중국인 '라(La)'로부터 빌린 종자와 양식 비용을 갚기 위한 보조금 200루블을 대여해줄 것도 요청했다. 이주 2년 후인 1865년 연해주 군무지사는 지신허강 분지에 형성된 최초의 한인 마을에 대해 노보고로드 초소 대장인 레자노프의 이름을 따서 레자노보라고 명명했다. 이런 식으로 포시에트를 거쳐 크라스키노(얀치헤), 라즈돌리노예, 우수리스크에 한인 마을이 우후죽순으로 생겨났다.

한인들은 육로를 이용하여 두만강 하류의 크라스노예 마을, 사벨롭카 마을, 중국의 훈춘 등과 인접한 국경과 국경 세관 초소를 지나 포시에트로 왔다. 이 밖에도 다양한 육로를 통해 포시에트 지역으로 왔으며, 조선 이북 지역의 한인들은 나룻배를 타고 대규모 거주 지역을 피해서, 그리고 러시아 연안의 해안정찰대의 눈을 피해서 두만강 하류에서 블라디보스토크로 흘러들어왔다. 포시에트를 발판으로 연해주 한인 마을은 폭발적으로 커져 이주가 시작되고 반세기가 조금 지난 1930년대 들어 20만 명을 넘어선다. 이렇게 해서 극동 지역으로의 본격적인 이주가 시작되었고, 이주 한인들은 남다른 근면성과 강인성으로 온갖 환난을 이겨내면서 불모의 땅을 개척해나갔다.

고려인 시인인 스타니슬라프 리는 자신의 시에서 포시에트에 대한 그리움, 한인들의 한과 역사를 이렇게 전하고 있다.

바다가 날카롭고 짭조름한 혓바닥을
들이미는

극동
포시에트 구역에
낯선 한국 이름의 마을,
그리고 우리 할아버지가 태어난
집이 있었다.
기이하기도 하지.
이 중앙아시아 초원에서
벌써 두 세대를
살아오노라니
이보다 가까운 고향은
세상 어디에도 없을 것 같았는데...
하지만 난 할아버지의 기억 속으로
또 다시 돌아간다
그곳 포시에트로...
그러자 누군가의 거친 혓바닥을 닮은
바다 한 조각이
나의 상처를 핥는다...

1870년대에 가속도가 붙던 한인 이주는 새로운 국면에 접어들었다. 기하급수적으로 늘어나는 한인 이주는 러시아 측에 부담이 되기 시작했다. 러시아는 조선과의 마찰을 원하지 않았고, 혹시라도 연해주에서 발생할지도 모르는 정치적, 경제적 상황 악화에 우려를 나타냈다. 그리고 국경지대에서 이민족에게 수적으로 밀리고 싶지 않아했다. 게다가 러시아 이주자들이 사용할 수 있는 비옥한 토지의 부족을 사전에 방지하고자 했다. 연해주 지방 정부는 한인 이주

카자흐스탄 알마티에 거주하며 러시아와 카자흐스탄을 무대로 활발한 문학 활동을 벌이는 고려인 시인이자 화가 스타니슬라프 리. 고려인의 운명과 되돌리는 것이 불가능할 정도로 심각하게 단절된 과거를 한탄하고 슬퍼하는 시를 많이 발표했다. (사진 : IRS)

를 제한하는 한편, 국경지대에서 한인들을 몰아내려고 이후 연안이나 국경지대로 이주해온 한인을 러시아 내륙 쪽으로 이주시켰다.

이러한 정책으로 말미암아 한인 이주 규모와 속도가 잠시 줄어들기도 했지만, 1870년대 중반 이후 미역을 채취하기 위해 한인 노동자들이 드나들다 아예 정착하는 경우가 잦아지면서 우수리스크 지역의 한인 숫자는 더욱더 늘어났다. 이들은 러시아 농민에게 주로 일일노동자로 고용되어 고본질 형태의 들일을 하거나 석탄 채굴, 금 채취, 건축, 고기잡이, 벌목 작업 등 단순 노동에 종사했다. 그로 인해 러시아로 이주한 합법적인 한인 수보다 국경을 무단으로 넘은 한인의 숫자가 훨씬 더 많았다. 한인들은 블라디보스토크 근교와 아무르 강변, 우수리 강변을 따라 정착했고, 수이푼 계곡에 새로운 한인 지구의 기반을 형성했다. 이후 연해주에서 러시아 국적을 발급받은 한인 이주자들은 극동 지역 곳곳에 흩어져 살게 되었다.

19세기 말 무렵 극동의 한인 노동자들 (사진 : dv.land)

1876년 개항을 거쳐 1884년 조로수호통상조약이 체결되면서 이를 계기로 한인 이주에 대한 법적 문제가 거론되기 시작했다. 1888년 조로육로통상장정이 체결되면서 한인들의 법적 지위가 확정됨에 따라 러시아 이주 한인들은 세 그룹으로 나뉘었다. 첫 번째 그룹은 조로수호통상조약 이전에 이주한 사람들이었고, 두 번째 그룹은 1884년 이후 이주자였으며, 마지막 그룹은 고본질을 위해 들어온 사람들이었다. 첫 번째 그룹은 러시아 국적을 얻어 우수리 지역에 계속해서 거주할 수 있었다. 러시아 국적 취득을 희망하던 두 번째 그룹은 첫 번째 그룹과 마찬가지로 납세를 하되 2년의 기간을 주고 매년 러시아 비자를 발급 받도록 했다. 일시적으로 머물던 세 번째 그룹은 정주할 자격은 얻지 못한 대신 매년 세금을 납부하고 거주증을 발급받아 러시아 영토에 남아 있을 수 있었다. 당시에는 조선 정부가 공식적으로 발급한 증명서를 소지한 사람만이 러시아로 이주해 정착할 수 있었는데, 그나마도 한 달 뒤 이 증명서를 유료로 '1년 러시아 거주증'으로 바꿔야 했다. 그러던 가운데 1893년 연해주 총독으로 부임한 세르게이 두홉스키는 연해주 개발을 위해 한인을 적극 활용하고 이들에게 토지를 분배하여 러시아 국민으로 받아들일 것을 주장하는 정책을 펼쳤다. 두홉스키는 한인의 러시아화에 앞장선 인물이었다.

그의 뒤를 이어 신임 총독으로 부임한 니콜라이 그로데코프 역시 이 정책을 계승해서 제1그룹 한인들에게는 특별한 절차 없이, 제2그룹 한인들에게는 5년 이상 우수리 지역에 거주 시 러시아 국적을 취득할 수 있도록 했다. 비록 거주지에 제한을 두긴 했으나 제3그룹에게도 이만강, 호르강, 키야강, 아무르강 유역에 정착할 수 있도록 함으로써 1900년에는 러시아 이주 한인의 국적 문제가 해결되었다. 한인 이주 자유화 정책으로 러시아 내 한인 이주자가 급증했고, 연해주의 수이푼 지역과 포시에트 지역, 하바롭스크 근교와 블라고슬로벤노예 마을과 블라디보스토크로까지 반경을 넓혀 나갔다.

연해주 중심 도시인 블라디보스토크는 러시아 극동 남동쪽 연안에 걸쳐 있다. 2015년부터 이곳에서 극동 지역 개발을 위한 투자 유치와 주변국과의 경제 협력 활성화를 목적으로 하는 동방경제포럼(Eastern Economic Forum)이 매년 개최되면서 점점 더 주변국들의 주목을 받고 있다. 블라디보스토크는 애초부터 러시아가 야심차게 계획한 항구도시였다. 1860년 해군기지로 개항하여 19세기 말부터 러시아의 극동정책이 활발해짐에 따라 경제적, 군사적으로 중요성이 높아지기 시작했고, 1905년 시베리아횡단철도 개통으로 러시아 중심부까지 이어주는 시발역으로서 그 위상이 더 높아졌다.

블라디보스토크는 극동의 중심지로서 현재 많은 외국인, 그중에

1890~1910년대 연해주 한인 마을 (사진 : dv.land

서도 중국인과 한국인 관광객들의 발걸음이 끊이지 않는 곳이다. 블라디보스토크의 중심가를 걷다보면 여행객들이 많이 다니는 해변도로 근처에서 의외의 문구가 적힌 표지석을 발견할 수 있다. 현재 포그라니츠나야라고 불리는 이 거리의 옛 이름이 코레이스카야(한인 거리)였다고 소개하는 내용이다. 20세기 초 러시아의 야심찬 항구도시에 어째서 코레이스카야라는 낯선 거리 이름이 생길 수 있었는지 의아해하지 않을 수 없다. 적어도 이곳이 한국과 밀접한 연관을 가진 곳이고, 이 도시의 역사에서 한국의 위상이 높았다는 것을 막연하게 연상할 수 있을 뿐이다. 그나마도 러시아어를 아는 여행자라면 이 표지석을 한 번 더 주의 깊게 보겠지만, 그렇지 않다면 이곳이 우리 한국인에게 역사적으로 얼마나 중요한 곳인지를 느끼지 못한 채 그냥 지나치기 쉽다.

러시아의 새로운 극동 해군기지로 부상한 블라디보스토크 군항에는 1870년대부터 각종 시설물의 건설 공사장이나 하역 작업장

포그라니츠나야 거리에 있는 러시아 민족과 한민족 우호 150주년 기념 표지석. 왼쪽 표지석에는 이 거리가 1864부터 1941년까지 '한인 거리'로 불렸다고 쓰여 있다. (사진 : IRS)

에 한인들이 몰려와 작업부로 일하기 시작했다. 한인들은 도시 중심에 몰려 살았고, 인근에는 중국인 거주지가 있었다. 블라디보스토크 해안가에서 내륙으로 300m 정도 안쪽으로 들어와 있는 포그라니츠나야 거리에는 과거 코레이스카야 거리와 더불어 개척리 마을이 형성되어 있었다, 개척리는 한인들이 블라디보스토크로 처음 이주한 마을이었다. 이 마을은 1873년 군항의 개척과 더불어 만들어졌다. 개척리 마을이 블라디보스토크 서쪽 아무르만 해안가에 자리 잡고 있어서 한반도에서 배를 타고 오는 한인 이주민들은 멀리서 호랑이산을 보고 블라디보스토크에 도착했다는 것을 알 수 있었다고 한다.

당시 한인 절대다수는 함경북도 육진(六鎭) 지방에서 온 사람들이었다. 이들은 개척리를 육진 방언으로 '개체기'라 불렀다. 1937년 한인들이 중앙아시아로 이주한 이래로 한인 관련 지명이 모두 사라졌는데도 연해주에는 '카체기(Kachegi)'라는 지명이 아직도 존재

과거 호랑이 산의 모습. 언덕이 많은 블라디보스토크의 지형을 잘 보여준다. (사진 : dv.land)

한다. 다만 그 의미가 무엇인지도 모른 채 여전히 지명으로 남아 있을 뿐이다. 개척리 마을에는 1874년부터 한인들이 최초로 거주했으며, 이후 이곳은 국권회복운동의 거점으로 중요한 역할을 수행했다. 코레이스카야 거리에는 항일언론기관인 해조신문사를 비롯하여 대동공보사, 민족학교인 계동학교 등이 자리 잡고 있었다. 또 을사늑약 이후 신채호, 이강, 장지연, 홍범도, 유인석 등이 이곳을 중심으로 활동했다. 하지만 개척리에서 이들의 활동은 오래 가지 못했다.

1885년과 1892년 콜레라가 발생하자 시 당국은 1893년 도심지 한인과 중국인들을 서쪽 외곽 지대의 새로운 거류지로 강제 이주시켰다. 새로이 개척리를 조성했음에도 위생 상황이 개선되지 않자, 1910년 시당국은 다시 개척리 거주 한인들의 이주를 결정했다. 1911년 3월 신임 연흑룡주 총독 곤닷티는 개척리를 순시하고, 연해

20세기 초 블라디보스토크의 한인 (사진 : photo-continent.ru)

주 군정순무사에게 4월 15일까지 개척리를 정리하고 새로운 거주지를 배정하도록 지시했다. 결국, 1911년 봄 장티푸스 근절이라는 명분을 내세워 한인 마을을 강제로 철거하고 이곳에 러시아 기병단 병영을 조성했다. 그러자 한인들은 이곳을 떠나 시 당국이 지정한 도시 외곽의 서북쪽 변두리로, 다시 말해 개척리에서 북쪽으로 언덕을 넘어 약 550m 떨어진 곳으로 옮겨갔다. 새로운 한인 거주지로 아무르만의 동쪽 해안지대인 라게르니곶과 쿠즈네초프곶 사이의 언덕 일대가 선정됐다. 바로 이곳이 신개척리 신한촌이다.

'신한촌'이란 1910년을 전후하여 망명한 한인이 해외에서 개척하고 건설한 한국인 촌락을 일컫는 말이다. 단순한 촌락이 아니라 일본 제국주의의 식민 통치에 항거한 독립 운동 기지로서의 촌락이라는 점을 주목하여야 한다. 신한촌은 주로 연해주와 만주 지방에 개척된 곳이 많았는데, 그 이유는 이곳이 한반도와 인접해 있고 황무지가 많은 데다 조선 말기부터 이미 이주 동포가 많이 살고 있었

블라디보스토크의 옛 한인 거리 (사진 : primorye24.ru)

기 때문이다. 그러다보니 이미 있던 한인 동포들의 촌락을 독립운동 기지로 개편하여 발전시키는 사례들이 있었다. 블라디보스토크의 '신한촌'도 그런 곳 중의 하나로, 1911년부터 1932년 러시아 내전이 종전되기까지 러시아 지역 항일운동의 총본산지였다. 권업회를 비롯하여 권업신문사, 노인동맹단 등 수많은 항일독립운동 단체가 조직된 곳이었고, 1920년 4월에는 신한촌 참변이 발생하여 수많은 애국지사가 일본군에 의해 희생되기도 했다. 블라디보스토크의 신한촌은 러시아 당국이 획정한 집단이주지에 만들어졌다.

한인들은 이곳에 신개척리와 석막리를 건설했다. 신한촌은 개척리에서 도보로 30분 정도 소요되는 곳에 있었다. 1911년 5월부터 한인 가옥들이 들어서면서 '노바야 코레이스카야 슬로보드카', 즉 신한촌이 형성됐고, 한인들은 이전의 개척리를 '구개척리,' 신한촌을 '신개척리'로 구별했다. 이곳에서 한인들은 거리와 골목을 닦아

블리다보스토크의 포그라니츠나야 거리(옛 한인 거리의 현재 모습) (사진 : IRS)

가며 삶의 터전을 건설했다. 신한촌 남북으로 소보롭스카야를 비롯하여 아무르스카야, 하바롭스카야, 메린콥스카야, 체레바스카야 등 5개의 간선 거리를 만들고 동서로도 크고 작은 골목길을 만들었다. 신한촌은 동서로 약 650m, 남북으로 약 760m의 면적으로 아무르만에 연한 산의 경사면에 있어서 그곳에서 바다를 내려다보면 300m를 훌쩍 넘는 절벽 아래로 푸른 물이 넘실댔다. 대신 추운 겨울이면 해수면이 얼어붙어 훈춘이나 연길 등 북간도로의 왕래가 용이했다. 춘원 이광수는 1914년 1월 열흘간 블라디보스토크에 머물렀는데, 이때 말 네 필이 끄는 썰매를 타고 신한촌을 방문했다. 춘원은 『그의 자서전』(1936)에서 당시 높은 언덕 위에 형성된 신한촌을 이렇게 묘사했다.

"이름이 신한촌이라길래 어떠한 덴가 했더니 해삼위(블라디보스토

블라디보스토크 신한촌 기념비 (사진 : IRS)

크) 시가를 다 지나고 공동묘지도 다 지나서 바윗등에 굴 붙듯이 등성이에 다닥다닥 붙은 집들이 그것이다."

블라디보스토크 시내에서 공동묘지보다도 한참 더 떨어져 있는 달동네. 그것이 춘원 이광수가 신한촌을 보고 처음 느낀 인상이었다. 이곳에서 그는 적개심 어린 눈으로 맞이하는 아이들과 청년들을 마주치게 되었다. 한참 어린데도 거의 반말지거리로 그를 대하는 이들의 말투는 함경도 육진 방언이었다. 신한촌은 일본인들이 들어올 수 없는 곳이었고, 혹시라도 이곳을 지나치다 불쑥 들어오는 평범한 일본인이라도 한인들의 무차별 집단공격을 받기 일쑤였다. 이들이 모자와 가방 등 말쑥한 일본식 차림의 이광수를 보고 날카롭게 반응하는 것은 당연했다. 이 당시는 밀정이라는 게 드러나면 바로 살해되어 바다에 던져버리는 살벌한 분위기였다. 이광수는 당시 조선의 젊은 망명객들이 집결했던 해삼위를 '기어이 한번 가보고 싶은 곳'이라고 밝힌 바 있다. 조선망명객들이 여러 단체들의 일도 하면서 싸움도 가장 치열하게 하여 '칼질과 육혈포질이 난무'한 곳이어서 이곳에 흥미를 느꼈던 것으로 알려져 있다. 열정적이면서도 들썩들썩한 신한촌의 분위기를 짐작해볼 수 있는 대목이기도 하다.

신한촌은 러시아식 건물들이 즐비해 초옥, 움막, 돌막집 등 한국식 집 일색이었던 구개척리와 현저하게 대비됐다. 신한촌의 한인 가옥은 러시아풍으로 지은 작은 나무집이 주를 이루었다. 외형은 러시아식을 따랐지만, 집집마다 두 세 개의 한국식 온돌방이 있어 생활 습관에서는 여전히 전통을 고수하고 있었음을 짐작케 한다. 한 집에 여러 가구가 모여 살기도 해서 많이는 20명까지도 함께 살았다. 신한촌은 1914년 5월 입적 한인(원호인)이 소유한 가옥에 300여 호, 3천여 명이 거주하는 대규모 집단촌으로 성장했다. 이후 신한촌은 연해주를 오가는 동포들이면 필히 거쳐 가는 곳이 됐고 국내외 동포들의 사랑을 받아 '원동의 서울'이라는 애칭으로 불렸다. 민영환도 이곳을 방문한 것으로 알려져 있다. 1896년 러시아 황제 니콜라이 2세의 대관식에 사절단으로 참석한 민영환 일행은 귀국길에 블라디보스토크에 머물렀다. 민영환 일행은 연해주 군무지사인 파벨 운테르베르그를 비롯한 러시아 고위관리들을 만났으며, 호텔로 찾아온 한인들도 면담했다. 그리고 나서 개척리 한인도소(민회)를 방문했고, 한인들은 며칠 후 민영환 일행을 초청하여 대환영연을 열어 주기도 했다.

지금은 흔적조차 없어졌지만, 신한촌으로 들어가는 길 좌편으로 10여분 거리에 세위에 마을이라고 하는 한인 마을이 있었다. 또 포그라니츠나야 거리 우측으로 바다와 면해 있는 지역도 한인들이 초창기에 거주했던 곳이었다. 러일전쟁에서 전사한 스테판 마카로

1967년 루고바야 광장에 세워졌다가 1999년 해안가 근처로 옮겨진 마카로프 제독의 동상 (사진 : IRS)

프 제독 동상 바로 아래쪽, 즉 언덕 위로 바다에 면한 곳은 둔덕마퇴, 언덕 아래로 바다와 면한 북쪽의 해안가 낮은 저지대는 웅덩마퇴라고 불렀다. '한인 거주지'라는 뜻의 '코레이스카야 슬로보드카'라고 불리던 개척리 마을은 현재의 포크라니치나야 거리 1번지부터 아무르만과 접해 있는 남쪽 언덕(둔덕마퇴)과 그 아래 저지대 일대(웅덩마퇴)를 일컬었다. 대체로 한인들은 초창기 블라디보스토크 항구를 중심으로 좌측 해안가에 마을을 형성하고 살고 있었는데, 블라디보스토크 항구가 점차 발전하면서 항구 주변이 번화해지자 자연스레 아무르만과 면해 있는 산의 경사면으로 이주하게 되었다.

초창기 블라디보스토크 한인들은 현재의 혁명광장에 살고 있었다. 즉 도심 한가운데 중국인들이 살던 곳 근처에 살았기 때문에 청결과는 거리가 멀었다. 『연흑룡주의 중국인, 한인 그리고 일본인』에 나오는 개척리의 모습에서도 이런 사실을 뒷받침할만한 이야기가 나온다. "외형적 모습이 소름 끼칠 정도로 열악하고 거리는 좁고 불결해 도저히 납득하기 어렵다"라고 쓰고 있다. 한인들이 기질상 청결하고 집안을 주도면밀하게 꾸며 놓고 사는 것으로 알았던 그는 이 모순을 일시 체류하는 계절형 노동자들이어서 환경에 관심을 두지 않기 때문이라고 이해했다.

영국의 여행가 I. B. 비숍은 『조선과 그 이웃나라들』에서 한인들의 빈곤과 무력함을 기질 탓으로 돌렸다가 연해주 남부 한인 농민들의 활기차고 윤택한 생활을 보고 나서는 생각을 바꾸었다고 적고 있다. 한인 농민들의 생활수준 차이는 러시아와 조선 관리들의 통치 식과 관행에서 비롯됐다고 생각하게 된 것이다.

블라디보스토크의 신한촌이 기존의 다른 한인 마을과 차이를 보인다는 것도 주목할 만하다. 기본적으로는 한인 마을의 특성을 띠고 있지만, 주로 농경 중심이던 다른 마을과 달리 이곳은 어느 정도 러시아 문화를 받아들였던 것으로 보인다. 우선 가옥 양식이 한국의 전형적인 움막 형태와 달리 러시아식 통나무집이었다는 점과 도로망 건설이 러시아식이었다는 점 등을 들 수 있다. 블라디보스토크에 이미 원호인들이 늘어나고, 러시아식 삶에 익숙해졌음을 방증해주는 것이기도 하다.

앞서 체호프의 작품에 등장한 조선인들도 바로 이 시기 연해주를 거쳐 사할린으로 옮겨간 사람들이었다. 러시아 연해주로 건너간 한인 중 일부는 러시아 영토였던 사할린 섬 북부로 넘어간 경우가 종종 있었다. 또 러일전쟁 이후 일본이 사할린 남부를 차지하면서 일본의 가라후토 청이 형성되었고, 일본으로 건너간 한인들이 이곳으로 건너오기도 했다. 그러나 1930년대까지만 하더라도 사할린으로 이주한 한인 숫자는 미미했다. 제2차 세계대전 당시 일본이 부족한 노동력을 보충하기 위해 강제징용으로 한인들을 끌어와 탄광과 군수공장에서 일하게 함으로써 이곳의 한인 인구도 기하급수적으로

과거 한인들이 살던 둔덕마퇴. 왼쪽 계단 위에 마카로프 동상이 서 있다. (사진 : IRS)

늘어났다. 그러면서 사할린은 한인 사회의 중심지로 부상했다.

안타깝게도 한인들이 처음 머물렀던 마을은 물론이고 신한촌의 모습도 지금은 찾아볼 수 없다. 포그라니츠나야의 표지석이 서 있는 것과 마찬가지로 신한촌의 기념비만으로 옛 위치를 추정할 뿐이다. 신한촌 기념비 맞은편 이동휘의 생가도 위치상으로만 알려져 있을 뿐 어떤 흔적도 남아 있지 않은 채 러시아 상점이 자리를 대신하고 있다. 오래전 조상들이 맨손으로 일군 신한촌은 1937년 강제 이주로 말미암은 역사의 단절로 가옥의 모습도, 옛 한인들의 생활상을 엿볼 수 있는 것도 전혀 남아 있지 않다.

신한촌은 사라졌지만, 한때나마 존재했던 코레이스카야(한인) 거리, 세울스카야(서울) 거리, 카체기(개척리) 등의 명칭은 한인들이 이방 나라에서 뚜렷한 족적을 남기며 살았다는 것을 증명해준다. 한

블라디보스토크의 해안도로를 따라 화려하게 조성한 야외 공원과 위락시설. 이곳은 웅덩마퇴가 있던 곳이다. (사진 : IRS)

이동휘의 생가가 있던 곳으로 추정되는 신한촌 기념비 맞은편의 상가.
현재는 그와 관련된 흔적이 아무 것도 남아 있지 않다. (사진 : IRS)

국인 특유의 강한 끈기와 개척 정신이 일군 신한촌은 더는 실물로 존재하지 않지만, 잊어서는 안 되는 역사이자 기억이어야 할 것이다. 무엇보다도 잊어서는 안 될 이름들이 있다. 개척리와 신한촌에서 활동하던 한인 지도자들은 헤아릴 수 없이 많다. 대표적인 인물로는 헤이그 밀사 사건의 정사 이상설, 상하이 대한민국 임시정부 초대 국무총리 이동휘, 한말 고종의 최측근 이용익의 손자로 연해주와 북간도 독립운동 자금을 조달했던 이종호, 한말의 전설적인 의병장 홍범도를 꼽을 수 있고, 유인석, 안창호, 신채호, 박은식 등도 이곳을 거쳐 갔다. 기억은 과거와 현재를 이어주는 끈이다. 어디선가는 고려인. 어디선가는 조선족으로 불리는 우리 한민족은 어느 기점을 시작으로 중국으로 유라시아로 흩어졌다. 주목하지 않았던 고려인의 삶, 그 속에 우리 한민족의 역사가 담겨 있다. 그러므로 우리의 정체성을 찾기 위해 과거를 기억하는 작업은 언제나 뜻깊다고 할 수 있다.

2장

연해주에서 피테르까지 한인 독립운동의 공간

고려인 역사학자 보리스 박은 1860년대 시작된 연해주로의 한인 이주를 '국경을 넘은 자연 침투 현상'으로 정의한다. 그에 따르면 당시의 한인 이주는 진정한 의미의 '이주'라고 보기 어렵고, 한인들이 새로운 조국을 찾아 나선 일제 강점기에야 비로소 본격적인 이주가 시작됐는 것이다. 이렇게 시작된 이주는 한일합방 이후 규모가 커졌다. 대대적인 토지 손실과 일본의 수탈 등으로 농민의 삶이 급격히 악화된 탓이었다. 독립운동가들이 러시아로 활동 장소를 옮기게 된 요인도 이주의 배경에 한몫했다. 이렇게 하여 구한말부터 1920년대 전반기까지 러시아에서 독립운동이 활발히 전개됐다.

한인들이 대거 몰려든 러시아 극동 지역은 만주와 더불어 항일운동의 본산지로 떠올랐다. 국내에서 운신의 폭이 좁아진 독립운동가들은 중국과 러시아로 나가 민족해방을 모색했는데, 특히 극동은 1910년대 국내외에 걸쳐 민족운동이 가장 활발했던 지역이었다. 러시아에서 항일운동은 주로 연해주에서의 의병 활동과 신한촌을 중심으로 한 독립운동과 계몽운동으로 요약할 수 있다. 그러나 이들의 독립운동은 연해주를 비롯한 극동 지역에만 머물지 않

모스크바 크렘린 내 우스펜스키 사원 (사진 : IRS)

고 당시 수도였던 페테르부르크에 이르기까지 광범위하게 활동 범위를 넓혀나갔다. 러시아 전역으로 항일운동이 퍼질 수 있었던 것은 연해주를 비롯하여 러시아 지역에 한인 디아스포라가 광범위하게 형성되어 있었기 때문이었다. 독립운동가들은 광활한 러시아 영토를 누비며 활동했을 뿐 아니라, 이곳의 교통과 지리적 장점을 이용하여 전 세계에 우리나라의 실정을 알리려고 했다.

오래전 러시아 땅을 여행한 우리 지식인들 중에는 러시아의 마지막 황제 니콜라이 2세 대관식 축하 사절로 조선의 국왕 고종이 파견한 사신 일행이 있었다. 1896년 5월 26일 모스크바 크렘린 내 우스펜스키 사원에서 열린 니콜라이 2세 대관식에 참석하려고 이들

1896년의 러시아 마지막 황제 니콜라이 2세 대관식에 참석한 한국인 사절단. 러시아 외교부 관원들과 이야기를 나누는 모습. 앞줄 왼쪽에서부터 김득련, 윤치호, 민영환. 뒷줄 왼쪽 첫 번째에는 김도일이 서 있고, 가장 오른쪽에는 손희영이 서 있다. (사진 : andcvet.narod.ru)

일행은 중국과 일본, 북미, 영국, 베를린, 바르샤바를 경유하는 머나먼 길을 돌고 돌아 마침내 러시아에 도착했다.

대관식이 열린 모스크바와 제국의 수도 상트페테르부르크 두 도시에서 각각 상당 기간 체류하면서 앞선 서양 문물과 생활상을 관찰하고 귀국 길에 오른 이들은 시베리아횡단철도 노선을 따라 이동하며 블라디보스토크를 경유하여 귀국했다. 특명전권공사 민영환을 필두로 영어가 능통한 학부협판 윤치호, 2등 참서관으로 중국어 통역을 담당한 김득련, 3등 참서관으로 러시아어 통역을 담당한 김도일, 민영환의 시종 손희영 등 한국인 5명과 통역 겸 안내자로 나선 러시아 공사관 소속 서기관 슈테인(E. Shtejn) 등이 수행원단을 구성했다.

우리 사절단은 날로 거세지는 일본의 위협으로부터 국왕을 보호할 호위대 파견과 차관 제공 등 외교 문제를 러시아 측과 협의할 목적으로 러시아 황제 즉위식에 파견됐지만, 특별한 외교적 성과를 거두지 못하고 귀국했다. 그러나 이들은 당시로서는 획기적이었던 러시아 방문 과정에서 여러 나라를 여행하고 이로부터 받은 인상을 몇 권의 회고록으로 남겼다. 민영환의 『해천추범』, 김득련의 『환구일기』와 여행 시집 『환구금초』, 윤치호가 쓴 『윤치호 일기』 등이 그것이다. 서로 다른 사회 계층에 속했고, 또 외부 세계를 바라보는 시각에도 차이가 있었던 이 세 인물이 같은 여행에서 남긴 기록은 구한말 독립운동 공간에서 우리 지식인 사이에 존재하던 서구 선진 문물에 대한 태도와 당시 우리 현실에 대한 인식을 비교 연구하는 데 아주 소중한 자료이다.

상트페테르부르크에서 파리로 떠난 윤치호를 제외한 조선 사신 일행은 러시아 당국의 권유에 따라 1896년 8월 19일 상트페테르부르크를 출발하여 귀로에 올랐다. 이후 이들은 약 50여 일간 동쪽으로 이동하며 러시아의 산업 시설과 광산, 철도, 중·러 국경의 무역 현황 등을 두루 살펴볼 기회를 가졌다. 러시아 측이 제공한 특별 열차와 선박, 때로는 마차를 타고 이동하면서 사신 일행이 방문한 러시아 주요 도시는 니즈니 노브고로드, 카잔, 사마라, 우파, 옴스크, 노보니콜라옙스크(현재의 노보시비르스크), 크라스노야르스크, 이르쿠츠크, 치타, 블라고베셴스크, 하바롭스크, 블라디보스토크 등 셀 수 없이 많았다.

구한말 우리 지식인들이 러시아에 체류하면서 둘러본 여러 근대식 시설과 선진 문명은 모두에게 큰 충격으로 다가왔다. 러시아 황

포바르스카야 42번지. 러시아 측이 제공한 임시 공관이었던 이 건물에는 현재 아프가니스탄 대사관이 자리 잡고 있다. (사진 : commons.wikimedia.org)

실이 제공한, 모스크바 중심부 포바르스카야 거리 42번지 소재 임시 공관에 여장을 푼 일행은 1896년 5월 21일 건물 옥상에 태극기를 게양하고 공식 일정에 들어갔다. 하지만 정작 5월 26일 열린 황제 대관식에는 우리 예법을 어기고 머리에 쓴 갓을 벗을 수는 없다는 이유로 우스펜스키 사원 입장을 거부당하고(러시아 정교회 사원에 입장할 때 남성은 모자를 벗어야하고, 여성은 머리에 숄을 둘러야 함) 청나라와 터키, 페르시아 사신들과 함께 건물 밖 누각에서 구경하는 것으로 대신해야 했다.

이들은 볼가강과 오카강의 합류 지점에 있는 물류와 산업의 중심지 니즈니 노브고로드를 방문했을 때 여기서 열린 전러시아산업박람회장을 찾아 관람객들에게서 가장 많은 인기를 끌었던 열기구 시승 장면을 직접 구경하기도 했다. 이르쿠츠크를 떠나 이동하면서

1896년 제 16차 니즈니 노브고로드 전러시아산업박람회장 전경 (사진 : ok.ru)

는 특히 하바롭스크와 블라디보스토크에 많이 거주하던 동포들을 만나 대화를 나누고 위로했다.

민영환 일행이 역사적인 러시아 방문을 마치고 돌아와서 몇 년이 지난 1905년 을사늑약으로 대한제국의 외교권이 일본에 의해 강탈당하자 바로 블라디보스토크와 하바롭스크 등 극동 지역에 거주하던 우리 동포들도 국권 회복을 위해 활발한 투쟁을 전개했다. 1907년 6월 대한제국 고종 황제는 이준, 이상설, 이위종 3명의 특사를 헤이그 만국평화회의에 파견해 일본의 부당한 침략 행위를 폭로하고 국제 여론의 도움을 얻어 조약을 파기시키려 했지만, 일본 측의 방해로 실패했다. 일본은 이를 빌미로 즉각 고종을 강제 퇴위시키고 한일신협약을 체결하여 통감정치를 강화해나갔고, 마침내 내정간섭권까지 갖기에 이른다. 일본은 심지어 같은 해 8월에

전러시아 산업박람회장에서 관람객들에게서 가장 많은 인기를 끌었던 열기구 시승 공원 (사진 : russiainphoto.ru)

순종의 허락을 얻어 대한제국의 군대를 해산시켰고, 저항하는 군인들은 2시간여의 전투 끝에 진압했다.

국내에서 들려오는 이런 소식들로 국외에 있는 동포들은 격양했다. 특히 이상설과 함께 헤이그로 떠나기 전 연해주에 들러 동포들을 감동시켰던 이준의 사망 소식은 재러 한인들을 더욱 격분시켰고, 즉각 의병을 일으킬 태세를 갖추게 했다. 1910년 한일합방을 계기로 러시아 전역에서는 더욱 적극적인 항일투쟁이 전개됐다. 연해주에서는 1905년부터 1908년까지 크라스키노(연추) 지역을 중심으로 의병 활동이 활발했다. 이들의 활동은 주로 국내 진공작전이었다. 크라스키노는 일찌감치 한인 마을이 형성된 곳으로, 두만강 대안의 연해주 최남단에 있으며 러시아어로는 얀치헤라고 불렸다. 이곳은 1867년에 생겨나서 노보키옙스코예 항구로 개항했다가 1900년부터는 노보키옙스코예 마을로 불렸고, 1928년에는 포시에트 지역의 중심 마을이 됐으며, 1936년에 크라스키노로 개칭됐다. 독립운동 관련 문헌마다 다양하게 표기하고는 있지만, 시대별로 각기

최재형(1860~1920). 러시아 이름은 표트르 세묘노비치 초이로 연해주 독립운동의 대부였다. 군수업으로 쌓은 막대한 부를 독립운동을 지원하는 데 사용했다. (사진 : koryo-saram.ru)

다르게 부른 지명일 뿐 연추, 얀치헤, 노보키옙스코예, 크라스키노 모두 이곳을 가리킨다. 이때 크라스키노의 대표적인 항일 의병조직으로는 동의회를 들 수 있다. 1908년 4월 연해주 각지의 의병운동가들이 얀치헤에 있는 최재형 집에 모여 동의회를 조직했다. 회장은 최재형, 부회장은 이위종이었고 안중근이 동의회의 발기인과 평의원에 선임됐다.

최재형은 노비출신으로 아홉 살 때 부모님과 함께 가난을 피해 함경북도 경원에서 포시에트로 이주해온 인물이었다. 이후 러시아 선장 부부에게 양자로 입적되어 러시아어와 중국어를 배웠고, 6년간 선원 생활을 하며 견문을 넓혀 러시아에 정통한 인물로 성장했다. 이후 블라디보스토크와 얀치헤를 중심으로 활동하며 인적 기반과 자산을 모았고, 최초의 얀치헤 도헌이자 재러 한인 사회 지도자로서 헌신적인 교육 사업을 펼쳤으며 독립운동을 적극적으로 후원했다.

1880년대 중반 최재형은 얀치헤를 중심으로 활동했고, 그의 주도 하에 이곳에 고등소학교에 해당하는 최초의 6년제 한인학교가 세워졌다. 러일전쟁 이후 얀치헤는 한인 독립운동의 주요 거점이 됐다. 간도 관리사로 러일전쟁 당시 러시아 군대를 도와 협력한 이범윤도 당시 이곳에 와서 최재형이 세운 한인학교에서 교사로 활동하며 한인 유격대를 형성했다. 흥미로운 것은 최재형과 이범윤의 활동에서 보듯이 재러 한인 사이에서 교육과 의병 활동이 동시에 이뤄졌다는 사실이다. 이 점은 안중근에게서도 동일하게 나타난다.

1914년 형 알렉세이(좌)와 조카 레프(중앙)와 함께한 최재형. 출처: (사진 : koryo-saram.ru)

안중근은 연해주의 한인 마을들을 돌며 교육과 실업의 발달을 도모하고 민심 단합을 목표로 계몽 활동을 전개했다. 그리고 크라스키노를 근거지로 의병 부대를 조직하여 독립 전쟁을 전개해 나갔다. 당시 크라스키노를 중심으로 한 의병에는 홍범도처럼 국내에서 항쟁을 펼치다가 망명한 이들도 많았고, 연해주 한인 사회를 바탕으로 편성된 의병 부대도 있었다. 또 안중근처럼 국내외에서 계몽 운동을 벌이다가 참여한 인물들도 있었다.

안중근은 동의회가 조직한 의병 부대의 우영장을 맡아 직접 150여 명의 군사를 거느리고 국내 진입 작전을 전개했다. 1908년 6월 안중근 의병 부대는 첫 번째 국내 진입 작전을 개시했다. 이들은 안중근과 엄인섭의 지휘 아래 두만강을 건너 함경북도 경흥에 주둔 중이던 일본군 수비대를 급습했다. 이 전투에서 일본군 수명을 사살하고 진지를 점령함으로써 일본군을 완전 소탕했다. 작전을 성

러시아 최남단 하산 지역. 국내 진공작전의 전초기지로 안중근을 비롯한 독립운동가들이 국내 진공작전을 전개한 곳이다. 두만강과 인접해 있으며 1937년 강제 이주 전까지 한인 마을 370개가 있었다. 독립운동가 한창걸의 고향이기도 하다. (사진 : IRS)

공적으로 수행한 안중근 부대는 두만강을 건너 크라스키노로 귀환했다. 1908년 7월에는 두 번째 국내 진입 작전을 시도하여 경흥과 신아산을 공격했다. 이 과정에서 다수의 일본군과 일본인 상인을 생포했다. 안중근은 사로잡힌 적병을 죽여서는 안 된다는 만국공법의 원칙 아래 부대원들의 반대를 무릅쓰고 포로들을 석방했다. 이로 인해 엄인섭이 부대원의 일부를 데리고 떠나면서 의병부대가 분열했다. 설상가상으로 석방된 포로들로 인해 위치가 탄로나 일본군의 기습공격을 받고 의병부대는 완패했다.

크라스키노는 안중근이 단지동맹을 결의한 곳으로도 유명하다. 안중근이 단지동맹을 결의할 당시는 의병활동 실패로 인해 뼈아픈 시기였다. 1909년 안중근 의사는 대한독립의 결연한 의지를 구현하기 위해 비밀결사인 '동의단지회'를 조직했다. 크라스키노 하리의 작은 한인 마을에서 안중근을 맹주로 김기룡, 강기순 등 12명이 모여 왼손 무명지를 끊고 '대한독립' 네 자를 남겼다. 이윽고 1909년 10월 안중근 의사가 이토 히로부미를 사살하자 독립운동은 더욱

하산 철도역. 우수리스크와 북한을 잇는 철도역이다. (사진 : IRS)

활개를 띠기 시작했고 국내외 동포들의 민족의식이 크게 고취되기에 이르렀다.

한편, 국내에서 의병 활동을 펼치던 유인석은 1909년 의병 활동을 지원할 목적으로 블라디보스토크로 망명했다. 그는 이상설, 이범윤 등과 함께 분산된 항일 세력을 하나로 통합하려는 노력 속에 1910년 6월 13도의군을 창설했다. 13도의군은 나라가 망하기 직전 러시아 지역에 활동하던 의병과 계몽운동 세력을 총집결하여 조국을 구하고자 했다. 13도의군이 결성되기 전만 하더라도 연해주 의병 조직은 거의 분열 상태였고, 일본에 맞서는 작은 부대들이 있긴 했지만, 상호 연대성이 전혀 없었다. 13도의군은 신식 무기와 약 4천 명의 병력을 확보했고, 국내로 진공하여 일제를 몰아내고자 했다. 그러나 같은 해 8월 한일합방이 체결되면서 본격적인 무력항쟁을 벌이기도 전에 와해되고 만다. 일본은 러시아와의 외교적 교섭을 통해 항일운동에 대한 탄압을 가했고, 러시아 당국이 13도의군 간부들을 체포하면서 의병대는 해체되었다.

크라스키노의 추카놉카 마을 입구 안중근 의사 단지동맹 유지비 (사진 : IRS)

유인석은 성명회를 통해서 새로운 독립운동의 활로를 모색했다. 성명회는 러시아 연해주의 한인 민족운동가들이 한일합방 무효를 선언하기 위해 조직한 단체였다. 성명회는 나라를 잃은 한민족의 울분과 독립의 비장한 결의를 담은 성명회 취지문을 발표했다. 또 일본 정부에는 국제공약에 대한 배신을 맹렬히 규탄하는 성토

문을, 열강의 각국 정부에는 합방 무효를 선언하는 전문과 「성명회 선언서」를 보내기로 결의했다. 「성명회 선언서」에는 블라디보스토크를 비롯한 연해주 각지로 망명한 의병과 애국 계몽운동가와 연해주 한인 사회 지도자 등 총 8,624명에 달하는 서명이 첨부되어 있었다. 각계각층의 인사들은 한마음으로 독립 의지를 강력하게 피력함으로써 일제 강점의 부당성을 전 세계에 선포하고 한국의 독립을 이어나가고자 했다.

의병장들이 국내 진공작전을 전개하여 일본군에게 큰 위협을 가하는 사이에 1905년부터 1910년까지 블라디보스토크 지역을 중심으로 애국 계몽운동이 활발히 전개됐다. 러일전쟁 이후 국권 회복 운동을 본격적으로 전개하던 재러 한인들은 한민학교 등 민족학교를 설치하여 자제들에게 민족교육을 실시하고, 신문을 간행하여 국내외 소식 전달과 항일 의식 고취에 크게 이바지했다. 특히 신문은 민족의식을 고취시키기 위한 국권 회복 운동의 하나이자 재러 한인의 계몽을 위한 주요 수단이기도 했다. 1910년대 러시아 지역의 대표적인 한인 언론들은 독립 쟁취와 재러 한인의 권익을 옹호하는 데 앞장섰다. 대표적인 신문으로는 「해조신문」과 「대동공보」, 「대양보」, 「권업신문」과 「대한인정교보」를 들 수 있다.

「해조신문」은 1908년 2월 26일에 블라디보스토크에서 창간된 한글신문이었다. 신문은 논설, 잡보, 외보, 전보, 기서, 소설, 만필, 본향 정보, 광고, 별보 등으로 구성되어 일간으로 간행됐다. 「황성신문」에 논설 '시일야방성대곡'을 써서 세상을 일갈한 장지연을 주필로 초빙했고, 정순만, 이강, 김하구 등이 기자로 활동했다. 「해조신문」은 국권 회복과 재러 한인 계몽에 비중을 두었다. 동포 교육, 풍속 교정, 민족 단결 강조, 국내외 의병 활동 소개, 일제 만행 비

해됴신문

ХАЕ-ТЕШИН-БО
ВЛАДИВОСТОКЪ

해조신문

대동공보

大東共報

대동공보

판 등을 다뤘다. 하지만 그 당시 한인 사회에서 중요하게 대두되던 러시아 내 한인 배척 같은 문제에는 크게 관심을 기울이지 못했다. 「해조신문」은 통감부에 의한 국내에서의 계속된 압수와 사장 최봉준에 대한 상업상의 압력, 러시아 당국의 한인 독립운동 세력에 대한 압박, 그리고 한인 간 갈등 등이 복합적으로 작용하여 1908년 5월 26일에 75호를 마지막으로 폐간되고 말았다. 「해조신문」은 한인들이 만든 최초의 한글신문으로 3개월 동안 총 75호를 내고 단명한 신문이지만, 국내외 동포들의 항일 민족의식을 북돋는 데 크게 이바지했다.

「대동공보」는 구한말 일제의 조선 침략이 더욱 노골화되던 시기에 구국 운동의 일환으로 블라디보스토크에 거주하고 있던 한인들이 창간한 한글 민족지이다. 1908년 11월 18일자를 시작으로

1910년 9월 1일까지 2년 동안 간행됐다. 이강이 주축이 되어 동포의 사상을 계몽하여 문명한 곳으로 나아가게 하며 조국의 독립을 쟁취한다는 취지를 갖고 있었다. 국권 회복, 러시아 지역 한인 사회 소식, 국내 소식, 러시아의 한인 배척과 재러 한인의 대응 등에 관한 것이 주를 이루었다. 재러 한인의 권익과 조선의 국권 회복을 위해 활발한 언론 활동을 전개하던 「대동공보」는 일제의 요청으로 러시아 당국에 의해 1910년 9월 1일 폐간되고 말았다. 그러나 재러 한인들은 이에 굴하지 않고 1910년대 「대양보」, 「권업신문」, 「대한인정교보」 등의 재러 동포 신문과 잡지 등을 계속 간행하며 조국의 해방을 위한 언론 투쟁을 지속해서 전개했다.

「대동공보」가 강제 폐간되자 재러 한인들은 「대양보」를 간행하여 민족의식 고취에 이바지하고자 했다. 그러나 「대양보」는 안타깝게도 자료가 거의 남아 있지 않다. 당시 유진율은 아시아 유일의 친러시아적 신문을 표방하면서 신문 발행을 요청했지만, 일본과 협력 관계에 있던 러시아 측의 비협조로 아무런 답신도 받지 못한다. 그러던 중 페테르부르크에 있던 이갑과 이위종에게 협력을 요청하여 1911년 5월 5일부터 매주 일요일과 목요일 2회 한글 신문 「대양보」를 간행할 수 있는 신문 발행 허가서를 받았다. 1911년 6월 「대양보」의 창간호가 발행됐고, 한 달 뒤 권업회 발기회와 통합하여 권업회의 기관지로 발전했다. 「대양보」는 발행소를 신개척리, 즉 신한촌에 두고 있었는데, 이곳은 한인 독립운동 기지로서 널리 알려져 있었다. 신한촌이 건설된 이후 이곳에서 최초로 전개된 항일운동은 1911년 한일합방 반대 운동이었다. 신한촌에 거주하는 한인들은 한일합방 1주년을 맞이하여 대대적인 반대 집회를 준비했다. 「대양보」 9호를 한일합방 특집호로 1,400부 간행하여 무료로 배포하여 민족의식을 고취시키는가 하면, 한일합방의 부당함과 비통함을 담은 논술을 게재하기도 했다.

또 8월 29일 11시 한민학교에서는 한일합방 모임 발기인 명의로 집회 광고를 냈고, 남녀노소 모두가 야간에 점등하여 불을 밝히고 모든 점포가 휴업하고 학교는 휴교하기로 했다. 오후 1시 한민학교 학생과 다른 학교 재학생 등 약 250명과 기타 150명 등 약 400명이 모인 가운데 한인들은 대오를 형성하여 행진하며 애국가와 독립가를 제창했다. 신한촌 광장에서는 학교 교사 등이 교대로 연설하며 동포와 학생들에게 민족의식을 고취했다. 이 무렵 강력한 배일의식이 더해져 동포를 배신한 반역자와 일본인들을 상대로 강력한 처단을 진행하기도 했다.

일제의 조선 강점 이후 블라디보스토크에서는 신한촌을 중심으로 권업회가, 치타에서는 대한인국민회 시베리아지방총회가 활발한 항일투쟁을 전개했다. 1911년 연해주 한인들은 한인 자치기구로 권업회를 조직하여 한인 자치 활동과 독립운동을 추진했다. 권업회는 대한인국민회 시베리아지방총회와 함께 재러 한인단체의 양대 산맥이었다. 1911년 12월 신한촌 내 한민학교에서 권업회의 공식 창립 총회가 열렸고, 의장에 이상설, 부의장에 이종호가 선발됐다. 초대 회장으로는 최재형, 부회장으로는 홍범도가 선임됐다. 권업회는 러시아 당국의 공식 인가를 받은 최초의 한인 조직으로, 재러 한인에게 실업을 권장하고 교육을 보급한다는 취지에서 만들어졌다. 권업회라는 명칭은 일본의 방해를 피하기 위한 위장술이었을 뿐, 실제로는 독립운동 단체였다.

권업회는 연해주 한인 사회의 이익 증진 문제와 항일 운동을 동시에 일궈내며, 재러 한인을 하나로 모으는 결정적인 역할을 수행

우수리스크 수이푼강의 이상설 유허비 (사진 : IRS)

했다. 이주 한인들이 늘어나면서 한인 사회 내에는 크고 작은 문제들이 존재했다. 그중에서도 가장 문제가 되는 것은 한인 사이의 갈등이었다. 이 무렵 원호인(입적한인), 여호인(비입적한인), 외품자리(떠돌이임금노동자, 날품업자) 사이에는 계급 간 갈등과 각기 다른 이익 추구에 따른 문제들이 넘쳐났다. 권업회가 설립되기 전까지 재러 한인 사회는 출신 지역에 따라 함경도파, 평안도파, 서울파 등으로, 또는 토착 세력, 외부 이입 세력 등으로 나뉘어져 군소 단체들이 난립하는 등 크고 작은 문제들이 자주 불거졌다. 그러나 일제의 조선 강점, 러시아의 한인 정책 변화 등에 발맞추어 이들 단체가 권업회라는 하나의 조직으로 뭉치면서 연해주 한인을 대표하는 기구가 탄생했다.

권업회가 창설될 당시 재러 한인들은 이미 나라를 잃은 상태였다. 그러다보니 권업회는 자국의 보호도 받지 못한 채 설립하고 활동하는 내내 러시아의 한인 정책에 영향을 받을 수밖에 없었다. 제약이 많기는 했어도 권업회는 한인들에게 우호적이었던 곤닷티 총독과 밀접한 관계를 유지해가며 재러 한인의 권익 옹호와 계몽, 민족의식 고취 등 조국 독립을 위한 초석을 다지고자 했다. 권업회는 이런 목적을 위해 활발한 활동을 펼쳐나가면서 한민학교를 통해 한인 자제들의 민족 교육에 앞장서기도 했다. 한민학교는 이전에 개척리에 있던 계동학교를 개편한 것으로 1912년 3월 신한촌에 신축됐으며, 이후 러시아 지역 민족운동의 요람이었다. 1913년 1월 1일 권업회의 등록 회원 수는 무려 1,070명에 이를 정도로 규모가 커졌다. 권업회의 주요 활동으로는 「권업신문」 발간과 교육 진흥 활동, 농작지 개척, 한인 자치 활동, 한인 노동 처우 개선 청원, 입적(귀화) 청원 등을 들 수 있다. 그중에서도 「권업신문」은 가장 많은 재정을 투입한 권업회의 중점 사업이었다.

「권업신문」은 1912년 5월 5일 신한촌에서 발행한 권업회의 기관지로, 약 2년 반 동안 총 126호가 간행됐다. 주필로는 국내외 언론에 종사한 신채호와 이상설, 윤해, 김하구, 장도빈 등이 일했다. 「권업신문」은 순한글 신문으로 매주 일요일 주 1회 4면으로 1,400부를 발행했다. 신문의 구성은 권업회의 주장을 실은 논설과 재러 한인 동향을 담은 잡보를 포함한 각국 통신, 전보, 본국 통신, 광고, 기서로 이뤄져 있었다. 「권업신문」은 재러 한인의 권익 옹호와 민족의식 고취 기사들로 채워져 있어 국권 회복에 목적을 둔 민족지로서 기능했음을 알 수 있다.

하지만 「권업신문」의 행보는 이전의 다른 한인 민족 언론들과 차이를 보였다. 연해주 항일 투쟁이 대체로 의병 활동과 같은 무장투쟁이 주류를 이뤘음에도 불구하고, 과거와 달리 이를 적극 주장하지 않았다. 1910년대로 접어들면서 이미 러일 관계가 우호적 관계로 돌아섰고, 연해주 지역의 한인 정책에 변화가 생겼음을 유추해볼 수 있다. 이러한 추정은 러시아와 일본이 연합국이 되는 제1차 세계대전의 발발로 명확해졌다. 양국 간의 관계가 돈독해지면서 블라디보스토크 주재 일본 총영사관은 신한촌을 중심으로 활동하던 이동휘 등 민족운동가 다수를 추방해줄 것을 요청했다. 블라디보스토크 경찰은 러시아 내 한인들의 정치 활동 일체를 금하는 한편으로, 1910년 8월 30일에는 십삼도의군과 '성명회'의 지도자 이규풍 등 한인 지도자 42명을 체포했다. 그리고 같은 해 9월 말 이규풍, 김좌두, 이범석, 이치권 등 7명을 이르쿠츠크로 추방했다.

권업신문

이런 가운데 1911년 6월 1일에는 러일 정부의 공동 이해에 따라 '러일범죄인인도조약'이 체결됐다. 러시아 국적을 갖고 독립운동을 하는 한인들을 시베리아 등지로 유배를 보냈으며, 한국 국적의 한인들은 러시아 국경 밖으로 추방했다. 그 결과 신한촌을 중심으로 한 활동은 크게 위축됐고 러시아 내 항일운동 또한 쇠퇴하기 시작했다.

한편, 대한인국민회 시베리아지방총회는 공립협회 원동지부가 발전되어 조직된 국민회 원동지부를 바탕으로 자바이칼 지역의 중심인 치타에서 처음으로 조직된 한인 대표기구이자 독립운동단체였다. 이 단체는 미주에 본부를 둔 대한인국민회의 시베리아지방총회로, 미주의 대한인국민회와 유기적 관계 속에 운영됐다. 초기 관할 지역은 치타, 하바롭스크, 미영, 상우진 등 9개 지방회였으나, 1913년에는 16개 지방회로 세력이 확대됐다. 치타에서는 대안인국민회 시베리아지방총회가 활발한 항일투쟁을 전개했고, 1914년에는 대한광복군정부를 수립하기도 했다. 대한인국민회 시베리아지방총회의 기관지인 「대한인정교보」는 1912년 1월 2일 러시아 치타에서 간행된 한글잡지였다. 종교적 색채가 짙어 보이는 제호이지만, 사실상 러시아 정교라는 성역을 이용하여 당시 한인들의 독립운동을 감시하던 눈길로부터 자유로울 수 있었다. 대한인국민회에 대한 부정적 인식을 피하기 위해 간행자가 러시아 정교 치타 교구로 되어 있었을 뿐 실제로는 독립운동의 중요한 수단으로 활약했다. 춘원 이광수가 「대한인정교보」의 주필로 활동하면서 독립을 그리는 문학 작품과 독립 전쟁론을 주장하는 논설을 다수 발표했다. 「대한인정교보」는 매월 1일 한차례씩 간행할 예정이었으나 일본 측의 방해와 제1차 세계대전의 발발로 세력이 위축되다 결국 1915년 5월 러시아에 의해 해체되고 말았다. 그러나 이후 치타 지역에서 전개된 혁명운동의 밑거름이 됐다.

1914년 러일전쟁 10주년은 러시아의 일본 정책에 또 다른 변화를 불러일으켰다. 일본에 대한 러시아의 복수심이 또다시 절정에 이르는 틈을 타 권업회가 주도하여 한인의 연해주 이주 50주년이 되는 1914년에 정통령 이상설, 부통령 이동휘를 중심으로 대한광복군정부를 조직했다. 또 노령 이주 50주년 기념대회를 개최하여 재러한인의 민족의식을 고취힘과 동시에 군자금을 모금하려고 했다. 최

20세기 초 블라디보스토크 한인 마을의 한인 학교. 블라디보스토크와 캄차카 지역 담당 엡세비 대주교와 한인 학생들 (사진 : d-m-vestnik.livejournal.com)

초의 이주 지역은 지신허 마을이었지만, 기념대회는 블라디보스토크에서 열기로 했다. 그리고 자신들을 러시아로 이주할 수 있게 받아들여준 러시아 황제의 은혜에 감사하는 의미로 포시에트에 알렉산드르 2세와 알렉산드르 3세, 니콜라이 2세의 기념비를 세우려고 했으나, 이 역시 제1차 세계대전 발발로 무산되고 말았다.

1917년 5월 한인대표 100여 명이 참석한 가운데 우수리스크에서 '전로한족회대표자회의'를 개최했다. 이어 러시아 혁명 발발 이후인 같은 해 12월 러시아 거주 한인 대표자 회의로 전로한족중앙총회(고려국민회)를 발족한다. 위원장 문창립, 부위원장 김립을 중심으로 한 전로한족중앙총회는 우수리스크에 본부를 두고 연해주 각 지역에 지방회를 설치했으며 기관지로 「청구신보」를 간행했다. 전로한족중앙총회는 이후에 한족국민위원회로 개편하면서 「청구신보」 역시 「한족공보」로 개칭했다. 「한족공보」는 연해주 내 3·1독립선언 발표와 시위를 계기로 러시아 당국의 탄압을 받아 발행이

우수리스크의 전로한족회중앙총회 결성 장소 (사진 : IRS)

정지됐다. 전로한족중앙총회는 러시아 한인의 최고 자치 기관이자 대표적인 항일 독립운동 기관이었으며, 1919년 2월 대한국민의회로 확대 개편되며 노령 임시정부를 수립했다

1919년 2월 재러 한인들은 국내외 최초로 대한국민의회라는 정부를 조직했다. 문창범, 이동휘, 최재형, 김철훈 등이 활동한 이 단체는 만주와 국내 등지와 밀접한 관련을 맺으면서 항일운동을 전개했으며, 상해 임시정부와 접촉한 뒤 기존 조직을 완전 해체하고 상해 임시정부와의 완전한 통합을 꾀하고자 했지만, 여러 알력으로 인해 결과적으로는 이뤄지지 못했다. 상해 임시정부에 경쟁적으로 밀리긴 했지만, 대한국민의회는 블라디보스토크에서 한인의 정치력을 집결하는 민족주의 색채를 이어나갔다. 1920년 대한국민의회는 본부를 아무르주 블라고베셴스크로 옮겼고, 계속해서 민족운동의 든든한 밑거름을 다져나갔다.

「한인신보」는 대한국민의회의 기관지로 귀화한 한인인 한 안드레이에 의해 발행된 신문으로 내용상 권업신문의 명맥을 잇는다. 1917년부터 매주 1회 한글로 간행됐으며, 한인의 계몽과 민족의식 고취가 주류를 형성했다. 일본은 러시아 측에 「한인신보」를 전형적인 배일 기관지라고 호소했지만, 「한인신보」는 아랑곳하지 않고 1918년 윌슨의 민족자결주의와 약소국동맹회의 소식을 전하고, 미주 동포들이 한국의 독립을 위해 벌이는 사업을 적극 홍보하는가 하면 한국의 독립을 주장하는 글을 싣기도 했다. 또 파리강화회의에 참석하는 대한국민의회 대표 윤해와 고창일이 무사히 옴스크를 통과했다는 소식을 전하는 등 독립에 대한 지지와 성원을 보냈다.

1919년 3월 8일 육로를 통해 러시아로 들어온 뒤 포시에트를 거쳐 블라디보스토크에 온 1천여 명의 동포는 국내에서 독립선언서가 반포된 사실을 알렸다. 만세운동 소식을 접한 대한국민의회에서는 만세운동을 전개하기 위하여 독립선언서를 작성했다. 대한국민의회는 러시아 당국의 공식적인 허가를 얻어 독립선언서 발표와 가두시위를 할 예정이었으나 일본 영사관의 요청으로 러시아 당국이 계엄령을 선포하고 대한국민의회와 블라디보스토크의 한민회에 폐쇄령을 내려 성사되지 못했다. 대한국민의회는 1919년 3월 17일 독립선언서를 발표한 후 우수리스크를 시작으로 블라디보스토크, 크라스키노 등 여러 지역에서 3·1운동을 활발히 전개했다. 특히 신한촌 한인들은 한민학교를 중심으로 만세운동을 전개했다. 사람들은 독립선언서를 배포하고 집집마다 국기를 게양하게 하고 만세를 불렀다. 일본 측이 러시아에 제재를 요구했지만, 한인들은 집회 장소를 신한촌에서 시내로 변경하여 구한국기를 차 위에서 흔들며 만세를 불렀다.

3·1운동 이후 이 지역 한인들은 노인동맹단 등 다양한 독립운동

우수리스크 고려인문화센터에 소장되어 있는 1910년대 태극기. 이 태극기는 성명회와 13도의군이 사용했다.
(사진 : IRS)

단체를 조직하여 항일투쟁을 활발히 전개했다. 노인동맹단은 신한촌에서 독립운동에 종사하는 청년들을 지원하는 목적으로 설립되어 독립운동 자금을 모집했다, 일본 정부와 파리강화회의에 독립청원서를 제출했고 서울 종로에서는 독립만세 시위 등을 전개했다. 노인동맹단 소속의 강우규는 1919년 9월 일본의 신임 사이토 총독에게 폭탄을 투척하여 독립 의지를 만천하에 선포했다.

다른 한편, 페테르부르크는 206년간 제정 러시아의 수도였던 곳으로, 러시아인 사이에서는 '피테르'라는 별칭으로 불린다. 한인들은 포시에트 항구를 통해 러시아에 발을 내디딘 이래로 각지로 흩어져 나갔다. 블라디보스토크 항이 개항되면서 포시에트 항은 차츰 쇠퇴해갔고, 포시에트를 중심으로 발달하던 한인 마을들도 다른 지역으로 이주의 폭을 넓혀 나갔다. 우수리스크(추풍)와 수이푼,

이범진 공사(1852~1911) (사진 : 국가보훈처)

LES LÉGATIONS CORÉ

Son Excellence Tchine-Pomm-Yi, premier ministre de Corée, en Europe, et son fils.

1910년 8월 4일 「L'Actualite」에 난 이범진과 아들 이위종(1887~?) (사진 : 국가보훈처)

블라디보스토크의 신한촌, 이르쿠츠크, 블라고베셴스크, 제1차 세계대전 이후에는 예카테린부르크로 넓혀 가던 한인들의 활동 반경이 수도인 페테르부르크로까지 이어진다. 얀치헤에 거주하던 최재형이 선원 생활을 하면서 여러 차례 페테르부르크를 다녀갔는가 하면, 이후 연해주 지역의 거물이 되면서 1896년 페테르부르크에서 거행된 니콜라이 황제의 대관식에도 참석했다. 최재형은 황제가 직접 하사한 예복을 입고 페테르부르크에 당당히 입성하여 한인의 위상을 한껏 높였다. 이처럼 한인들은 블라디보스크토크에서 페테르부르크에 이르기까지 무려 1만 188km나 되는 거리를 누비고 다녔다.

그런가하면 페테르부르크에 재러 한국 상주공사가 생기면서 러시아의 중심(수도)에서도 독립운동의 주요 거점이 마련됐다. 이범진은 1899년부터 러시아와 프랑스, 독일, 오스트리아, 헝가리 공사를 겸임했고, 1900년부터 러시아 상주공사로서 활동하며 한·러 관계 발전을 통한 대한제국의 위상을 높이려 했다. 친러파의 거두였던 이범진은 고종의 군주권 수호를 위해 춘생문 사건과 아관파천을 주도한 인물이었다. 그는 고종의 뜻을 러시아에 전달하고 대한제국의 독립 유지와 고종의 안전 보장을 위해 러시아에 협조를 구하고, 고종의 중립국 선언 호소 등 민족의 주권을 위한 활동을 펼쳤다. 외교권을 강탈당한 을사늑약의 불법성을 알리려 했던 헤이그 특사도 지원했다.

고종 황제는 1907년 헤이그에서 만국평화회의가 개최되자 이상설을 정사로 하고 이준과 이위종을 부사로 삼아 헤이그에 파견했다. 이준 열사는 서울역에서 부산항으로, 다시 부산항에서 블라디보스토크로 가서 이상설과 합류한 뒤 함께 시베리아철도편으로 페테르부르크에 도착했다. 이상설과 이준은 이범진과 이위종을 만나 '장서' 공고사를 불어로 번역한 후 독일 베를린에 들려 '장서'를 인쇄하고 만국평화회의 개최지인 헤이그에 도착한다. 비록 이들의 계획은 일본의 방해로 무산되었지만, 국제회의에서 이위종의 연설과 이들의 구국 외교는 헤이그와 런던의 신문에 대서특필되기도 했다.

헤이그 특사 3인. 왼쪽부터 이준, 이상설, 이위종 열사 (사진 : 국가보훈처)

이범진은 헤이그 특사들이 안전히 현지에 갈 수 있도록 도왔다. 이범진만 아니라 그의 아들 이위종도 독립운동을 위해 수고를 마다 하지 않았다. 이위종은 당시 영어와 러시아어, 프랑스어를 자유롭게 구사할 수 있는 유일한 한국인이었다. 이상설은 이범진의 아들 이위종이 어학에 능통하다는 것을 알고 그를 헤이그 특사의 일원으로 준비시키고자 사전에 페테르부르크를 다녀갔던 것으로 알려져 있다.

한일합방 이후 공사관이 폐쇄됐지만, 이범진은 여전히 러시아에 남아 생의 마지막 6년 동안 항일 독립운동을 전개했다. 연해주 지역의 민족운동가들과의 긴밀한 연계를 통해 애국계몽운동과 항일 의병투쟁을 물심양면으로 지원했다. 러일전쟁 직후에는 이범윤과 함께 국내 진공을 시도하기도 했고, 엄인섭에게도 의병 봉기를 일으키도록 촉구했다. 1908년 블라디보스토크에서 해조신문이 발행됐다는 소식을 듣자마자 이범진은 곧바로 축하 편지와 함께 지원금을 보내 재러 한인의 민족운동을 이끌었다. 또 같은 해 크라스키노에서 결성된 대표적 의병조직인 동의회에도 둘째아들 이위종과 그의 장인인 놀켄 남작을 보내 군자금 1만 루블을 지원했다. 이와 함께 신한촌의 민족 교육기관인 한민학교 설립에도 재정적 지원을 아끼지 않았다. 한일합방 후엔 전 재산을 정리해 블라디보스토크의 청년회와 신문사를 비롯한 미주의 국민회 등 민족단체에 기부했고, 더 이상 조국을 위해 할 수 있는 일이 없다고 판단되자 1911년 마지막 항일의 수단으로서 자결했다.

3·1운동 이후 재러 동포들의 활발한 항일투쟁은 일제가 이른바 '4월 참변'으로 한인들에게 대대적으로 보복을 가하자 소강상태에 들어간다. 1920년 4월 4일 밤 블라디보스토크에서 러시아군과 일본군이 충돌하자 일본군 헌병대 사령부에서는 이 기회를 이용하여 신한촌의 한인 독립운동가들의 무기를 압수하고 검거하도록 지시

상트페테르부르크 북방묘지에 있는 이범진 공사의 묘와 순국기념비 (사진 : 상트페테르부르크 대한민국 총영사관)

한다. 이에 일본군은 블라디보스토크 신한촌과 우수리스크 등 한인들이 거주하는 지역을 습격하여 다수의 한인을 살상하고 가옥 등을 파괴했다. 신한촌에서는 주요 독립운동가들이 서둘러 탈출했지만, 300여 명의 한인이 일본군에 체포되어 학교 건물에 갇힌 채로 불에 타 죽었고 한민학교 1동이 전소됐다. 우수리스크에서는 러시아 지역의 대표적인 독립운동가인 최재형이 총살당했다. 이처럼 독립운동의 근거지인 신한촌을 완전히 초토화시킨 일본은 이틈을 타서 신한촌을 독립운동과 완전히 격리시키고 친일민회의 기반을 다지고자 했다. 여기에 자유시 참변까지 더해지면서 3·1운동 직후 고조된 반일 무장투쟁의 열기는 한풀 꺾였고, 독립 전쟁론에 입각한 운동 방침이 후퇴했다.

재러 한인들의 무장투쟁과 신문, 잡지의 간행을 통하여 끊임없이 이어졌던 민족운동은 이후 광복으로 이어지는 밑거름이 됐다. 구한말부터 1922년까지 항일 무장투쟁과 민족을 계몽하고 항일 의식을 고취시키기 위해 온갖 핍박에도 굴하지 않았던 한인 민족언론은 독립을 향한 한인의 강한 열망과 민족성 그 자체였다고 할 수 있다. 포시에트를 거쳐 우수리스크와 블라디보스토크, 이르쿠츠크, 페테르부르크에 이르기까지 러시아의 동과 서를 아우르며 재러 한인의 독립운동은 광활하게 뻗어나갔다.

헤이그 특사 중 한 명이자 만주 용정에서 서전서숙을 설립했던 이상설은 권업회 등에서 활동했던 러시아 지역의 대표적인 항일 운동가였다. 최재형은 연해주 한인의 대부로, 군수업으로 쌓은 막대한 부를 독립운동에 아낌없이 지원하고 항일 의병 세력을 단결시킨 동의회를 만들었으며 「대동공보」를 발행하여 민족의식을 고취했다. 최재형은 안중근의 의거를 지원한 인물이자 안중근이 서거한 이후에도 안중근의 가족을 돌봐준 것으로 알려져 있다. 러시아 연해주에서 의병을 조직하고 활동한 이범윤, 「대동공보」와 「대한인정교보」 등에서 기자로 활동하며 항일 언론을 이끈 이강을 비롯한 수많은 독립 운동가가 러시아에서 활동하며 조국의 독립을 꿈꿨다. 러시아라는 낯선 이국 환경에 적응하는 가운데 이들은 서로의 방식을 주장하기도 했고 때로는 각기 다른 생각으로 서로 총을 겨누고 갈라서는 불미스러운 일을 겪기도 했다. 그러나 방식이 다르긴 했어도 조국해방이라는 하나의 꿈을 향해 달렸던 독립운동가들은 러시아라는 타국 땅을 누비며 독립의 날을 앞당기고자 분투했다. 망국의 설움과 한이 서린 이상설의 유언은 이들이 자신의 목숨을 보전하거나 이 땅에서의 족적을 남기는 데 주력하기보다 조국에 대한 사랑과 안타까움이 컸음을 알 수 있게 한다.

최재형이 체포될 당시 거주한 우수리스크의 집 (사진 : IRS)

"동지들은 합세하여 조국광복을 기필코 이룩하라. 나는 조국 광복을 이루지 못하고 이 세상을 떠나니 어찌 고혼인들 고국에 갈 수 있으랴. 내 몸과 유품 원고는 모두 불태우고 그 재마저 바다에 날린 후에 제사도 지내지 마라."

- 이상설

3장

러시아 혁명과 한인 사회주의 운동가들

혁명은 세상을 바꿀 수 있는 가장 강력한 수단이다. 한인들은 손을 들어 러시아 혁명에 환호했다. 러시아 지역에 살고 있던 한인들은 이보다 더 확실하게 일제의 손아귀에서 동포들을 구해낼 수 있는 방법은 없다고 생각했다. 그렇기에 러시아 혁명과 볼셰비키를 지지함으로써 조국의 해방을 염원했다. 러시아 혁명은 한인 독립운동의 새로운 돌파구였다. 혁명은 독립운동을 다양한 계열로 분화시키고, 갈등과 대립의 계기를 만들기도 했다. 1910년대 말 대표적인 항일 투쟁은 대한국민의회의 조직, 3·1운동의 전개, 러시아 혁명군과의 공동 투쟁, 시베리아에 출병한 일본군과의 전투 등이었다. 러시아 혁명 과정을 거치면서 이동휘, 김립, 최재형, 계봉우 등은 대한국민의회, 한인사회당 등에 참여하며 한인 민족운동을 주도했다. 1930년 이전까지 재러 한인들은 일제 타도를 외치며 사회주의 건설에 동참했다.

사회주의 혁명가들이라고 하면 이념에 사로잡힌 편향된 사람을 떠올리기 쉽지만, 이 시절 러시아 지역에 거주하던 한인 독립운동가들은 조국 해방과 결부시켜 사회주의 사상에 빠져들기 시작했

1917년 혁명 포스터. 레닌이 "사회주의 혁명이여 영원하라"라고 외치고 있다. (사진 : infourok.ru)

다. 이들이 사회주의 혁명가로 활동하게 된 것은 이념적인 동기보다는 현실적으로 일제를 타도할 수 있는 유일한 방법이 혁명이라고 생각했기 때문이었다. 이러한 생각의 배경에는 일본군과 백군의 밀접한 관계가 한몫했다. 1920년 4월 신한촌 참변 당시 일본군은 러시아를 공격하면서 생포한 다수의 혁명군 지도자들을 백군에게 넘겼고, 이들은 기관차 화통에서 산채로 불에 타 죽었다. 한인들은 러시아 볼셰비키 지도자들과 함께 묶어서 녹슨 철도에 매달아 바다에 던져져 수장됐다. 이런 일련의 사건을 경험한 한인들은 일본군과 백군에게 적개심을 품을 수밖에 없었다.

러시아 혁명이 발발하자 일본군은 러시아 혁명군을 진압하기 위해 1918년 시베리아 출병을 단행했고, 1922년까지 한인 독립운동을 탄압했다. 반면 한인들은 수청, 올가, 이만 등에서 러시아 혁명군과 함께 러시아 백군과 일본군에 맞서 치열한 전투를 전개했다.

만주 압록강과 두만강 유역에서 일본군 토벌대와 벌인 봉오동 전투로 인해 일본군이 토벌대를 대규모로 증가시키는 뜻밖의 악재가 닥쳤다. 그러자 한인 유격대는 러시아로 근거지를 옮겼다. 빨치산스크에서는 한창걸, 이승조, 박경철 등이 수찬 유격대 일대를 진두지휘했고, 김경천, 정재관이 아누치노 유격대를 이끌었으며, 신민회 지도자 한경세와 신우여 등이 수이푼 유격대를 지휘했다. 한인 유격부대가 러시아 적군과 연합하게 된 것은 러시아 혁명의 승리가 바로 조선의 독립을 가져다 줄 것이라는 믿음 때문이었다.

한창걸(1892~?). 한인 유격대를 이끌었으며 후에 사회주의자가 됐다. (사진 : koryo-saram.ru)

1917년 레닌이 제정 러시아 정부를 무너뜨리기 위해 적위파 정부를 세우자 제정 러시아의 장교들은 반란을 일으켜 백위파 정부를 세운다. 영국과 프랑스, 일본의 지원 사격을 받은 백군과 적군 간에는 치열한 전투가 벌어졌다. 제1차 세계대전으로 국내 사정이 어려워진 나라들이 러시아에서 군대를 철수시키자 백군은 기세가 점점 꺾였고, 그나마 일본군에게 기댈 수 있던 자바이칼 지역과 연해주에서만 간신히 명맥을 유지했다. 일본은 동시베리아까지 점령되면 자국까지도 적화될 수 있다는 두려움에 끝까지 버텼지만, 결국 레닌이 세운 극동공화국의 등장으로 철수하게 된다. 하지만 1921년 한 해에만 100여 건이 넘는 농민 반란이 일어나는 등 레닌 정부가 국내외로 곤경에 빠지자 일본은 이틈을 타서 백군을 전면에 내세워 극동공화국을 침략하기에 이른다.

시작은 올가 전투였다. 1921년 10월 15일 러시아 빨치산과 한인 독립군 연합부대 35명이 러시아 백군 800명과 전투를 벌였다. 다음날 이들은 올가항에 정박한 일본군 함정을 공격하여 승리를 거뒀다. 이 전투에서 중대장 신용철, 소대장 김식, 부대장 김병식 등 한인 22명이 전사했다. 1921년 11월 14일 새벽에는 올가만에 상륙한 일본군 800명의 습격을 받아 한인 유격대 26명과 많은 볼셰비키 러시아인이 사망했다.

이어 1921년 11월 30일 일본군 11개 사단을 등에 업은 백군 2개 사단이 극동공화국 국경 도시 이만(달네레첸스크)을 공격하자 수비대는 순식간에 무너졌다. 백군의 승리가 거의 확실시되는 시점에서 이들의 발목을 잡은 것은 한인 유격 부대였다. 1921년 12월 4일 우

동해의 북서쪽에 위치한 올가만 (사진 : ru.wikipedia.org)

수리 철교 이남에 집결해 있던 백군이 이만을 공격해 오자 고려혁명 의용군대 대원들은 혁명군과 연합하여 백군에 맞서 전투를 벌였다. 달네레첸스크역을 중심으로 한운용이 이끄는 한인 육격대 부대와 러시아 붉은 군대가 일본군과 백군에 맞선 치열한 전투를 벌였다. 그 결과 이만 전투에서 한인 유격대 52명이 전사했고, 마춘걸, 김주린, 김한현 등만 살아남았다. 겨울철이라 사흘간이나 매장을 하지 못했고, 이만 각처의 농민들이 임시로 서쪽 산에 눈으로 덮어 장례를 치렀다. 1922년 4월 6일에는 독립군이 이들의 시체를 수습하고 추도회를 가졌다.

한용운 부대를 격파한 백군은 북진했다. 하바롭스크에 있던 극동공화국 군대는 백군이 다가오자 북쪽으로 퇴각해 인스크로 들어간다. 이만에서 한용운 부대에게 상당히 고전했던 백군은 바로 인스크로 진격하지 못했고, 그 덕분에 모스크바에서 파견한 1개 사단이 극동공화국 군대와 연합하는 시간을 벌 수 있었다. 인스크 전투에서 한인 독립군은 러시아 혁명군과 함께 백군에게 승리한다.

인스크 전투의 승리는 한운용 부대의 공이 컸다. 이만을 지키는 적군의 임무는 모스크바 주력부대가 도착할 때까지 한 달 간 백군과 일본군의 진격을 저지하고 이들을 이만와 하바롭스크 사이에 붙잡아 두는 것이었다. 인스크마저 함락됐다면 극동공화국은 쉽게 무너지는 상황이었다.

당시 극동공화국 국민군 총사령관 스테판 세리셰프는 한운용 부대에 대한 고마움을 이렇게 전했다.

"우리가 극동공화국을 보전할 수 있었던 것은 이만에서 백군을 3일간 저지시킨 덕택이었다. 이 전투에서 한인 빨치산 한운용 부

아나톨리 고르펜코와 세르게이 아가포프가 그린 「볼로차옙카 전투」(1975). 하바롭스크 향토박물관 소재.
볼로차옙카 전투는 시베리아 전투의 승패를 가름하고 러시아 내전을 승리로 이끈 전투로 기록된다.

대의 용감성, 영웅성, 공훈은 그 무엇에 비할 수 없을 만큼 컸다. 나는 인민 혁명군 전체의 명의로 한운용 부대에게 사의를 표한다.”

결국 이만 전투가 시베리아 전투에서 결정적 역할을 수행한 셈이었다. 인스크 전투에서 적군에게 패한 백군은 블로차옙카로 물러나 적군과 대치 상황을 벌인다. 이때 200명 규모의 김경천 부대가 700명의 백군이 지키는 이만시를 공격했다. 김경천 부대와 합동 작전을 벌이던 적군 빨치산 사령관이 전세가 불리해져 백군에게 항복하려고 하자 김경천이 나서서 적군까지 지휘하며 백군에 맞서 싸웠다. 이윽고 김경천 부대는 백군 수비대를 격파하고 이만시를 점령했다. 이로써 블로차옙카에서 적군과 대치하고 있던 백군의 후방이 뚫렸다.

볼로차옙카 전투는 러시아 혁명군이 하바롭스크를 해방시키는 데 큰 역할을 수행했다. 고려혁명 의용군대는 1922년 2월 10일 볼로차옙카 전투에 참여했다. 치열한 전투 끝에 2월 11일 전투에서 승리했고, 2월 14일 하바롭스크에 입성했다. 11일에서 12일로 넘어가는 밤 볼로차옙카 전투에서만 118명의 빨치산 대원이 희생됐다. 이 전투에 참여한 한인들은 러시아 혁명군의 승리가 바로 조국의 독립과 직결된다고 굳게 믿고 있었다. 볼로차옙카 전투에서 한인 12명이 전사했고, 박충훈, 김대선, 김용선, 방규한 등과 다수의 중상자가 있었다. 이 전투의 공로로 한인 6연대는 적기훈장을 받았으며, 그 후 한인 부대는 볼로차옙카 연대라고 명명됐다. 빨치산 노래 중 가장 유명한 「골짜기와 야산을 따라」가 바로 볼로차옙카의 빨치산 부대에 관한 노래이다.

고혹적인 불꽃처럼,
동화처럼 남게 되리라
스파스크에서 보낸 공격의 밤들이
볼로차옙카에서 보낸 나날들이.

1921년의 치열했던 시베리아 전투는 적군과 백군의 싸움이라기보다는 일본군과 독립군의 싸움이었다. 한인과 일본인의 피해가 더 컸던 이유도 이것을 방증한다. 목숨 걸고 지켜내려고 했던 자들이 싸움에서 물러서지 않는 법이기 때문이다. 한인 부대 소속이 아닌 사람이 직접 적군의 중심부로 들어가 활동하기도 했다. 볼셰비키에 직접 가담한 김유천이 바로 그런 인물이었다.

김유천 (사진 : koryo-saram.ru)

김유천(1900~29)은 본명이 김유경으로 1900년 연해주 수이푼 구역 차피고우 마을에서 태어났다. 1921년 볼셰비키 군에 가담했으며, 소련군 76여단에 소속되어 1929년 중동철도사건 당시 참전하여 전사했다. 소련군에서 러시아인 지휘관 콘스탄틴 자파린과 친해진 것으로 알려져 있으며, 두 사람은 공산당원으로 소대를 지휘했다. 1929년 자파린이 자기 소대를 이끌고 적의 요새를 공격하다가 전장에서 전사한 후, 김유천은 자파린의 죽음을 복수하려고 노력했으나 심한 부상으로 인해 전사했다. 김유천과 자파린의 무덤에는 기념비가 세워지고 붉은 별로 장식됐다. 1930

하바롭스크 김유천 거리의 모습 (사진 : IRS)

년 근로자 대표 하바롭스크시 소비에트 집행위원회는 김유천을 기리어 도시의 한 거리를 '김유천 거리'로 명명했다.

한인 대다수는 항일 투쟁 과정에서 소련과 연대하여 반일 반제국주의 노선의 사회주의 이념을 선택했다. 1917년 당시 한인이 러시아 극동 인구의 30% 이상을 차지하고 있었기 때문에 연해주의 소비에트 세력 형성에 이들의 지지가 필요했다. 실제로 연해주 한인 대다수는 소비에트 정부를 지지했다. 그 배경으로는 레닌이 선포한 토지 법령이 영향을 미쳤다. 당시 소작농으로 일하던 한인들에게 토지를 농민에게 제공한다는 법령은 생명줄과도 같았다. 마침내 1918년 4월 개최된 제4차 극동 지역 연합회의에서 모든 외국인에게 토지가 제공된다는 법령이 통과됐다. 이로써 러시아 혁명이 러시아 내의 민족 차별을 완전히 철폐하고, 한인들의 지위도 개선해 주리라는 기대감이 고조됐다. 그러나 이런 기대감만으로 혁명을 지지했던 것은 아니었다. 한인들은 결정적으로 일본군과 싸우는 소비에트 정부의 정책이 조선 독립에 도움이 된다고 믿었다.

하바롭스크 '김유천 거리' 도로명판 (사진 : IRS)

1918년 3월 하바롭스크에서 러시아 극동 인민위원회 의장 알렉산드르 크라스노쇼코프가 주최하는 조선 혁명가 대회가 열렸다. 이동녕, 양기탁과 안중근의 동생 안공근 등 민족주의자들과 이동휘, 류동열 등 민족적 사회주의자들, 알렉산드라 김, 오하묵, 스테판 유, 바실리 오 같은 볼셰비키들이 참석하여 시국 문제를 토의했다.

한인 볼셰비키로 한인사회당 창당에 참여한 오하묵(1895~1937) (사진 : koryo-saram.ru)

이들은 항일 무장부대 조직에 대해서는 이의 없이 합의를 보았지만, 볼셰비즘을 받아들일 것인지에 대해서는 두 노선이 팽팽하게 대립했다. 이동녕, 양기탁, 안공근 등은 소련의 지원은 필요하되 볼셰비즘까지 받아들일 생각은 없다고 주장했다. 반면 알렉산드라 김, 오하묵 같은 볼셰비키는 물론 이동휘, 류동열 같은 민족적 사회주의자들도 민족해방에 도움이 된다면 기꺼이 볼셰비즘을 받아들일 용의가 있었다. 그리하여 민족주의자들은 이탈했지만, 볼셰비즘에 찬동하는 한인들은 1918년 4월 28일 다시 모여 '한인사회당'을 창설했다. 한인사회당의 결성은 한국 근대사에 최초의 볼셰비키 사회주의 정당이 출현했음을 의미한다.

대한민국 임시정부 초대 국무총리이자 한인사회당을 세운 이동휘(1873~1935). (사진 : 국가보훈처)

한인사회당 청년부장 오성묵(1886~?). 블라디보스토크에서 발행된 신문「선봉」의 편집을 맡기도 했다. (사진 : koryo-saram.ru)

한인사회당 정책의 기본 방향은 러시아의 정강을 기초로 하여 '반일반제(反日反帝)의 사회주의 노선' 강령을 채택했다. 한인사회당은 한국 민족해방 운동과 러시아 혁명 운동 간의 국제적 연계 필요성을 피력했다. 러시아 혁명 운동 및 러시아 노동계급과의 밀접한 관계만이 한국 혁명 운동을 승리로 이끌 수 있음을 강조했다.

한인사회당은 볼셰비키 러시아와의 연대와 반일반제를 강령으로 채택하고, 위원장에 이동휘 부위원장에 바실리 오(알렉산드라 김의 남편), 청년부장에 오성묵, 당 기관지「자유종」주필 김립, 군사부장 유동열, 재무부장 겸 선전부장 이인섭 등을 선출했다. 또 산하에 조직부, 선전부, 군사부 3개 집행부와 출판사 보문사를 두고 한국어로 된 한국 역사, 지리서 등 교과서는 물론이고 정치적 서적들과 마르크스주의 책자들도 발간했다.

한인사회당은 볼셰비키 러시아 혁명의 참여와 지원을 1차적 과제로 추진했다. 이에 따라 하바롭스크를 중심으로 한 다반, 안반 등지의 한인 주민들로 구성된 100명의 적위대를 조직하고 장교 훈련을 위한 군사학교를 설립했다. 또 소비에트 정권에서 자금 지원을 받아 당 요원들에게 봉급을 지급했으며, 출판 활동을 위해 석판 인쇄기 1대와 종이, 인쇄비 등도 지원받았다. 그러나 한인사회당의 활동은 오래가지 못했다. 1918년 일본이 하바롭스크를 점령하면서 보문사는 폐쇄됐고, 든든한 후원자였던 극동 소비에트 정부도 붕괴됐기 때문이었다.

일본의 시베리아 출병과 백위파 정권의 시베리아 지배권 장악으로 한인사회당의 활동이 저지됐지만, 한인사회당 인사들은 좌절하지 않고 대열 정비에 나섰다. 1919년 3·1운동이 일어나자 이를 계기로 이동휘 등은 블라디보스토크에서 재규합하여 적당한 기회에 레닌 정부에서 원조를 받아 항일 독립운동을 전개하려 했다. 또 그해 4월 블라디보스토크 신한촌에서 당대회를 개최했다.

당대회 참가자들은 서방으로 나아갈 것이 아니라 소비에트 러시아와 협력해야 한다고 생각했다. 블라디보스토크 당대회는 즉각적으로 러시아 소비에트공화국과 공동보조를 취할 것을 결정했다. 그 이유로는 세 가지가 거론됐다. 첫째, 러시아 소비에트공화국 극동지역의 승리와 한국의 해방은 일본 제국주의의 운명과 긴밀히 연관되어 있기 때문이다. 둘째, 한인사회당이 장래 한국 공화국 건설의 기초를 소비에트 권력의 원리들에 두고자 하기 때문이다. 셋째, 소비에트 러시아는 한국인의 항일 투쟁과 부르주아지, 귀족에 맞선 투쟁에서 많은 원조를 줄 것이기 때문이다. 한인사회당은 이처럼 당의 입장을 결정하고 박진순, 박애, 이한영 등 3명을 사절단으로 뽑아 코민테른에 파견했다.

한국어로 된 마르크스 사상 책자들 (사진 : wiki-org.ru)

이인섭(1888~1979). 알렉산드라 김의 가까운 동료로 항일운동에 적극 가담했다. 「자유종」의 재무부장이자 선전부장이었다.
(사진 : koryo-saram.ru)

한인사회당 모스크바 대표단, 왼쪽부터 박진순, 박애, 이한영 (사진 : 150주년 고려인기념사업회)

1920년 모스크바로 건너간 세 사람은 한인사회당이 코민테른에 가입한다고 선언하며, 당원명부를 코민테른에 제출하여 40만 원의 독립자금 원조금을 받았다. 한편, 이동휘 등 한인사회당 세력은 상해로 와서 상해 임시정부와 블라디보스토크에서 성립된 대한국민회의 통합 과정에 주도적으로 참여하여 이동휘가 통합 임시정부의 국무총리, 김립이 국무원비서장이 됐다.

한인사회당이 상해 임시정부에 참여하고자 하는 자체가 이 정부를 민족 혁명의 대표 기관으로 삼으려는 하나의 방향 전환인 동시에 좌우익 '통합' 정부가 될 수 있도록 하자는 것이었다.

한인사회당의 창당을 추진한 인물이자 실제적인 주역은 알렉산드라 김(1885~1918)이었다. 그녀는 한인 최초의 볼셰비키당 당원이었다.

알렉산드라 김은 함경북도 경흥의 대홍수 때 연해주로 이주해온 가정에서 태어난 한인 2세였다. 그녀의 아버지는 정교에 귀의한 한

1919년 코민테른 회의. 중앙에 레닌의 모습이 보이고 레닌 옆이 한인사회당 대표로 참가했던 박진순 (사진 : wiki-org.ru)

인으로 러시아어와 중국어가 완벽했던 통역사였다. 그런 아버지를 둔 덕택에 알렉산드라는 한인으로서는 드물게 러시아 정규 학교에 다녔다. 블라디보스토크의 사범대학에서 공부하는 동안 당시 러시아 대학생들 사이에서 인기가 높았던 사회주의 좌파 사상에 영향을 받았다. 졸업 후 그녀는 교사 생활을 시작했고, 16세에 스탄케비치와 결혼했지만, 남편의 방탕한 생활로 얼마 가지 못해 이혼했다. 그 후 재혼하여 두 아이의 엄마가 됐지만, 1914년 가족을 떠나 수많은 중국인과 한인 노동자가 벌목공으로 일하고 있던 우랄 지방 벌목장의 통역관이 되어 노동자들의 권익을 보호하는 데 앞장섰다. 1917년 2월 혁명 때는 제정 러시아 정부가 지불하지 않은 노동자의 임금을 대신 받아주기도 했다. 그녀는 한인 노동자들과 '우

보문사가 있었던 곳으로 추정되는 하바롭스크의 건물. 현재는 보문사와 관련된 흔적조차 남아 있지 않다.
보문사는 한글로 된 교과서뿐 아니라 기관지 「자유종」을 발간했다. (사진 : IRS)

알렉산드라 페트로브나 김-스탄케비치. 한인 최초의 공산주의자이며 연해주에서 활동한 대표적 여성혁명가이다. (사진 : koryo-saram.ru)

알렉산드라 페트로브나 김-스탄케비치. 한국 이름으로는 김애림이며, 첫 번째 남편이었던 스탄케비치의 성을 따라 김-스탄케비치라고 불린다. (사진 : 우수리스크 고려인문화센터)

랄노동자동맹'을 조직했다. 제1차 세계대전이 발발했을 때는 레닌이 지도하는 볼셰비키당에 입당한 뒤 7월 극동의 한인 사회에 공산당 세포를 조직하는 임무를 받고 바로 극동으로 파견됐다.

알렉산드라는 1917년 10월에는 '자랑스러운 대한 인민의 딸'로 러시아 사회민주노동당 블라디보스토크 극동지방대표자대회에 대표로 참가했으며, 1918년 1월 하바롭스크시 당서기가 됐다. 그녀는 당과 소비에트 사업에 참여하고 볼셰비키 조직의 핵심 인물로 극동인민위원회 외무위원도 맡아 하바롭스크의 영웅이 됐다. 당시는 제국의 중앙집권이 무너진 상황이어서 그녀가 맡은 외무위원 직책이 단순히 상징적인 의미가 아니었다. 중대한 지역의 외교적 결정을 내릴 수 있는 권한이 그녀의 손에 쥐어졌다. 그녀는 보문사에 자금을 지원하며 기관지 「자유종」을 발간하는 등 교육과 조직, 선전 활동을 계속했다.

이 밖에 한인들을 모집하여 '한인사회당 적위군'을 조직하고 일본군과 백위군에 맞서 싸우게 했고 일본군이 연해주에 출병했을 때 반제반전(反帝反戰) 사업을 전개하기 위해 '일본군 병사들에게 고하는 호소문'을 발표하기도 했다. 그러나 알렉산드라는 1918년 6월 말 100명으로 조직된 한인 적위대에 참가하여 투쟁을 계속하다 1918년 9월 하바롭스크가 일본군과 백위군에 함락됐을 때 백군에 체포됐다.

그녀는 총살 직전 가본 적은 없었지만, 아버지의 고향이 팔도강산이라고 들었는데, 그곳의 독립을 위해 마지막 소원으로 여덟 걸음을 걷게 해달라고 했다. 알렉산드라는 34살의 짧은 인생을 "대한에 자유와 독립을!"이라는 말로 마감했다.

문창범(1870~1938)은 국내 무력 진공을 계획하면서 러시아와 만주 지역에 있던 독립운동 단체들을 규합하는 활동을 펼쳤다. 러시아 혁명 직후인 1917년 8월 그는 볼셰비키와의 타협을 주장한다. 일본군의 시베리아 출병이 임박한 시점인 1918년 7월에는 이동휘 등 한인사회당 세력과 제휴하여 볼셰비키 세력의 지원을 받는 의용대 조직을 추진했다. 또 전로국내조선인회의의 결의에 따라 선전

전로한족회중앙총회 회장과 대한국민의회 의장을 역임한 문창범, 임시정부 교통총장으로 선임됐으며, 러시아 치타에 무관학교를 세워 항일 무장 투쟁을 위해 독립군을 양성했다. (사진 : 국가보훈처)

한인사회당 결성의 중심인물인 알렉산드라 김이 활동한 건물 (사진 : IRS)

알렉산드라 김이 활동하며 지낸 건물의 외벽 현판에는 이곳에서 볼셰비키 하바롭스크시 위원회 뷰로의 위원이자 시 소비에트 외무위원인 유명한 혁명 투사 알렉산드라 스탄케비치-김이 1918년에 일했고 1918년 9월에 희생된 사실이 쓰여 있다. (사진 : IRS)

알렉산드라 김이 처형된 곳으로 알려진 죽음의 계곡에 있는 추모비. 1918년부터 1922년 사이에 러시아혁명을 위해 숨진 빨치산들을 추모하기 위해 세운 탑. 비문에는 '소비에트 권력을 위해 죽은 사람들의 영혼을 항상 기억하라'고 쓰여 있다. (사진 : IRS)

부장인 이동휘를 중심으로 독립군 양성을 위한 군자금 모금에도 진력했다.

1921년 2월 22일 문창범은 고려공산당 연추(크라스키노) 지부를 책임지면서 만주와 러시아 지역에 거주하는 동포의 독립운동을 지도했으며, 치타에 무관학교를 설립하고 러시아 거주 입적 한인들에게 입교를 권유하면서 항일 무장투쟁을 위한 독립군 양성에 힘썼다. 그리고 같은 해 6월 독립군의 청산리 전투 후 하바롭스크 소재 소련 공산군 제2군단과 교섭하여 간도 지역 독립군을 자유시로 이주시키는 데 성공했다. 자유시 참변 이후인 1922년 6월에는 블라고베셴스크에 고려중앙정청을 조직하고 이동휘와 함께 고문으로 활동했다.

빨치산 운동의 대부인 김규면(1880~1969)은 김백추라는 이명(異名)으로 더 유명하다. 봉오동 전투를 승리로 이끈 대한신민단 단장이자 대한민국 임시정부 교통차장, 대한의용군 단원, 고려혁명군 참모부원 등 독립운동사에서도 많은 행적을 남긴 인물이다. 기독교 목사였던 김규면은 민족의식을 품은 300여 명의 침례교 핵심 신도를 모아 1919년 3·1운동 직후 북간도와 연해주에서 한인 유격대인 대한신민단을 만든다. 신민단은 그해 4월 한인사회당과 손을 잡았는데, 김규면이 한인사회당 부의장 겸 군사부위원장까지 오른다.

이후 김규면은 1920년 홍범도와 연합해 일본군 1개 대대를 궤멸하는 전과를 올리기도 했다. 신민단은 한인 연합유격대를 편성됐고, 김규면은 여러 항일운동가와 함께 유격대를 지휘하면서 대한의용군 간부로 활동하기도 했다. 1922년 9월에는 러시아 지역 한인 무장부대가 고려혁명군으로 통일할 때 참모부원으로 활동했으며 러시아 내전이 끝나자 중국 관내로 이동해서 항일 무장투쟁을

모스크바 노보데비치 수도원에 있는 김백추 묘지. 이곳은 옐친 대통령을 비롯한 정치인과 안톤 체호프 등의 문화 예술계 유명인 등 러시아에서 탁월한 업적을 남긴 사람만이 묻힐 수 있는 묘지이다. 비석에는 극동에서 소비에트 정권을 위한 투쟁에 참여했던 인물이라고 쓰여 있다. 하단은 그의 부인인 나데지다 김의 사진이다. (사진 : IRS)

이어나갔다. 그는 1923년 열린 국민대표회의에서 창조파로 활동했고, 1924년 5월 26일에는 임시정부 교통총장으로 내정되기도 했다. 1927년 장개석의 반공쿠테타로 국민혁명이 좌절되자 연해주로 돌아와 말년에는 블라디보스토크의 한 책방에서 동양서적 판매원으로, 외국문학 출판사에서 한글 서적 번역 등으로 연명하면서 빨치산 동료들의 일을 도왔다. 1934년 이후 모스크바에서 연금생활을 하다 1969년 2월2일 모스크바 근교 볼로그라드스키에 있는 한 양로원에서 눈을 감았다.

김경천(1888~1942)은 일본 육군사관학교 출신의 현역 일본군 장교로서 후에 광복군 총사령관이 되는 이청천과 함께 함께 3·1운동 이후 만주로 망명했다. 그 후 대한독립청년단 회원이자 신흥무관학교 교관으로서 만주 지역 항일 독립운동의 주역으로 활동했다. 이후 무기 구입을 위하여 러시아 지역으로 이동하여 러시아에서 창해청년단, 수청고려의병대, 고려혁명군 등에서 활동하는 등 일본군이 시베리아를 철수할 때까지 러시아 지역에서 항일투쟁을 선도했다.

1920년대 김경천은 시베리아에서 김장군이라고 하면 모르는 사람이 없을 정도로 유명했다. 일본 육군사관학교 기병과 출신이었던 그는 시베리아에서 투쟁을 펼쳤을 때도 백마를 타고 기병부대를 지휘했고, 흰 말을 타고 만주 시베리아를 누비고 다녔기에 '조선의 나폴레옹', '백마 탄 김장군'이라는 전설적인 인물로 통했다. 실제로도 그가 가장 즐겨 읽었던 책이 나폴레옹 전기라고 한다.

김경천. 신흥무관학교에서 독립군을 양성했으며, 창해청년단 사령장, 수청고려의병대와 한국 의용군 지휘했다. 1922년에는 고려혁명군 사령관으로 항일 무장 투쟁에 나섰다. (사진 : 국가보훈처)

이만 전투 이후 북진하는 백군에 맞선 김경천의 활약도 대단했다. 백군은 200명으로 구성된 김경천 부대를 무서워하여 이만 지역으로 바로 들어가지 못한 채 그 지역을 우회했고 중국 영토로 퇴각했다. 김경천 부대는 추격해오는 백군과 일본군 연합군을 최후의 일인까지도 옥쇄하려고 돌아섰다. 연합군은 김경천 부대만 보면 겁을 집어먹고 물러났다. 심지어 일본군 내부에서는 김경천 부대를 보면 조용히 피해 가라고 할 정도였다. 김경천의 활약에 감동한 적군 총사령관 이예로님 우보레비치는 한국의 독립 전쟁을 위해 물심양면으로 협력해주겠다고 약속했다. 우보레비치는 연해주 지역 한국인과 소련인을 망라한 유격부대 사령관으로 김경천을 임명할 정도였다. 이 유격부대는 3천 명이 넘는 대규모였지만, 실권은 소련 공산당 정치국원에게 있었으므로 사실상 김경천은 아무 권한이 없었다. 당시 이만에는 한인으로만 편성된 소련군 소속의 연대가 있었다. 이 연대는 소련 정부의 전폭적인 지원을 받은 정예부대로 시베리아를 일본에게서 지켜내는 데 중요한 역할을 수행했다. 김경천은 일시적이나마 소련군 중령이 되어 한인 부대의 연대 편성과 운영에 관여했다.

일본이 철수하자 우보레비치는 한인 독립군 해산을 명령했다. 이 명령에 독립군 부대장 다수가 불복하고 만주로 건너가거나 연해주 산간 지방으로 들어갔지만, 김경천은 명령대로 부대를 해산했다.

김경천은 1939년 간첩죄로 체포됐고 1940년 코틀라스 강제수용소로 이송되어 2년 뒤 사망했다. 코틀라스 수용소는 우리에게도 잘 알려진 솔제니친의 『수용소군도』의 배경인 곳이다. 코틀라스 수용소는 악명 높은 북부철도노동수용소로 소련 시절 728km에 이르는 코틀라스와 우스치, 코즈바를 잇는 철도 건설을 담당했고 약 30만 명의 정치범을 수용했던 정치범 수용소였다.

이르쿠츠크는 17세기 러시아가 시베리아를 개발하면서 거점 도시로 건설한 곳이다. 이곳은 파리 등에서 서유럽 문물을 경험했던 귀족 자제들이 데카브리스트 반란에 가담했다 체포되어 유배를 오게 되면서 덕분에 '시베리아의 파리'라는 별칭을 얻기도 했다. 이르쿠츠크는 한국 민족운동사 전체에서 중요한 위치를 차지한다.

1910년 연해주 지역에서 활동하던 이범윤과 김좌두, 안한주, 이규풍, 이범석, 권유상 등 독립운동가들이 러시아 당국에 의하여 유형을 당한 곳이다. 또 한인 공산주의 본산의 하나인 이르쿠츠크파 공산당 한인 지부가 결성된 곳이기도 하다.

공산당 한인 지부는 1918년 1월에 창설됐다. 하지만 이 이름은 오래가지 못하고 1919년 9월 전로한인공산당으로 개칭됐다가 1920년 7월 다시 전로고려공산당으로 바뀌었다. 보리스 시마츠키, 위원장 김철훈, 군정부장 최고려, 오하묵, 비서장 이성 등이 고문을 맡았다. 이들은 청년 교육과 군사 훈련에 힘썼으며 기관지 「경세종」을 발행했다.

고려공산당은 1921년 5월 4일부터 15일까지 이르쿠츠크에서 창립총회를 열었다. 고려공산당은 김철훈 등이 중심이 되어 결성한 사회주의 단체였고 정식 명칭은 전로고려공산당이지만, 상해에서 결성한 이동휘의 고려공산당과 구별하여 흔히 '이르쿠츠크 고려공산당'로 불린다. 이르쿠츠크 고려공산당 대회는 이성, 남만춘, 한규선에 의해 소집됐고 한명세, 조도선, 안병찬 등이 참여했다. 고려공산당 창립총회는 코민테른 극동국의 긴밀한 협조와 후원 아래 이뤄졌다. 1921년에는 상해에 지부가 설치되어 김만겸, 여운형, 조동호 등이 위원으로 활동했고, 고려공산청년동맹도 결성되어 박헌영, 김단야, 임원근 등이 청년동맹 주요 간부로 일했다. 하지만 고려공산당은 1922년 12월 코민테른의 주도로 상하이 고려공산당과 함께 해체됐고 그 후 코르뷰로(韓人局)를 설치하여 통일된 공산당을 조직했다. 이르쿠츠크파는 1925년 4월 조직된 조선공산당과 긴밀하게 관련됐다.

이르쿠츠크파는 볼셰비키당에 직결되어 있었으며, 노농 소비에

'시베리아의 파리' 이르쿠츠크는 바이칼호수를 끼고 있는 도시로도 유명하다. (사진 : visit-irkutsk.ru)

이르쿠츠크파 공산당 핵심이었던 남만춘(1892~1938)
(사진 : koryo-saram.ru)

트 건설을 목표로 했다. 그러므로 이동휘, 김립 등이 주축이 됐던 한인사회당과는 사회주의 이론을 받아들이는 자세가 완전히 달랐다. 한인사회당은 대한의용군을 기반으로 조직됐고 민족해방을 중시했으며, 극동에서 소비에트 주권 확립을 위해 볼셰비즘을 추종하고, 사회주의 방식으로 한인 독립운동 추진을 주장하여 이념적인 면에서 근본적으로 차이를 보였다.

독립군은 1920년 봉오동전투, 청산리전투 이후 권력 쟁탈과 추구하는 이상향의 차이로 말미암아 분열했다. 이르쿠츠크파의 중심인물인 남만춘 등과 상해파의 중심인 이동휘는 계속해서 대립각을 세웠다. 이르쿠츠크파와 상해파의 갈등은 점점 심해졌고, 1921년 6월 28일에는 자유시 참변으로까지 이어진다. 자유시 참변은 북간도와 연해주의 항일 독립군 부대를 망라하는 대규모 통합부대 편성 과정에서 발생한 내분의 유혈사태였다. 소련 정부는 혁명 이후 내란에 불안해하고 있던 차에 일제의 강력한 요구까지 이어지자 한인 독립군을 해체하기로 결정한다. 소련군은 독립군을 자유시로 소집하면서 독립군이 스스로 무장해제하면 최신 무기로 무장시켜준다고 약속했고, 이에 독립군은 자유시로 집결했다. 당시 독립군은 여러 계파로 나뉘어 갈등을 빚고 있었는데, 특히 고려혁명군(이르쿠츠크파)과 상해파(대한의용군)의 알력이 심각했다. 이들은 서로 코민테른을 앞세우고 통합부대의 지휘권을 둘러싼 권력 다툼을 벌이다가 무장 해제를 거부하는 상해파를 이르쿠츠크파와 소련군이 함께 공격하면서 독립군이 독립군을 쏘는 최악의 상황을 낳았다. 이때 죽은 독립군의 숫자가 천명이 넘고 수많은 독립군이 포로가 되어 강제로 붉은 군대에 끌려갔다. 자유시 참변은 소련군이 이르쿠츠크파의 손을 들어 주는 결과로 이어졌다. 이로써 독립군들의 항일 무장 투쟁에 대한 의지는 시들해지고, 무력전쟁도 불사하려던 독립론은 방향을 잃고 만다.

1921년 가을 상해에 있던 독립 운동가들은 임시정부의 새로운 활로 탐색에 고민하게 됐다. 우드로 윌슨 미국 대통령의 민족자결주의와 파리강화회의에 기대했던 독립 희망이 증발해버리고, 임시정부 내에도 분열과 갈등이 많았기 때문이다. 이들에게 새 희망으로 떠오른 나라가 얼마 전 사회주의 혁명에 성공한 소비에트 러시아였다. 제정 러시아 정권을 무너트리고 노동자·농민 국가를 건설한 소련은 우리 독립 운동가들에게 이념에 관계없이 두 눈으로 확인하고 싶은 관심의 대상이었다. 이런 가운데 여운형에게 마침내 소련 방문 기회가 찾아왔다. 1921년 11월 미국에서 열리는 워싱턴회의에 맞서 소련이 시베리아 이르쿠츠크에서 원동피압박민족대표자대회 개최를 결정하고 한인 대표로 그를 초청한 것이다. 제국주의 침략과 식민지배에 저항하는 한국과 중국, 몽골 등 극동의 약소민족 대표단이 공동으로 독립운동의 미래를 논의하자는 자리였다. 한국 대표로는 여운형 외에 김규식, 라용균이 초대 받았다. 열차편으로 봉천과 하얼빈을 통해 이르쿠츠크로 이동하려던 일행은 일본 밀정의 심한 감시로 원래 계획을 포기하고 대신 몽골 고비사막을

여운형이 모스크바에서 사무실을 배정받았을 당시 호텔 '룩스'. 현재 이곳은 '나치오날' 호텔이 자리 잡고 있다. (사진 : wikimapia.ru)

거쳐 이르쿠츠크로 가는 험로를 선택해야 했다. 이르쿠츠크에서 열릴 예정이던 회의가 모스크바에서 열리는 코민테른 회의로 바뀌는 바람에 여운형 일행은 이르쿠츠크 도착 후 다시 시베리아횡단열차를 타고 모스크바까지 여행했다. 모스크바 도착 후 러시아 정교회 신학교 기숙사에 여장을 풀고 시내 '룩스' 호텔에 사무실을 배정 받은 이들 일행은 곧바로 활동을 개시했다. 혁명 후 피폐한 모습이었지만, 여전히 아름다웠던 모스크바의 모습은 여운형의 눈에 다음과 같이 비춰졌다.

> *'마투-슈카 모스크바' 곧 '어머니 모스크바'의 이름을 일찍이 러시아의 인민이 바친 이 옛 도시는 전 유럽에도 비할 데 없는 그 대규모의 하얀 벽과 불긋푸릇한 지붕이 즐비한 틈에 우뚝우뚝 솟아있는 가지가지 양식의 교회 사 원 건축의 이상스럽게도 농후한 반(半)동양적 특색에 의하야 처음 보는 순간부터 나에게 최*

대의 친밀과 매력을 느끼게 하는 것 이었다. 확실히 장엄하고 아름다운 도시였다. [중략] 나는 이따금 토론과 집회에 시달린 머리를 쉬려고 거리를 산책할 적마다 하얀 벽의 웅장한 건축 그늘에 서서 높이 우러러 뵈는 황금색의 원정(圓頂: 정교회 사원의 쿠폴라)이나 또는 십자가에 찬연히 희롱하는 아침태양 저녁황혼에 몇 번이나 감탄의 소리를 질렀는지 모른다. (이정식, 『시대와 사상을 초월한 융화주의자 몽양 여운형』, 320쪽)

여운형은 모스크바 체류 중 '포효하는 거인 트로츠키'의 명연설 장면을 직접 목격하고, 레닌을 비롯한 소련 공산당 주요 간부들과의 면담을 마치고 귀로에 올랐다. 나중에 그가 남긴 진술에 따르면, 당시 모스크바 회의에서 내린 한국에 대한 결론은 "한국 혁명은 임시정부를 지원하고 그 정부를 격려하고 수정함으로써 수행되어야 한다. 한국은 공산주의에 관한 지식이 없는 농업국이기 때문에 민족주의를 강조해야 하며, 제1차적 목표를 농민에게 두어야 한다"는 것이었다.(이정식, 323쪽) 여운형의 모스크바 여행기는 일제 강점기인 1936년 월간지 「중앙」에 다섯 차례에 걸쳐 연재됐다.

1925년 1월 소련에서는 트로츠키가 완전히 실각하고 스탈린이 집권했다. 그리고 소련과 일본이 외교 관계를 수립하자 식민 치하 한국에서도 '붉은 러시아', 즉 소련 사정에 대한 관심이 높아졌다. 이를 계기로 우리 대표 언론사들은 서둘러 모스크바 특파원 파견을 결정했다. 조선일보와 동아일보는 어느 쪽이 먼저 특파원을 보내는지를 놓고 경쟁하다가 「조선일보」가 김준연을 「동아일보」의 이관용보다 먼저 출발시켰다. 김준연은 1925년 2월 21일 서울을 떠나 4월 21일 모스크바에 도착해서 5월 15일부터 열린 소비에트 공산당 대회를 참관하고 나서 6월 10일 귀국했다. 「조선일보」는 1925년 2월 21일 자 신문에서 '본사 노국(露國) 특파기자 김준연씨 금조(今朝) 출발'이라는 제목의 기사로 러시아 특파원 출발 소식을 다음과 같이 전했다.

로서아는 옛날부터 북극의 곰이라는 별명을 들어왔다. 컴컴한 나라, 굳센 나라, 무서운 나라라는 인상을 주어왔다. 그 알기 어려운 로서아가 한 번 '꿍' 하고 돌아눕는 때에 세계 각국은 대경실색했다. 과격파의 나라, 공산주의 나라, 인류 역사상에 신기록을 만든 나라… [중략] 이 의문의 나라를 하루 바삐 독자 여러분 앞에 소개하기 위하여… [중략] 금 21일 오전 8시 경 성역발 열차로 노국(露國) '모스꾸바'를 향하여 출발하게 됐습니다.

전라남도 영암 출신으로 동경제대 법학부를 졸업하고 베를린대학교에서 정치와 법학을 연구한 김준연은 「동아일보」 주필을 지내다가 1936년 손기정 선수의 일장기 말소 사건에 연루되어 사임한 제헌의원 출신 5선 국회의원이다. 그는 45일간의 모스크바 체류를 마치고 6월 14일부터 '노농(勞農) 노서아의 현상'이라는 제목으로 40회에 걸쳐 러시아 사회 각 분야를 한국 독자들에게 상세히 소개했다. 소련 교육 현장을 둘러본 특파원 김준연이 변화하는 소련 교육 방식을 독자들에게 소개한 다음 기사는 짧은 체류 기간에도 불구하고 그가 상당한 식견을 통해 소련 사회에 바라봤음을 확인해 준다.

지금까지의 교육은 피동적이었다. 피교육자에게는 단순히 주입적으로 지식을 교사가 수여하는 데 지나지 못했다. 그러나 지금

은 자동적(능동적: 필자 주) 교육을 실시하게 됐다. 아동들로 하여금 그 주위의 사물을 세밀히 관찰하게 하여 그들로 하여금 스스로 의문을 갖게 한다. [중략] 지금까지의 교육은 분석적이었다. 무슨 사물을 세밀히 분석하는 데는 대진보를 나타냈다. 그러나 종합적 방면에는 부족한 점이 있었다. 이 결점을 간파한 노농 로서아에서는 종합적 방면에 많이 노력하고 있다. 그리하여 유소한 때부터 피교육자에게 전체에 관한 문제에 대하여 사고할 기회를 가지게 한다. [1925년 7월 10일 자 「조선일보」]

勞農露西亞의 現狀 (三十三)

金俊淵

六. 婦人

김준연이 1925년 7월 16일 자 「조선일보」에 게재한 소련 사회에서의 여성 문제에 관한 글 (사진 : 조선일보)

한편, 「조선일보」와 경쟁하던 「동아일보」 특파원 이관용은 같은 해 2월 23일 서울을 떠나 모스크바로 향했다. 영국 옥스퍼드대학교에서 정치사를 공부하고 스위스 취리히대학교에서 철학박사 학위를 취득한 그는 영어와 독일어에 능통했고 프랑스어와 일본어도 구사할 수 있는 재능의 소유자였다. 「동아일보」은 자사의 모스크바 특파원 파견 목적을 다음과 같이 보도했다.

아직도 세계의 비밀나라가 되어 있는 적색로국(赤露)에 본사로부터 특파원을 보내게 된 것은 이미 발표한 바와 같거니와 구주 대

전쟁 이후 급격한 혁명으로 인하여 새로운 조직을 세우게 된 이 나라에는 전에 없던 희비극이 연출됨을 따라 그 지방 각처에 흩어져 있는 우리 백만 동포의 소식도 실로 묘연했다. 그러나 모든 기관과 시설이 없는 우리는 다만 북쪽하늘을 바라보고 그들의 행복을 빌 따름이었다. 다행히 로시아의 내정이 점차로 정돈됨에 따라서 세계열강의 승인을 받게 되고 특히 일로조약 후 교통도 편리하게 된 이때에 동포의 사랑에 주린 우리는 제 일착으로 그 지방 형제들의 간운보월의 회포를 위로하고 아울러 혁명을 지낸 후 온 세계의 의문이 되고 전 인류의 경이가 되어 오랫동안 세계열강의 위협과 봉쇄 중에서 경천동지의 대사업을 완성하며 새 제도를 세우고 새 문화를 건설하야 욱일승천의 기세로 국제적 기반을 얻게 된 로시아의 새 제도 새 문화가 어떠한 것인가를 만천하 독자 여러분과 같이 알고자 하는 뜻으로 다년간 구주에 유학하여 구주 사정에 정통하고 특히 로국에 대한 연구가 많은 본사기자 철학박사 이관용 군을 특파하게 된 것이다. (「동아일보」 1925년 2월 24일 자)

흥미로운 점은 새로 등장한 공산주의 러시아의 제도와 문화를 살펴보고 이를 독자들에게 소개하는 한편으로, 러시아 여러 지역에 살고 있던 우리 동포들의 소식을 확인하고 그들을 위로하는 일의 중요성을 강조한 사실이다. 이 시기 러시아 영토에 거주하던 한인들의 활동에 대해 국내에서 상당한 관심을 기울이고 있었음을 보여주는 증거이기도 하다. '주관적 감상을 제외하고, 순전히 객관적으로 관찰하는 과학자의 태도를 유지하며' 붉은 러시아 현실을 전하겠다는 포부를 밝힌 이관용은 모스크바의 다양한 일상을 소개하며 한국 독자들에게 낯선 나라의 모습을 소개했다. '방방곡곡에 레닌 석상'이라는 제목의 기사에서 그는 자신이 발견한 러시아인의 종교적 기질을 다음과 같이 설명했다.

그러나 한편으로는 민간에 다른 한편으로는 학교에 야소교(기독교) 반대 풍조를 선전 장려하여 아라사의 야소교는 불과 몇 십 년에 없어질 것 같습니다. 그러나 아라사 민족의 풍부한 종교성(宗教性)은 졸연히 변경할 수 없는 모양입니다. 그전 하나님과 '예수'에 대한 신앙심이 지금은 '맑스'와 '레닌'에게로 옮긴 것 같습니다. 어느 공장이나 학교 상점 공무소 심지어 어느 여관에 가보든지 '레닌' 방이 따로 있어서 붉은 헝겊으로 신당처럼 장식하고 '레닌'의 초상이 아니면 석상 하나씩을 놓고 숭배함을 보면 아라사 사람은 무엇이든지 숭배치 않고는 만족치 못해하는 것을 가장 명백히 설명합니다. '레닌' 능에 각 지방에서 참배하려고 온 농부들은 레닌 시체 앞에 서서 십자를 그렸다고 합니다. (「동아일보」 1925년 6월 17일 자)

러시아 음식 문화와 레스토랑 예절을 소개할 때는 유사한 우리 음식과 비교하는가 하면, 현지의 독특한 팁 문화에 대해서도 상세히 설명하고 있다.

음식은 서부구라파 사람의 음식과 별로 다를 것이 없으나 아라사 요리의 특색은 국(수프)이라 하겠습니다. 분량이 많은 것과 맛이 진한 것으로 보아 우리나라 음식에 매우 가까우며 특히 서부구라파 사람이 좋아하지 아니 하는 아라사 생선국(우하)은 우리

나라의 생선 지지미와 다를 것이 없습니다. 요리점에 들어가면 지금도 외투 들어주고 옷에 솔질하여 주는 '동무'들과 음식 가져다주는 '동무'들이라도 '요차'(팁)를 바라는 것이 통상입니다.

1925년 모스크바 현지에 파견되어 새로 탄생한 '붉은 러시아'의 정치와 경제, 사회와 문화 등 여러 영역을 관찰하고 취재한 한국 최초의 특파원 김준연과 이관용의 러시아 관련 행적과 이들이 남긴 여러 기사는 식민지 시대 우리 지식인들의 시각을 통해 공산 혁명 이후 소련의 역동적 변화와 NEP 시대 소련 사회가 겪고 있던 혼란상을 이해하는 데 필요한 중요한 자료이기도 하다.

1930년대 이후 재러 한인 언론은 기존의 성격에서 판이하기 달라지기 시작했다. 연해주로의 이주 이후 한인언론 대부분은 이주민들의 권익 보호와 조국 소식, 항일운동에 초점을 맞추고 있었다. 그러나 1930년대부터 한인 언론은 소련의 정책과 밀접한 연관을 맺게 된다. 소련은 제1, 2차 경제개발 5개년 계획을 통해 생산량 증대

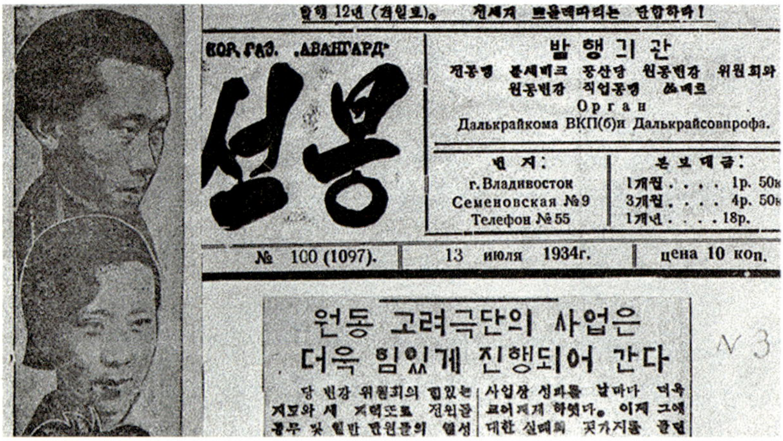

「선봉」 신문 (사진 : koryo-saram.ru)

를 추구했고, 이로써 공업화된 사회주의 국가 건설을 구상했다. 한인 신문들도 이러한 소련의 목적을 충실히 수행하는 역할을 담당했다. 각 직종별로 신문 간행이 추진됐다. 소련 어업의 전진기지인 연해주와 풍부한 석탄 매장량을 보유한 아르툠을 연상시키는 「연해주 어부」와 「광부」도 이런 취지하에서 간행됐다. 그리고 흑하시도 「동방꼼무나」를 간행하여 제2차 5개년 계획을 성공리에 추진하고자 했다. 소련은 한인들을 공산당원으로 만들기 위해 좀 더 효과적인 교육 차원에서 「당 교육」을 간행하기도 했다.

한편, 「선봉」 신문은 블라디보스토크에서 전동맹공산당(볼셰비키) 해삼현이 창간했다. 이 신문은 1923년 3월 1일 「3월 1일」이란 제호로 창간되어 3호까지 발행되다가 제4호부터 「선봉」으로 개칭했다. 편집은 이백초, 이성, 오성묵 등이 담당했다. 1920년대 민족적 성격과 국내는 물론이고 만주 지역 동포들까지 대상으로 삼은 「선봉」은 1930년부터 소련 국적의 소수민족 고려인을 대상으로 하는 신문으로 성격이 바뀌었다.

1937년 강제 이주 이후 1930년대 간행됐던 한글 신문들은 모두 폐간됐지만, 「선봉」만이 그 명맥을 유지했다. 이때 신문은 「레닌 기

레닌의기치
레닌의 전세계에서

「레닌 기치」 (사진 : arirang.su)

고려일보
高麗日報

「고려일보」 (사진 : twirpx.com)

치」로 제호를 바꾸고 카자흐스탄 크즐오르다에서 1938년 5월 15일 첫 호를 간행했다. 그 후 1978년에는 신문사가 알마티로 이전했고, 신문 내용도 소련 공산당에 대한 선전 내용이 주류를 이뤘다. 그러나 1980년대 말부터 한인 강제 이주 등에 대한 기사들이 점차 실리기 시작했다. 또 1990년 소련 해체 무렵에는 「레닌 기치」가 「고려일보」로 다시 바뀌고 오늘에 이르고 있다. 한편, 연해주 우수리스크 한인재생기금에서는 텔미르 김이 부정기적으로 「원동」 신문을 간행하기도 했다.

끝으로, 한인 사회주의 혁명가에 대한 평가는 오늘날에도 여전한 과제로 남아 있다. 한인사회당을 창당한 이동휘가 지금까지 국내에서 가장 잘 알려진 사회주의 혁명가일 것이다. 그러나 여러 학자가 이동휘의 사상에 대해 많은 의문을 제기한다. 무관 출신으로 강화도에서 민족교육 운동을 펼치다가 신민회 지도자로 국권 회복 운동을 전개한 그의 경력을 볼 때 과연 그가 마르크스주의에 대해 제대로 이해했을지 미심쩍다는 것이다. 실제로 그와 가까웠던 인물들의 증언을 들어보면, 이동휘는 무관 기질이 강한 대신 분석적이고 사고력이 뛰어난 인물은 아니었다고 한다. 대한의용군에서 출발해서 한인사회당에 참여한 인물 대다수는 사회주의 사상에 경도됐다기보다 볼셰비키와의 협력을 통해 제국주의를 타도하고자 했던 것이다. 그런 측면에서 볼 때 이들은 외적으로는 사회주의 혁명가의 길을 걸었지만, 본질상 민족주의자였다고 볼 수 있다. 대체로 출발점은 일제를 타도하고자 하는 민족정신에 근거했기 때문이다. 이러한 대오에는 이동휘나 문창범, 김규면, 김경천처럼 국내에서 러시아로 들어간 인물도 있었지만, 알렉산드라 김처럼 러시아에서 태어난 한인 2세도 포함되고 있다.

알렉산드라 김은 러시아어와 중국어, 한국어가 능통했던 엘리트 여성으로, 앞서 항일 운동을 하던 인물들과는 태생과 교육에서 완전히 구별된다. 그녀는 러시아 대학을 다니면서 사회주의 사상에 빠져들었다는 특이점이 있다. 하지만 그녀도 조선에서 이주한 부모에게서 물려받은 애국심을 품고 있었다. 비록 실제로 조국 땅을 밟은 적은 없지만, 그녀의 사상이 갖고 있는 중요한 대목은 바로 사회주의 사상과 민족주의의 결합이다. 그녀는 핍박받는 노동자와 농민, 조국에 사는 동포들의 권익을 위해, 그들의 해방을 위해 일생을 바쳤다. 이것은 한인 사회주의 혁명가로서의 채무의식이자 사명감이었다. 그러나 이 무렵 모스크바에 충성을 표하며 등장한 고려공산당의 경우는 또 달랐다.

이성, 남만춘, 한규선 등의 한인 사회주의자들은 볼셰비키 사상에 한층 더 가까이 다가갔음을 보여준다. 남만춘은 파벨 니키포로비치라는 러시아식 이름을 사용할 만큼 러시아에서 태어나 러시아어에 능통했던 인물이었다. 그런 만큼 사회주의 사상에 대한 이해는 한인 민족주의자들보다 더 깊었을 것으로 보인다. 고려공산당 당원들은 소련에 충성하고자 했던 인물이었고, 이런 밑바탕에는 사상에 대한 심취가 깔려있었을 뿐 아니라 새로운 세대가 도래하고 있다는 것도 엿보였다. 이들은 민족의 해방과 독립을 부르짖기보다는 소련 시민으로서 어떻게 살아갈 것인지를 더 고민했고 소련의 소수민족인 한인으로서의 위치를 공고히 하고자 했다. 다시 말해 소련 사회 깊숙이 들어가 동화되고자 하는 열망이 강했고, 소련 시민으로서 사회주의자의 길을 택했다.

4장

유라시아 대륙에 울려 퍼진 아리랑

“20만 조선 사람들의 강제 이주는 1937년 8월 21일 소련 인민위원회 및 공산당 중앙위원회에서 결정된 것이었다. 강제 이주 결정사항 제1428-326cc호에 기록된 공식적 이유는 두 가지였다. 첫째는 조선 사람들의 첩자행위 방지, 둘째는 중앙아시아와 카자흐스탄의 농업인력 공급이었다. 그리고 강제 이주를 직접 명령한 것은 스탈린이었다. [중략] 그 명령에 따라 연해주 일대의 조선사람 20여만 명은 9월 중순에서부터 11월 말까지 중앙아시아 여러 지역으로 끌려갔다.” 조정래 대하소설『아리랑』제10권에는 러시아 연해주에 거주하는 조선 사람들이 하루아침에 갑자기 카자흐스탄 등 중앙아시아로 강제 이주된 배경이 간략하게 설명돼 있다. 그리고 이들이 기차를 타고 이역만리로 이동하는 과정이 자세하게 묘사되어 있다. 고려인의 중앙아 강제 이주는 바로 이 소설을 통해 극적으로 재구성되어 자세히 알려지기 시작했다. 총 12권으로 구성된 이 대하 역사소설이 1990년에 처음 발표됐다는 것도 흥미롭다. 당시 소련과 한국이 공식적인 외교 관계를 수립한 것도 1990년이었는데, 러시아와 중앙아시아에 거주하는 이른바 고려인에 관한 다양한 이

연해주 우수리스크 고려인문화센터 기념관에 전시된 조정래 대하소설 『아리랑』 (사진 : IRS)

야기가 본격적으로 알려지기 시작한 것도 이 무렵이었다.

한편, 김호준의 『유라시아 고려인: 디아스포라의 아픈 역사』(서울: 주류성, 2013)에 따르면, 한인들은 1920년대 중반에 이미 러시아와 중앙아시아를 포함한 유라시아 대륙에 광범위하게 분포하기 시작했다. 1926년 소련 정부 출범 이후 처음 시행된 인구조사 결과에서 당시 연해주 등 극동 지역을 제외한 러시아 거주 한인은 900명 이상이었고 카자흐스탄 등 중앙아시아 지역으로 진출해 자리 잡고 살았던 한인은 80여 명이었다. 이처럼 1937년 스탈린의 강제 이주 정책 이전부터 한인들은 적으나마 유라시아 대륙 곳곳에 점점이 흩어져 있었다. 이들은 심지어 우크라이나와 벨라루스까지 진출해 살았던 것으로 밝혀졌다. 이와 함께 1920년대 후반에는 연해주에 거주하던 한인들이 중앙아시아로 이주해 와서 벼농사를 지으며 이 지역에 벼 재배 기술을 보급했다. 1928년 블라디보스토크에 살던 한인 70가구 300명이 카자흐스탄 크즐오르다로 옮겨와 이곳에 협동조합을 설립하고 벼를 파종하며 벼 재배 기술을 본격적으로 전수하기 시작했고 곧이어 이들의 활동은 러시아 북캅카스 지역으로까지 확대됐다고 김호준은 밝히고 있다.

특히 카자흐스탄 크즐오르다는 1920년대부터 연해주 한인의 중앙아시아 이주 과정에서 가장 중요한 장소 가운데 하나였다. 이곳은 1920년대 황무지와도 같은 중앙아시아 땅의 혹독한 자연 환경에서 한인들의 벼 재배가 시작된 역사적인 곳이기도 하지만, 1930년대 후반 강제 이주 초기에 한인들이 중앙아시아에 정주하는 과정에서 기존의 전통과 문화를 계속 유지하고 발전시킨 곳으로도 유명하다. 1937년 연해주 라즈돌리노예역에서 기차를 타고 중앙아시아로 강제 이주됐을 당시 한인들은 알마티 북동쪽에 있는 우슈토베역에서 내려 중앙아시아 정주 생활의 첫 걸음을 뗐지만, 이들의 사회적, 문화적 삶이 중앙아시아에 이식되기 시작한 곳은 우슈토베가 아닌 크즐오르다였다. 잘 알려졌듯이, 연해주 한인들은 1927년 니콜스크 우수리스크에 소왕령고려사범학교를 설립했고

카자흐스탄 크즐오르다 철도역 주변 풍경 (사진 : IRS)

1931년 블라디보스토크에 원동고려사범학교를 출범시켜 한인 민족 교육에 심혈을 기울였다.

그러다 1937년 한인들은 스탈린의 강제 이주 정책으로 중앙아시아로 이동할 수밖에 없었고 이때 사범학교들도 한인들과 함께 옮겨왔는데, 두 학교가 터를 잡은 곳이 바로 크즐오르다였다. 이듬해 학교 개편령에 따라 민족학교들이 폐교되는 와중에 원동고려사범대학이 크즐오르다사범대학으로 재편되기는 했지만, 한민족 교육기관이 연해주에서 중앙아시아로 그대로 옮겨와 크즐오르다에서 다시 문을 열었다는 사실 자체는 이곳에서 중앙아시아 한인들의 벼농사가 처음으로 시작됐다는 사실만큼이나 큰 의미가 있었다. 크즐오르다가 한인의 중앙아시아 이주 과정에서 초창기 교육의 중심지였다고 회자되는 이유도 여기에 있다. 연해주에서 건너온 원동고려사범대학에서 출발한 크즐오르다국립사범대학은 이후 1996년에 크즐오르다국립대학교로 바뀌어 오늘에 이르고 있다. 이처럼 크즐오르다는 중앙아시아 고려인들의 교육 역사에서 특별한 의미가 있는 곳으로 기억되고 있다.

한편, 크즐오르다는 현재 카자흐스탄 알마티에서 발행되고 있는 「고려일보」의 전신인 「레닌 기치」가 창간되어 발행된 곳으로도 큰 의미가 있다. 이주 초창기 고려인들은 연해주에서 발행한 한글 신문 「선봉」을 가져와서 「레닌 기치」로 창간하여 다양한 차원에서 소통하며 공통의 문화와 전통을 유지하려고 노력했다. 고려인들이 낯선 땅에 내던져져 하루하루 생존하기조차 어려웠던 열악한 상황에서도 학교를 운영하고 신문까지 발행했다는 사실은 그들이 문화 사업에 얼마나 지극정성이었는지를 단적으로 보여준다. 하지만 정주 초창기 크즐오르다에서 고려인들의 문화 사업은 학교 운영과 신문 발행으로만 그치지 않았다. 고려인들은 1931년 9월 9월 연해주 블라디보스토크에서 창설된 원동고려극단을 크즐오르다로 옮겨와 고려극장이라는 이름으로 새롭게 출범시켰다. 초창기 고려극장 배우들은 극장 안에서만 공연하지 않고 파종과 추수 때는 콜호즈(집단농장)을 돌며 농민들 앞에서 공연했고 학생들을 위해서도 공연을 선보였다. 콜호즈 순회공연에서 이들은 농장 생활을 묘사하여 농민들의 공감을 샀다. 고려극장은 이후 소재지가 몇 차례 바뀌는 등 여러 변화를 거친 끝에 1968년 알마티로 옮겨가서 지금에 이르고 있다.

이처럼 크즐오르다는 중앙아시아로 강제 이주되어 정착한 초창기 고려인들의 문화적 삶에서 매우 중요한 기능을 수행했다. 그래서였을까. 소련 록 음악의 전설적인 가수로 기억되고 있는 고려인 빅토르 최가 크즐오르다에서 태어난 것도 우연이 아니었을지 모른다. 다른 한편, 크즐오르다는 우리나라 독립운동 영웅 가운데 한 명으로 영원히 기억되는 홍범도 장군이 말년을 보낸 곳으로도 잘 알려져 있다. 1920년 6월 만주 봉오동 전투와 같은 해 9월 청산리 전투를 승리로 이끈 것으로 유명한 홍범도 장군은 최근 밝혀진 사실에 따르면 여러 우여곡절 끝에 1923년 군복을 벗었고 이후 연해주에서 콜호즈를 조직해 일하며 살다가 1937년 스탈린의 강제 이주 때 중앙아시아로 옮겨와서 크즐오르다에 정착해 살았다. 그러나 이곳에서 홍범도 장군은 고려극장 야간 수위로, 정미공장 일꾼으로 일하는 등 독립운동 영웅으로서는 초라하기만 한 말년을 보내다 1943년 10월 25일 세상을 떠났다. 홍범도 장군이 사망하고 나서 소련 정부는 그가 살았던 집 근처의 거리 이름을 '홍범도 거리'로 바꾸고 장군의 업적을 기렸다. 우리나라 독립기념관 설명에

홍범도 거리 입구 (사진 : IRS)

따르면, 카자흐스탄 작가동맹 조선인분과 협의회 회장 박일의 주도로 1989년 5월 홍범도 거리에서 그를 기념하는 현판식이 열렸다. 기념 현판에는 "이 거리는 러시아 원동과 중국 동북지방의 빨치산 부대의 전설적 지휘자이며 한국의 탁월한 애국자이자 인민 영웅으로 1937년에 크즐오르다에 온 홍범도의 이름을 딴것이다"라고 러시아어로 쓰여 있다. 크즐오르다에 한민족의 이름이 들어간 거리가 있다는 것은 그 자체만으로도 가슴 뭉클한데, 이 거리 이름의 주인공이 바로 독립운동의 영웅 홍범도 장군이다.

크즐오르다가 중앙아시아 고려인의 정주 초창기에 문화적 삶의 중심지였다고 한다면, 우슈토베 마을은 고려인들의 중앙아시아 최초 정착지로서 남다른 의미가 있다. 이처럼 역사적으로 특별한 의미가 있어서인지 우슈토베를 찾는 한국인들의 발길이 언제나 끊이지 않는다. 2017년에는 특히 고려인 강제 이주 80주년을 맞아 많은 사람이 우슈토베를 방문했다. 현재 우슈토베에 사는 고려인 수는

크즐오르다에 있는 홍범도 장군 묘비 (사진 : IRS)

그렇게 많지 않고 그나마 남아 있는 사람 대다수가 고령이다. 우슈토베에 아로새겨진 고려인들의 삶에 대한 역사적 기억의 흔적들은 마을 인근 부슈토베 언덕에 형성된 고려인 공동묘지에서 찾아볼 수 있다. 지금 봐도 황량하기만 한 공동묘지의 풍경은 1937년 고려인들이 이곳에 첫발을 내디뎠을 때 얼마나 끔찍한 현실을 마주했을지 짐작케 한다. 당시 고려인들은 집이 없어 급한 대로 땅을 파서 토굴을 만들어 그 안에 들어가 살았는데, 그때 토굴촌이 현재 공동묘지로 변했다고 한다. 부슈토베 언덕에는 "이곳은 원동에서 강제 이주된 고려인들이 1937년 10월 9일부터 1938년 4월 10일까지 토굴을 짓고 살았던 초기 정착지이다"라고 한글로 새겨져 있는 정착 기념비가 서 있다. 몇 년 전 카자흐스탄 고려인협회에서 세운 이 기념비는 초창기 고려인들의 험난했던 삶을 증명해준다.

1937년 강제 이주 당시 고려인의 발길이 가장 먼저 닿았던 우슈토베와 크즐오르다 외에도 현재 카자흐스탄에는 옛 수도 알마티를

카자흐스탄 우슈토베 고려인 마을 인근의 부슈토베에 세워진 정착 기념비 (사진 : IRS)

비롯하여 카라간다와 잠불, 쉼켄트, 아스타나, 악토베 등지에 고려인들이 분포해 살고 있다. 카자흐스탄에 사는 고려인은 현재 10만여 명으로 파악되고 있는데, 이 중에서 상당수를 차지하는 4만 명 이상이 알마티에 거주한다. 카자흐스탄 고려인들은 1920년대 후반 크즐오르다에서 벼농사가 중앙아시아 최초로 시작된 데서 알 수 있듯이 1937년 강주 이주로 이곳에 왔을 때도 주로 벼농사에 종사했다. 앞서 얘기했듯이 이들은 척박한 중앙아시아 초원에서 논을 일구어 벼농사를 지었고 이들의 농지조성과 벼 재배 성공 덕분에 카자흐스탄은 소련 전체에서 가장 넓은 논을 보유하게 됐다. 하지만 이들에게도 한민족 특유의 근면성과 교육율이 있어 고등교육기관에 진학하는 사람들의 비율이 카자흐스탄에서 다른 어느 민족보다 높았다. 지금도 그렇지만 소련 시절에 고려인들이 현지 사회에서 무시와 차별을 받지 않고 정당한 대우를 받고 살았던 것도 고려

2017년 10월 26일에서 11월 8일까지 국립카자흐스탄박물관에서 열린 고려인 정주 80주년 기념 사진전 '고려인-까레이쯔' (사진 : 카자흐스탄 한국문화원)

인들이 보여준 성실한 태도와 탁월한 역량 덕분이었다. 고려인들이 이렇게 역량을 발휘할 수 있게 된 된 데는 이들이 1960년대부터 농촌에서 도시로 생활 터전을 옮겼던 것도 큰 역할을 담당했다. 현재 카자흐스탄에 사는 고려인의 압도적 다수는 알마티 등 도시에서 거주한다. 이것은 초창기 고려인 대다수가 농촌에 모여 살았던 것과 정반대되는 현상으로, 고려인의 위상이 그동안 많이 달라졌음을 입증한다.

카자흐스탄에서 고려인의 위상 변화는 고려인 출신들이 현지 주류 사회에서 두각을 나타내고 있는 데서도 확인할 수 있다. 대표적인 사례로는 수십억 달러의 자산 규모를 보유하고 있어 카자흐스탄 최고 부자의 반열에 올라 있는 블라디미르 김을 꼽을 수 있다. 세계적인 구리 생산업체 '카작무스'를 소유하고 있는 블라디미르 김은 카자흐스탄에서 억만장자로 거론된다. 블라디미르가 이렇게 큰 사업체를 운영하며 최고의 자산을 보유하게 된 것은 누르술탄 나자르바예프 카자흐스탄 대통령의 최측근 그룹에 속해 있는 덕분이라고 하지만, 기본적으로 그의 개인적 역량이 없었다면 누구의 도움을 받아도 이렇게까지는 되지 못했을 것이다. 이처럼 카자흐스탄 최고 부호 가운데 한 사람이 고려인이라는 사실은 카자흐스탄 주류 사회에서 고려인의 입지와 위상이 그만큼 탄탄하게 많이 달라졌음을 말해준다.

현재 카자흐스탄의 옛 수도 알마티에는 고려인협회가 있다. 이곳은 산하에 한글신문 「고려일보」와 고려극장 등 여러 단체와 기관을 두고 있다. 이런 점에서 알마티는 강제 이주 초창기 크즐오르다가 그랬던 것처럼 현대의 고려인 문화 중심지라고 할 만하다. 특히 고려인협회는 1989년 '카자흐스탄고려문화중앙'이라는 이름으로 창설된 고려인 최고 기관으로 정관계와 재계, 학계 고려인을 총망라하고 있다. 카자흐스탄 각지 협회 지부와 중소기업협회, 청년회를 산하 기관으로 두고 있는 고려인협회는 2000년부터 「고려일보」를 발행하고 있다. 고려인협회는 2003년에 자력으로 고려인회관을 건립하여 「고려일보」와 청년회 등 산하 기관과 단체를 모두 입주시켰고 한식당인 '코리아 하우스'도 운영하고 있다. 고려인협회는 매년 9월 고려인이 카자흐스탄에 처음 도착한 시기를 기념하여 카자흐스탄 전국 고려인대회를 개최한다. 1주일간 이어지는 대회 기간에는 고려인협회 간부회의와 총회, 카자흐스탄 고려인 노래자랑, 학술회의, 미스고려 미인대회 등이 열린다.

카자흐스탄 고려인협회의 산하 기관들에서 주목할 만한 곳은 '고려인 청년운동'으로 불리는 청년회를 들 수 있다. 이곳은 특히 현지 신세대 고려인 젊은이들이 한국과 카자흐스탄의 세대 간, 국

카자흐스탄 고려인협회가 고려인회관 안에 운영하고 있는 한식당 '코리아 하우스' 내부 (사진 : IRS)

가 간, 민족 간, 문화 간 미래 협력과 교류에서 훌륭한 가교 역할을 담당할 차세대 엘리트 육성 시스템을 갖추고 있어 흥미롭다. 다시 말해 이곳에서는 청년회 회원이 처음에 일반회원으로 활동하며 다양한 경험을 쌓다가 나중에 중견 간부로 성장하고 그 다음에는 단체장이 되어 청년 지도자로 발돋움할 수 있는 시스템을 갖추고 있다. 이처럼 유기적이고 체계적인 엘리트 육성 과정을 밟아온 대표적인 고려인 청년들로는 현재 카자흐스탄 고려인협회에서 4명의 부회장 자리 가운데 각각 한 자리씩 차지하고 있는 세르게이 오가이와 데니스 김을 꼽을 수 있다.

카자흐스탄 '고려인 청년운동' 회원들은 특히 청년 활동에만 활발하게 참여하는 데 머물지 않고 현지 고려인 신문인 「고려일보」 발간에도 참여하고 고려인협회의 거의 모든 활동과 행사에 적극적으로 나서면서 다양한 경험을 쌓고 있다. 또 이 단체는 한국과의 교류 사업에도 깊숙이 관여하고 있는데, 대표적인 사례로는 카자흐스탄 고려인 청년들의 한국 연수 또는 유학을 적극적으로 주선하면서 카자흐스탄 고려인 젊은이들의 한국 문화 교육을 전담하는 것을 들 수 있다. 그러나 차세대 엘리트로 성장할 수 있는 고려인 학생들을 위한 한국 단기 연수나 장기 유학 등의 문화교류는 '고려인 청년운동' 단체의 힘만으로는 역부족이어서 한국 내 대학이나 정부 기관의 협력과 지원이 필요해 보인다. 실제로 '고려인 청년운동'의 데니스 김 회장은 카자흐스탄 고려인 학생들을 한국 대학으로 파견하여 다양한 경험을 쌓을 수 있도록 하고 싶지만, 공식적으로 수립된 교류협력 창구가 별로 없어 학생 파견과 교육이 개별적, 비공식적 차원에서 대부분 이뤄지고 있다고 밝혔다.

카자흐스탄과 더불어 중앙아시아 지역을 대표하는 우즈베키스탄은 고려인 인구가 가장 많이 거주하는 역내 국가이다. 우즈베키스탄에는 한때 23만 명에 달할 정도로 많은 고려인이 거주했지만,

카자흐스탄 고려인협회 부회장을 맡고 있는 데니스 김과 세르게이 오가이 (사진 : IRS)

최근에는 18만 명 정도가 이곳에 남아 살고 있는 것으로 파악된다. 그동안 약 5만 명의 고려인 인구가 감소했다고 볼 수 있는데, 우즈베키스탄을 빠져나간 고려인 수가 그동안 많았던 것이 주원인이었다. 1991년 소련 붕괴 이후 독립 국가가 된 우즈베키스탄에서 고려인들의 삶은 소련 시절보다 결코 더 나아졌다고 할 수 없었다. 무엇보다도 먼저 우즈베키스탄에서 민족주의 세력이 강해지면서 고려인에 대한 차별도 이전과 달리 많아지기 시작했기 때문이다. 소련 시절 우즈베키스탄에서 고려인들은 처음에 주로 벼농사에 종사했고 제2차 대전 이후에는 면화 재배에 종사했지만, 특유의 근면성실로 현지 사회에서 우수 민족으로 인정받고 그에 걸맞은 대접도 받으며 살았다. 또 소련 시대 후기로 오면서는 도시화와 산업화가 급속도로 진행되면서 고려인 사회도 이에 적응하여 빠르게 발전했는데, 이 과정에서 중요한 역할을 담당한 것이 고등교육기관 진학이었다. 다시 말해 우즈베키스탄에서도 고려인들은 생활현장에서 근

1969년 우즈베키스탄 '칼리닌' 콜호즈 농부가 두 배 수확에 기뻐하는 모습 (사진 : 국가기록원)

면성실하게 일했을 뿐만 아니라 자녀 교육에도 노력을 기울여 현지 사회에서 엘리트로 성장할 수 있도록 최선을 다했다. 그 결과 소련 시절 우즈베키스탄에서 고려인들은 높은 교육 수준과 특히 적극적인 러시아 문화 수용 덕분에 농업 일변도에서 탈피하여 다양한 분야로 진출할 수 있는 길을 개척했다.

그러나 소련 붕괴 이후 우즈베키스탄에서 고려인들은 현지 사회에서 소수민족으로 전락하며 위상 하락을 겪은 것과 동시에 주류 사회에서 배제되기 시작했다. 또 소련 시절에 고려인들에게 경제적으로 든든한 버팀목이 되어 주었던 콜호즈가 해체되면서 새로운 경제적 활로를 찾아야 하는 상황을 맞이했다. 이처럼 경제난과 생활고를 겪게 되자 현지 고려인들은 러시아 남부 지역이나 극동 지역 등으로 임차농업을 찾아 떠나면서 재이주의 길을 걸었다. 이와 함께 젊은이들은 우즈베키스탄 사회에서 알맞은 일자리를 찾지 못한 채 모스크바 등 러시아 대도시들이나 타시켄트에서 멀지 않은 카자흐스탄 알마티로 일자리를 찾아 떠났다. 또 일각에서는 한국에 와서 새로운 삶을 개척하려는 사람들도 적지 않다. 현재 우즈베키스탄에서 고려인 인구가 차지하는 비율은 1% 미만이지만, 이들이 현지에서 분포하는 지역은 매우 다양하다. 하지만 대다수 고려인은 우즈베키스탄의 수도 타시켄트와 그 주변에 거주하고 있다. 2017년 7월 3일에는 타시켄트에 조성된 서울공원에서 박원순 서울시장이 참석한 가운데 고려인 정착 80주년 기념비가 제막됐다. 이 기념비에는 "고려인 이주 80주년을 즈음하여 고려인들을 따뜻한 친구로 맞아준 우즈베키스탄인들에게 깊은 감사를 표합니다"라는 말이 한국어와 우즈베크어, 러시아어로 새겨져 있다.

고려인들은 우즈베키스탄과 국경을 맞대고 있는 키르키스스탄에

고려인 정착 80주년 기념비 제막식 (사진 : 고려일보)

도 적지 않게 살고 있다. 이곳에 사는 고려인들의 정착 역사는 카자흐스탄과 우즈베키스탄에 사는 고려인들의 역사와 조금 다르다. 키르기스스탄에 사는 고려인들은 1937년 강제 이주 때 연해주에서 바로 이곳으로 온 사람들이 아니다. 이들은 원래 카자흐스탄이나 우즈베키스탄에 살던 사람들이지만, 1938~40년에 현지 상황의 변화로 인해 이곳으로 건너왔다. 이곳 고려인들도 처음에는 농촌 지역으로 이주해서 정착했다. 하지만 이들은 나중에 조금씩 도시로 이동해 살았고 이곳에서 자녀들의 교육에 정성을 쏟았다. 현재 키르기스스탄 고려인 인구는 16,000여 명이고 비시케크 같은 대도시에 많이 모여 살고 있다. 이곳 고려인들에게 특징적인 점은 이들이 현지어인 키르키스어를 거의 사용하지 않고 러시아어를 사용하고 있다는 사실이다. 이러한 특징은 현지 고려인들이 러시아어가 지배적인 언어였던 소련 시대 전통을 여전히 따르고 있는 데서 기인한다.

이 밖에도 중앙아시아 고려인들은 타지키스탄에도 살고 있는데, 현재 이곳 고려인 수도 1천 명 안팎에 머물고 있다. 소련 시절에

2017년 6월 13일 키르기스스탄공화국 수도 비시케크에서 국립 비쉬케크인문대학과 함께 '고려인의 민족음식과 김치'를 주제로 한 국제학술대회를 열렸다. (사진 : 농수축산신문)

는 1만 명 이상의 고려인이 이곳에 모여 살았던 것과 비교하면 약 90%가 줄어든 셈이다. 소련 붕괴 이후 타지키스탄에서 내전이 일어나자 많은 고려인이 안전한 삶을 찾아 다른 나라로 떠났기 때문이다. 어떤 사람들은 카자흐스탄 등 중앙아시아 국가들에서 새로운 삶의 터전을 마련했고 또 다른 사람들은 모스크바나 연해주 등 러시아 지역으로 떠났다. 현재 타지키스탄에 남아 있는 고려인들은 현지 사회의 일원으로 살아가고 있지만, 한국과의 직간접적인 접촉을 통해 한민족의 정체성을 새롭게 의식하고 있다.

다른 한편, 2017년은 고려인 강제 이주 80주년을 맞아 국내에서 기념사업 추진위원회가 출범하여 다양한 활동을 펼쳤다. 예를 들면, 2017년 9월 2일 광주광역시 국립아시아문화전당(ACC)에서는 기념사업 추진위원회 주최로 '고려인 강제 이주 80주년 기념 문화제'가 열렸다. 이 문화제에서는 디아스포라 공연이 고려인의 이주와 삶을 주제로 펼쳐졌고 연해주에서 중앙아시아로 이어지는 고려인 유랑의 삶을 다룬 전시가 열렸다. 특히 '나는 고려인이다'라는

'고려인 강제 이주 80주년 기념 문화제' 포스터

공연은 1937년 연해주에서 시작해 중앙아시아를 거쳐 2017년 광주까지 시대를 관통한 고려인 예술가들의 삶을 연극과 합창, 영상 등을 통해 종합적으로 표현했다.

'1만5천km 점, 선, 면 유랑의 역사' 전시회는 2017년 9월 2일부터 30일까지 아시아문화전당 문화정보원 콘퍼런스홀 복도에서 열렸다. 김병학 시인이 25년간 카자흐스탄에 살면서 수집한 자료와 고려인 유물 수집가 아리타 최, 고려인 극작가 한진 선생의 유가족 등에게서 기증받은 자료 1만여 점 가운데 일부가 선별적으로 전시됐다. 이와 함께 열린 학술회의에서는 유라시아 대륙에 광범위하게 분포해 있는 고려인들이 현재 놓여 있는 상황과 이들의 권익 보호 방안 등이 심도 있게 논의됐다.

또 2017년 9월 21일에는 카자흐스탄 알마티의 공화국 궁전에서 문재인 대통령과 정세균 국회의장, 누르술탄 나자르바예프 대통령의 축사와 함께 고려인 정주 80주년 기념행사와 갈라쇼가 약 3시간 동안 진행됐다. 이날 행사에서는 로만 김 고려인 협회장이 인사

고려인 강제 이주 80주년 기념행사를 알리는 포스터들

말을 전한 가운데 카자흐스탄 주재 김대식 대사와 전승민 총영사 등 약 1,500명의 고려인 동포와 한국교민, 각계각층 인사가 참석했다. 참석자들은 고려인 강제 이주 80년의 역사와 의미를 되새겨보고 다양한 분야에 걸쳐 활약하고 있는 인사들을 중심으로 카자흐스탄 고려인의 위치와 위상에 관해 이야기를 나누었다. 복수의 언론 보도에 따르면, 문재인 대통령은 영상 메시지를 통해 "카자흐스탄 정치, 문화, 체육 등 다양한 분야에서 한국과 카자흐스탄의 우호 증진 기여에 감사드리며, 현지 사회에서 동포의 성공적인 정착은 우리의 큰 자랑"이라고 축하했다. 이와 함께 "조국의 독립을 위해 희생한 독립유공자의 활동과 그 후손에 대해 대한민국은 자랑스럽게 여기고, 앞으로도 영원히 기억해 나갈 것"이라고 말한 문 대통령은 "오늘 이 자리를 통해 미래의 더 큰 희망을 만들어 내는 계기가 되길 바라며, 그리움과 희망의 인사를 전한다"고 덧붙였다. 카자흐스탄 등 중앙아시아 고려인들은 이주와 정주 80주년을 맞아 새로운 도약의 전기를 마련해야 할 때가 되었다.

이와 함께 주목할 또 다른 행사로는 2017년 7월 23일부터 8월 4

'극동-시베리아-실크로드 오디세이' 출범식

일까지 국제한민족재단이 주최한 '고려인 중앙아시아 강제 이주 80주년 기념 극동 시베리아 실크로드 오디세이'가 있었다. '고려인 회상열차'로도 불렸던 이 행사의 목적은 러시아 연해주 블라디보스토크에서 이르쿠츠크, 바이칼 호수와 노보시비르스크를 거쳐 중앙아시아 카자흐스탄 우슈토베, 알마티로 이어지는 총 6,500km를 기차로 달리며 고려인 강제 이주의 험로를 되돌아보고 그 안에 담긴 역사적 의미를 짚어보는 데 있었다.

회상열차 참가자들은 2017년 7월 23일 인천공항을 출발하여 러시아 블라디보스토크에 도착해서 신한촌을 둘러보는 것으로 대장정의 공식 일정을 시작했다. 회상열차는 블라디보스토크에서 시베리아횡단열차(TSR)를 타고 우수리스크와 하바롭스크, 이르쿠츠크, 크라스노야르스크 등을 거쳐 강제 이주 당시 환승지였던 노보시비르스크를 거쳐 카자흐스탄 알마티까지 13박 14일에 걸쳐 대장정을 이어갔다. 대장정의 종착지인 카자흐스탄 알마티에서는 '한반도 정세와 미래'를 주제로 한 '세계한민족포럼'이 열렸다. 이 포럼에

2017년 11월 4일 캄차카주 표트르파블롭스크-캄차츠키에서 열린 '국민통합의 날' 행사에 현지 거주 한인 대표로 나선 한 여성이 한복을 차려입고 행사장에 등장하고 있다. (사진 : TASS)

는 중앙아시아 고려인 학자 등 15개국 전문가가 참여하여 열린 토론을 벌였다. 이번 회상열차의 의의는 중앙아시아 고려인들의 이주 아픔과 난관 극복, 미래 발전을 다각적으로 되돌아보고 한반도 평화와 통일까지도 진지하게 논의했다는 데서 찾을 수 있다.

고려인은 러시아연방 동쪽 캄차카 반도에서 서쪽 캅카스까지 광활한 영토에 걸쳐서도 폭넓게 분포해 있다. 흥미롭게도, 러시아 고려인은 주로 극동 연해주와 사할린 섬에 거주하고 있다거나 모스크바 등 유럽 쪽 러시아 중심부에 살고 있다는 일각의 예상과는 다르게 극동의 연해주와 사할린, 모스크바 외에 볼고그라드, 아스트라한, 로스토프, 북캅카스 등 러시아 남부와 예카테린부르크, 페름 등 우랄 지역에도 많이 거주하고 있다. 특히 러시아 남부 지방은 이미 1930년대부터 벼농사 전수와 '고본질(임차농업)'을 위해 갔다가 머물며 살던 고려인들과 함께 소련 붕괴 후 우즈베키스탄, 타지키스탄 등 중앙아시아 지역에서 이주해온 사람들이 한데 섞여 살고 있어 흥미롭다.

러시아연방 고려인 인구는 2000년대 중반 이후 많은 변화를 보이고 있다. 모스크바와 상트페테르부르크 등 대도시에서는 고려인들의 수가 늘고 있지만, 볼고그라드와 로스토프나도누 같은 남부 지방 도시들에서 농사를 짓고 사는 고려인들의 수는 이전과 비교했을 때 갈수록 줄고 있다. 중앙아시아 국가들에서도 비슷하게 나타나고 있는 농업 쇠퇴와 젊은이들의 농촌 이탈이 지방 도시들에서 나타나고 있는 고려인 인구의 감소 원인으로 지목되고 있다. 한편, 러시아 극동 연해주에서는 우수리스크와 블라디보스토크 등을 중심으로 다양한 국적과 출신 배경의 고려인들이 1990년대 소련 해체 이후 모여들어 살기 시작했다. 특히 이곳은 인접한 중국에서 건너온 조선족 동포들까지 가세해 독특한 한인 디아스포라를 형성하고 있다. 최근에는 연해주와 캄차카 반도에 사는 북한 노무자 1세대와 그 후손들도 러시아 거주 고려인 범주에 포함되기도 한다.

연해주 우수리스크 시장에서 채소와 김치 등 반찬을 팔고 있는 고려인 (사진 : IRS)

모스크바 고려인협회 회장으로 대한민국 명예영사로 활동한 예카테린부르크 출신 고려인 사업가 스타니슬라프 태 (사진 : IRS)

현재 모스크바와 그 주변 거주 고려인 수는 2만 명 이상이다. 이들 중에는 거주등록을 받지 못한 채로 불법으로 체류하고 있는 사람들도 상당수 존재하는 것으로 파악되고 있다. 상트페테르부르크와 인근 지역에 거주하는 고려인 수는 최소 3천 명, 최대 5천 명으로 추정된다. 특히 모스크바와 상트페테르부르크 거주 고려인 3~4세대는 다른 지역에 사는 같은 세대의 고려인들보다 학력 수준이 훨씬 높아 사무직과 기술직, 전문직으로 일하는 사람들이 많다. 그러나 러시아 주류 사회에 진입할 수 있는 분야에서 활동하는 고려인은 아직도 그렇게 많지는 않다.

2017년 12월 11일 모스크바 지하철 '타간스코-크라스노프레스넨스카야 노선'에서는 '극동의 날'을 맞아 '극동 익스페레스' 테마 열차를 운행하는 특별한 행사가 열렸다. 유리 트루트네프 러시아연방 부총리 겸 극동연방관구 대통령 전권대사와 알렉산드르 갈루시카 극동개발부 장관 등 정부 고위관리들이 참석한 가운데 성황리

'극동 익스프레스'에서 사할린을 대표하는 열차 속의 한인 소녀들 (사진 : TASS)

에 열린 이날 행사에서는 아무르주, 유대인 자치주, 캄차카 변강주, 마가단주, 연해 변강주, 사하 공화국, 사할린주, 하바롭스크 변강주, 추콧카 자치주를 대표하는 열차가 각 지역의 명승지와 특산물, 문화재를 소개하는 그림으로 장식하고 운행됐다.

이와 함께 각 지역을 대표하는 열차에는 해당 지역에 거주하는 민족들이 전통 민속의상을 차려입고 자신들의 지역을 알리는 데 앞장섰다. 예를 들면, 러시아연방에서 가장 큰 면적을 자랑하는 사하 공화국을 대표하는 열차 안에는 이곳의 대표 민족인 야쿠트 사람들이 민속의상을 화려하게 차려입고 고향을 소개하는 데 여념이 없었다. 또 축치족 사람들은 추콧카 자치주를 대표하는 열차에 올라 홍보에 열을 올렸다. 그런데 사할린을 대표하는 열차 안에서는 러시아인들과 함께 상모를 쓰고 장구를 메고 활짝 웃고 있는 한인

아가씨들이 눈에 띄어 흥미로웠다. 사할린 사회 구성체를 대표하는 민족이 바로 러시아인과 함께 한인이었기 때문이다. 더구나 이들 한인은 기성세대가 아니라 밝은 표정의 젊은 세대였다. 농악 복장을 차려입고 있는 이들의 모습은 러시아 전체에서 볼 때 다소 생경하고 이질적이게 보였지만, 오늘날 사할린 사회에서 한인들이 당당하게 한 자리를 차지하고 있음을 여실하게 보여줬다. 다시 말해 사할린 한인들은 현재 이곳 사회에서 중요하고 본질적인 일부로 무시할 수 없는 '강력한 소수'가 됐다고 할 수 있다.

사할린 한인들은 현지 사회에서 러시아인들과 주류 계층을 형성하고 조화롭게 살고 있다. (사진 : Sakhalin.info)

제2부

러시아에 뿌리내린 한국 문화와 예술

5장

러시아인들이 바라본 한국과 한국인

2017년 10월 13일 상트페테르부르크국립대학교에서 러시아 한국학 강좌 개설 120주년 기념 학술대회가 열렸다. 러시아 각지에서 온 현지 한국학 연구자들이 중심을 이루고 여기에 유럽 국가 출신 한국학 연구자들과 상당수에 달하는 국내 연구자들이 참가한 성대한 행사였다. 정확히 말하면, 국외 최초로 고등교육 기관에서 한국학 관련 강좌가 개설된 역사를 기리는 자리였다. 서울에서 머나먼 러시아 영토의 최서단에 위치한 러시아 명문 대학에서 구한말 한국어 강좌가 개설된 연유는 무엇일까. 제정 러시아 붕괴 이후 볼셰비키 혁명으로 소련이 등장하고, 냉전 체제에서는 적대 관계로 양국 간에 일체 교류가 없었던 시절에 러시아 한국학의 역사는 어떤 변화의 궤적을 그려온 것일까. 오랜 역사를 자랑하는 러시아 한국학의 전통은 한국과 러시아(당시 소련)가 수교 관계를 맺은 1990년 이후 약 30여 년이 지난 현재 어떤 상황을 맞고 있을까.

러시아에서 한국에 대한 관심이 구체화된 것은 19세기 후반 양국이 두만강을 경계로 국경을 접하면서부터였다. 특히 1890년부터 1905년 사이 약 15년 동안 한반도와 그 주변에서 러시아는 외교,

상트페테르부르크국립대학교 러시아 한국학 강좌 개설 120주년 기념 학술대회 참석자들 (사진 : IRS)

군사, 통상 분야 활동을 활발하게 전개했다. 하지만 러일 전쟁 패배와 그에 따른 한국 내 영향력 약화 등의 원인으로 이후 한국에 대한 관심과 연구는 현저하게 위축됐다.

초기 단계에서 러시아의 한국 관련 연구는 현지 탐사와 보고, 기행문, 군사첩보 보고, 기존 자료의 번역과 집대성, 정교회 선교 활동 등으로 다양하게 진행됐다. 이 시기를 대표하는 문헌 중 특별히 우리의 관심을 끄는 것은 저명한 러시아 작가 니콜라이 가린-미하일롭스키(Nikolai Garin-Mikhajlovskii)가 풍부한 한국 민속자료를 수집해 정리하고 또 설화를 러시아어로 기록한 저작과 저명한 일본 전문가 니콜라이 콘라드(Nikolai Konrad)의 민속지학적 업적이다. 알렉산드르 즈베긴초프(Aleksandr Zvegintsov)가 이끄는 탐험대의 일원으로 1898년 한반도 북쪽 지역을 여행하면서 민속 관련 자료와 한국 전통 설화 60여 편을 수집하여 기록으로 남긴 가린-미하일롭스키는 러시아 독자들에게 한국을 알리는 데 크게 이바지했다. 한편,

1914~15년에 한반도 남부 지역을 도보와 말을 타고 여행하면서 당시 한국인의 생활 모습을 기록한 콘라드의 저술은 이전의 자료 수집이나 현황 보고 등과는 다른 것으로 한국인들의 물질문화와 정신문화의 근저를 깊이 있게 분석한 연구의 흥미로운 사례다. 오랫동안 원고상태로 보관되다가 1996년에 발간된 이 유명한 동양학자의 책은 『1914~15년 사이의 개인적 관찰에 근거한 한국인들의 생활 풍습 연구소고』로, 당시의 사회조직, 가정생활, 종교관, 여가오락, 세시풍습, 민간 의료요법 등을 총 6장으로 나누어 상세히 기록하고 있는 한국학 분야의 탁월한 업적임이 분명하다.

러시아에서 나온 초기의 한국 관련 문헌 중에는 19세기 말 러시아 정부와 군사 기관에서 파견된 장교들이 현지를 여행한 후 남긴 한국의 역사와 현실에 관한 기록들이 많았다. 이 시기에 발표된 여행기 중 일부는 1958년 갈리나 탸가이(Galina Tiagai)가 편찬한 『한국 여행기(1885~96)(Po Koree. Puteshestviia, 1885-96)』로 발간되기도 했다. 이 무렵 러시아가 한국에 관심을 기울이게 된 것은 러시아 제국의 정치-경제적 팽창 정책 때문이기도 했고, 다른 한편으론 1860년대 이후 국경을 넘어 러시아 땅에 거주하게 된 한국 사람들을 관리할 필요가 있었기 때문이기도 했다. 연해주 지역의 러시아 관리나 정교회 사제들 입장에서는 러시아 땅으로 이주한 한국인들을 잘 관리하고 정교회 신도로 개종시키려면 이들에 대한 이해가 필요했을 것이다.

미하일 푸칠로(Mikhail Putsillo)가 약 3,400가지 어휘를 수록해 편찬한 최초의 노한사전이 1874년 발간된 것도 그러한 맥락에서 설명할 수 있다. 블라디보스토크 인근에 거주하는 한국인 이주자들을 관리하던 현지 관리였던 푸칠로는 그들과 교류하는 과정에서 사전 편찬 작업을 했던 것으로 추정된다. 러시아 땅에 거주하기 시작한 한국 사람들의 삶에 관해서는 러시아 관리와 여행자, 정교회 사제들이 흥미로운 기록을 남긴 바 있다.

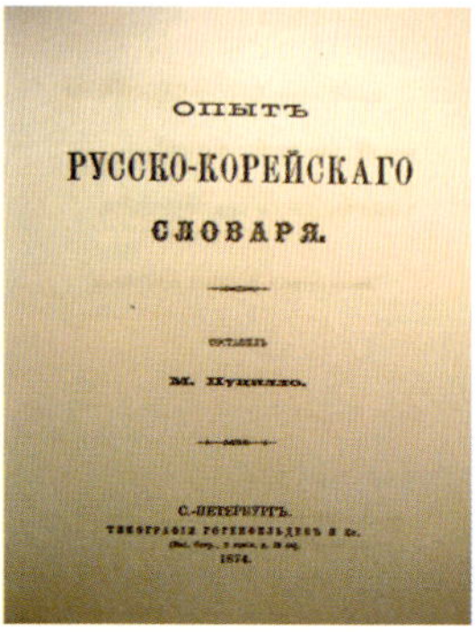

푸칠로가 편찬한 최초의 노한사전
(사진 : IRS)

러시아 정교회의 한국 진출과 연관된 내용을 구체적으로 기술한 문헌들도 여러 권 출판됐다. 1897년에 상트페테르부르크 주교구 관할 아래 한국 선교부를 설립하기로 결정한 이후 1900년 2월 한국 최초의 러시아 정교회 성당이 축성되면서 활기를 띠게 된 러시아 정교회의 한국 선교 역사는 비교적 최근 들어서야 체계적으로 연구되기 시작했다. 당시 한국 내 러시아 정교회 활동 상황을 밝히는 데서 중요한 사료로는 파벨 이바놉스키(Pavel Ivanovskii)의 『한국에서의 기독교 선교 현황』, 수사 신부 흐리산프(Episkop Khrisanf)의 『한국에 파견된 어느 선교사의 편지』와 『서울에서 블라디보스토크까지』 등이 있다. 특히 흐리산프는 당시의 대표적 선교사 양성 기관인 카잔 소재 신학아카데미에서 학위를 받은 후 1899년에 서울 선교부의 책임자로 부임한 인물이었다. 한국 정교회 역사를 개괄적으로 기술하고 있는 문헌으로는 세묜 네다친(Semyon Nedachin)의 『한국에서의 러시아 정교회 역사 개설』 등이 있으며, 우크라이나 하리코프에서 출간된 『일본과 한국의 종교』와 『일본과 한국에서의 러시아 선교』 같은 책들도 당시 한국의 종교 상황을 상세히 기록하고 있다. 제정 러시아 시대 동방학 연구 중심지이면서 해외 선교사 양성을 위한 교육기관이 있었던 카잔에서 이 무렵 한국인을 위한 러시아어 교재가 출간된 것도 흥미로운 사실이다.

다른 한편, 제국의 수도 상트페테르부르크에서는 대한제국의 러시아 공사관 통역관으로 근무하던 김병옥이 1897년 고등교육기관 최초의 한국어 강좌를 열었다. 민영환을 단장으로 하는 대한제국의 '러시아 황제 니콜라이 2세 대관식 축하 사절단'이 1986년 러시아를 방문했을 때 러시아 정부는 한국어 교사 파견을 요청했고, 다음

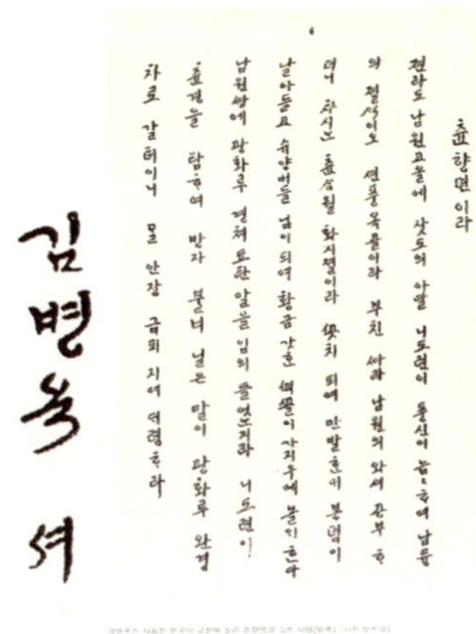

김병옥이 사용한 춘향전 텍스트와 김병옥의 서명 (사진 : IRS)

해인 1897년 5월 상트페테르부르크에서 대한제국 공사관 업무가 개시되면서 파견된 통역관 김병옥이 이곳에서 한국어를 가르치기 시작했다. 김병옥이 춘향전을 비롯한 우리 고전문학 텍스트를 활용해서 러시아 학생들을 교육했다는 점도 흥미롭다. 하지만 한반도에 대한 러시아의 관심이 시들해지면서 수강생 숫자가 줄어들어 1907년경에 한국어 강좌가 폐쇄되기에 이르렀다. 1910년대 들어 상트페테르부르크대학교에 한국학 프로그램을 복원하려는 시도가 있었고, 해당 분야 교수 요원 양성을 목표로 대학원생을 선발하여 현지에 파견하기도 했지만, 이때 선발된 니콜라이 콘라드(Nikolai Konrad)는 결국 한국이 아닌 일본 전공 대표 학자로 성장했다. 한국 여행 후 콘라드가 남긴 한국인의 일상생활과 풍습에 관한 체계적 묘사에서 우리는 러시아가 배출한 탁월한 동양학자의 높은 식견을 엿볼 수 있다.

지리적으로 한반도와 인접해 있는 블라디보스토크의 경우는 이

와 달랐다. 한반도에 대한 러시아의 관심은 줄어들었지만, 러시아 극동 지역에서 한국에 대한 관심은 계속 이어졌기 때문이다. 이 도시 인근에서 거주하는 한국인 숫자가 크게 증가하면서 한국에 대한 지방 정부의 실질적 관심은 높아질 수밖에 없었다. 이를 반영하듯 1899년 이 항구 도시에 동양학대학이 설립되었다. 1900년 세계 한국학 역사상 최초로 전임교수에 해당하는 그리고리 포드스타빈(Grigorii Podstavin)이 한국어문학과를 개설했으며, 동양학대학은 1920년 극동국립대학교(현 극동연방대학교) 동양학부로 통합됐다.

한국인의 일상과 풍습에 대한 관찰 등을 담고 있는 콘라드의 단행본 표지 (사진 : IRS)

러시아 혁명 이전 러시아 한국학이 이룬 주요 성과로는 러시아군 장교들이나 탐험가들이 남긴 여행기, 서울 주재 외교관들의 보고서 등이 있다. 이 자료들은 19세기 말 한국 현실을 이해하는 데서 중요한 기록으로 남아 있다. 아울러 이 시기 러시아인들이 한국에서 수집한 상당 분량의 우리 고문서가 상트페테르부르크 소재 연구 기관과 시설에 소장되어 있다는 점도 기억할 필요가 있다. 특히 이 무렵 러시아의 한국 연구를 대표하는 작업으로는 드미트리 포즈드네예프(Dmitrii Pozdneev) 중심의 공동 저작물로 1900년 발간된 총 3권의

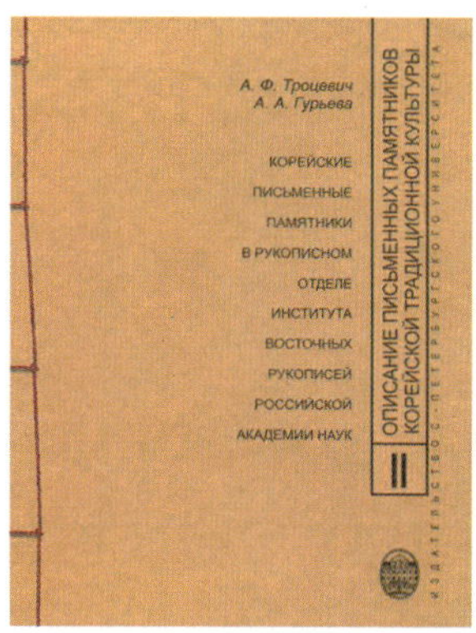

트로체비치와 구리예바 교수의 고문헌 해제 책자 표지 (사진 : IRS)

『한국지(Opisanie Korei)』를 꼽을 수 있다.

포드스타빈 (사진 : IRS)

1917년 혁명 이전 시기 러시아 한국학을 대표하는 학자로는 『한국지』의 역사 부분 집필자였던 니콜라이 큐네르(Nikolai Kiuner)와 포드스타빈 두 사람을 들 수 있다. 1925년 레닌그라드(현 상트페테르부르크)로 이주할 때까지 블라디보스토크에서 활동하며 일제 식민 치하의 한국을 다룬 여러 글을 발표하던 큐네르의 학문적 관심은 아쉽게도 나중에 중국과 일본으로 점차 이동해갔다. 러시아 혁명으로 볼셰비키 정권이 들어서자 제정 러시아 체제 아래서 활약하던 전문가 중 일부는 신변의 위협을 느껴 해외로 떠나기도 했다. 블라디보스토크에서 대표적인 한국학자였던 포드스타빈도 이 길을 선택해서 1922년 현지 연구를 구실로 한국으로 떠났고, 나중에 서울을 떠나 중국으로 이주해서 그곳에서 세상을 떠났다.

1917년 혁명 이후 일정 기간 소련이 한국학 연구에 특별한 관심을 기울일 만한 구체적 요인은 없었다. 일본이 한국을 합병함으로써 한반도에서 러시아는 이전의 영향력을 상실했고, 혁명 후 상당 기간 국내 문제에 매달려 해외 지역 연구 등에 관심을 기울일 여력이 없었다. 한반도에 대한 소련의 관심이 다시 높아진 것은 해방 후 한반도가 남북으로 양분되고, 북한에 친소련 정권이 들어서면서부터였다. 이런 상황을 고려하면 이 시기 한국학 연구가 특정 분야에 한정되고 또 이념적으로 편향되었을 것 같지만, 실제 연구 결과들을 보면 제정 러시아 시대에 등장한 한국학 연구의 씨앗들이 뿌리내리고 있는 징후들도 발견된다. 1921년을 기점으로 다시 등장한 한국 관련 연구는 대략 세 방향으로 진행됐다.

첫째는 한국 땅을 떠나 극동 지역에 정착한 한국인들의 삶과 이들 중 일부의 공산주의 운동 참여에 관한 것이었다. 조국 해방을 위해 노력하던 독립운동 세력 중 일부는 러시아 극동 지역에 근거지를 두고 소련 공산당과 협력 관계를 유지하고 있었는데, 당시 소련에서 이 공산주의자들의 활동에 대한 연구들이 논문 형식의 글로 발표됐다. 이고리 고젠스키(Igor Gozhenskii)의 "한국 이주민들의 극동 혁명 과정 참여"와 보리스 슈먀츠키(Boris Shumiatskii)의 "한국 공산주의 창립대회에서 한국의 국제정치적 상황과 당의 당면과제에 관한 보고" 등이 여기에 해당된다. 아울러 우수리강 유역을 비롯한 극동 여러 지역 거주 한국인들의 생활상을 다룬 다양한 시각의 연구도 진행됐다. 세묜 아노소프(Semyon Anosov)의 『우수리강 유역의 한인들』, 알렉산드르 페트로프(Aleksandr Petrov)의 "극동 지역 경제에서 한인의 의미", 세르게이 벨데니노프(Sergei Bel'deninov)의 "연해주 지역의 벼농사 발전 문제에 관하여" 등은 19세기 후반 러시아 땅에 정착하여 농사를 짓기 시작한 한국인들의 상황과 이들이 지역 사회에 미치는 영향들을 분석하고 있다.

두 번째 영역은 일제 치하에서 진행된 민족해방운동에 관한 것이다. 일제 치하에서 수난 받는 한국인의 어려움과 3·1운동을 비롯한 항일투쟁에 관한 여러 글이 발표됐다. 이러한 경향의 대표적 연구로는 그란드(N. Grand)의 "한국에서 해방운동의 제 단계", 카우프만(L. Kaufman)의 "일본 제국주의와 한국", 루키야노프(M. Lukianov)의 "일본의 한국 식민정책" 등을 들 수 있다.

세 번째 방향은 한국어와 문학, 한국 고대사, 민속 등에 관한 것으로 한층 더 인문학적인 성격을 띠고 있다. 혁명 이전과 비교하여 한국학 연구 여건이 나아졌다고 할 수 없는 이 시기에도 러시아 인문학자들은 학문적 의미가 큰 업적들을 내놓았다. 소련 한국학 연구의 토대를 구축한 예브게니 폴리바노프(Evgenii Polivanov)와 알렉산드르 홀로도비치(Aleksandr Kholodovich)가 바로 그들이다. 36개 언어를 다루는 드문 재능의 소유자 폴리바노프는 20세기 초 대표적 언어학자 중 한 사람이다. 1927년 발표한 논문 "한국어와 알타이제 언어 사이의 친족관계에 관하여"에서 폴리바노프는 한국어가 알타이어족에 속한다는 가설을 제시한 바 있다. 아쉽게도 스탈린 시대 정치 테러에 의해 총살당함으로써 이러한 연구 전통은 단절되었고, 그가 남긴 여러 편의 논문은 분실되거나 고문서 어딘가에 보관되는 운명을 맞게 되었다. 레닌그라드대학교 동양학대학에서 한국어 과정을 주도하던 언어학자 홀로도비치 교수가 집필한 『한국어의 체계』 역시 당시 해외 한국학 수준을 고려하면 시대를 앞선 업적으로 평가받고 있다.

러시아 혁명 이후 한국에 대한 관심이 상대적으로 높아진 곳은 연해주 지역이었다. 이 지역 거주 한국인 숫자가 상당수에 달한 1920년대 말경 초등·중등학교 교사 양성을 목표로 하는 한국어와 문화, 역사 등을 교육하는 프로그램이 도입되기도 했다. 당시 이 지역 한국 학생들이 재학 중인 학교 수업은 대부분 한국어로 진행됐으며, 1931년에는 한국어와 중국어를 교육하는 고려사범대학이 블라디보스토크에 설립됐다. 그 후 1933년부터 이 대학은 전적으로 한국어 교사를 양성하는 교육기관으로 바뀌었다. 1937년 기준으로 400명 이상의 학생이 재학하던 무렵 이 학교는 한국어로 강의가 이루어지던 국외 유일의 고등교육기관이었다는 점에서 특별한 의미가 있다.

레닌그라드대학교에서 일정 기간 폐지된 한국어 강좌를 부활시

고려사범대학 졸업생 사진 (사진 : IRS)

키기 위해 1930년대에 노력을 기울인 인물은 유명한 한국학자 홀로도비치 교수였다. 여러 권의 한국어 사전과 문법책을 저술한 이 재능 있는 학자는 거의 혼자 힘으로 한국학 프로그램을 운영하다시피 했다. 1930년대 중반 레닌그라드대학교에서 홀로도비치 주도로 다시 개설된 한국어 강좌는 1940년대 들어서면서 극소수 학생들만 수강하는 부정기적으로 열리는 수업이었다. 스탈린 치하에서 동양학을 포함한 여러 학문 분야는 정치적으로 위험한 청산 대상이었고, 제정 러시아 체제와 연관된 학자 대다수는 숙청 대상 목록에 올랐다. 이러헌 정치적 소용돌이 속에서 학자들의 유일한 탈출구는 까다로운 정치적 이슈들에서 자유로운 고대·중세 문학 또는 문헌에 집중해서 연구하는 일이었다. 소비에트 시대 한국학 연구에서 고대·중세 문학 연구가 상대적으로 큰 비중을 차지하는 이유도 여기에 있다. 『한국지』 편찬 책임자였던 포즈드네예프는 처형당했고, 콘라드는 체포되어 수용소 생활을 한 후 석방되어 나중에 일본 역사 분야 대가로 성장했다. 큐네르와 홀로도비치 같은 학자들은 다행히도 숙청을 피할 수 있었다.

홀로도비치 (사진 : IRS)

이러한 정치적 분위기는 한국인들이 다수 거주하던 연해주 지역에도 당연히 파장을 미쳤다. 알려진 대로 이 지역 거주 한국인들은 1937년 중앙아시아 지역으로 강제 이주됐고, 그 후부터 이들을 대상으로 하는 모든 교육은 러시아어로 진행됐다. 1923년 「3월 1일」이라는 제호로 창간하여 나중에 혁명 정신을 표현하는 러시아어 단어 '아방가르드'와 동의어인 「선봉」으로 명칭을 바꾸어 1937년까지 연해주에서 발간되던 한국어 신문도 폐간되고 중앙아시아에서 「레닌 기치」로 전통을 이어갔다.

극동국립대학교 산하 동양학대학도 폐지되는 운명을 맞았다. 레닌그라드대학교 동양학대학 졸업생으로 이 대학 한국어과 설립에서 주도적인 역할을 수행한 포드스타빈 교수가 외국으로 떠나면서 어렵게 이어오던 블라디보스토크의 한국학 전통은 단절되고 말았다. 이처럼 혁명 이후 1940년대 중반에 이르는 기간에 한국학은 소련 사회 전반을 뒤흔든 정치적 소용돌이 속에서 어려움을 겪었다. 제정 러시아 전통을 청산하는 과정에서 다수의 한국학 및 동양학 연구자들이 희생당하고, 소련과 한반도의 직접적 교류 채널이 위축되는 등 이 시기 한국 연구에는 여러 제약 요인이 있었다.

하지만 제2차 세계대전 이후 등장한 냉전 체제 속에 소련이 공산권 종주국 위치를 차지하면서 한국학을 포함한 동양학 연구에도 새로운 변화의 바람이 일기 시작했다. 아시아와 중동 지역 국가들에 관한 제국주의적 시각의 연구라고 소비에트 체제에서 비판받던 동양학은 공산주의 이데올로기를 세계적으로 확산시키는 새로운 과제를 설정한 소련에서 또 다시 필요한 분야로 떠올랐다. 1944년 레닌그라드대학교 산하 동방학대학이 부활하고, 1956년 모스크바대학교에 동양어대학이 신설된 것은 이러한 배경에서였다. 소련의 대외정책 수행에서 아시아, 아프리카 지역의 중요성이 크게 높아졌고, 이 지역의 언어와 지역 사정 전문가 양성은 국가적 과제였다.

동서가 대치하는 냉전 체제 상황에서 북한과 남한을 보는 당시 소련 학계의 시각은 이분법적일 수밖에 없었다. 그러나 이념의 영향에서 비교적 자유로운 인문학 분야 연구도 제법 활성화되었다. 이 시기 북한에서 수학하고, 북한 학자들과 교류하던 한국학자들은 한국어 교육과 연구 분야에서 토대가 되는 업적을 쌓았다. 어학 분야의 경우 모스크바국립대학교에서는 유리 마주르(Yurii Mazur) 교수가, 레닌그라드대학교에서는 홀로도비치 교수가 한국어 교육의 중심 역할을 담당했고, 모스크바국립외국어대학교의 레오니드 니콜스키(Leonid Nikolskii) 교수도 한국어 교육 분야에서 크게 이바지했다. 이러한 한국어 전공자들은 북한 학자들과 공동 작업하여 1951년에 1만 단어를 수록한 조로사전을, 그 후 3만 단어를 수록한 노조사전을 각각 편찬했다.

1950년대 한국학을 특징짓는 새로운 움직임으로는 한국 고전문학 작품의 러시아어 번역 활동을 들 수 있다. 스탈린 사망 이후 부분적 자유화의 분위기를 타고 러시아 출판계가 외국문학 번역에 관심을 기울이게 된 것도 새로운 움직임의 배경이 되었지만, 더 중요한 요인은 외국어 전공 학자나 소련 작가들이 외국의 고전문학 작품 번역을 좀 더 안전한 활동 분야로 여겼기 때문이다. 아무튼

1950년대 전반기에 한국 문학 번역의 중심지는 극동의 블라디보스토크였다. 번역자 이름이 명기되지 않은 채 이 도시에서 출간된 한국 문학 작품 대부분은 전통 민담이나 설화 등이었다.

그리고 1956년 이후에는 한국 시조와 고대 소설 등도 번역되기 시작했다. 이 도서들의 출판지는 극동 지역을 벗어나 모스크바와 알마티 등지로 확산되었다. 특히 기억할 만한 작업은 저명한 러시아 시인 안나 아흐마토바(Anna Akhmatova)가 창작 활동의 자유가 제한되던 시절 외국 시 번역 작업을 진행하면서 홀로도비치 교수의 초역을 토대로 한국 한시를 번역한 일이다. 1956년 출간된 이 『한국고전시집』에는 "서경별곡", 윤선도의 "어부사시사"를 포함하여, 정철, 남이, 김종서, 박팽년, 성삼문, 정몽주 등의 시조가 실렸다. 이 시집은 아흐마토바가 누리던 명성 덕분에 당시 소련의 지식인 층 독자들 사이에서 상당한 인기를 누렸다. 이 밖에도 알렉산드르 좁티스(Aleksandr Zhovtis)와 박일 두 사람의 공역으로 나온 『16~19세기 한국 육행시』, 드미트리 옐리세예프(Denis Eliseev) 번역의 『19세기 한국 소설』 등도 이 무렵 발간되었다.

『한국고전시집』 표지
(사진 : IRS)

이 무렵 소련 과학아카데미 산하 여러 연구소의 한국 관련 연구도 활성화되었다. 교육과 연구를 대학과 과학아카데미 산하 분야별 연구소가 각각 분담하는 이원적 체제를 운영하고 있던 소련에서 한국학 관련 주요 연구 업적은 연구에 전념하던 연구원들에 의해 이뤄졌다. 한국 관련 연구 분과를 운영하던 연구기관으로는 모스크바의 동방학연구소, 레닌그라드 소재 동방학연구소 지부, 모스크바의 극동문제연구소 등을 들 수 있다. 이 중 레닌그라드에 위치한 동방학연구소 지부는 소장 자료를 활용하는 근대 이전의 한국 역사와 문화 연구에 집중하는 경향을 보였는데, 이곳의 한국학 연구자들은 연구에 필요한 높은 수준의 한문 해독 능력을 중요시했다. 이 전통은 상트페테르부르크 학파 고유의 전통으로 현재까지 이어지고 있다. 한때 소련의 위협 세력으로 인식되던 중국 연구를 목표로 1966년 설립된 극동연구소에도 한국학 분과가 있었으며, 이 기관의 한국 연구는 주로 한반도 현황과 현대사 부분에 집중하는 경향을 보였다. 이 연구소 산하 한국학연구센터는 초창기의 정치, 경제 중심 연구에서 출발하여, 시간이 흐르면서 역사, 문화 등의 다양한 영역으로 관심을 확장하며 모스크바의 한국 연구센터 중 하나로 성장했다. 한국계 학자 중 이러한 연구소에서 활약한 인물로는 모스크바 동방학연구소 부소장직을 역임한 게오르기 김, 이르쿠츠크에서 강의하다가 모스크바 동방학연구소로 근무지를 옮긴 보리스 박 등을 들 수 있다.

제2차 세계대전 이후 지정학적 측면에서 다시 소련 당국의 관심 분야가 된 한국학은 그 이전과 구별되는 몇 가지 특징이 있었다. 우선 스탈린 사망 이전의 한국학은 소련 당국의 정치, 외교 선전 전략에 부응하는 특정 주제를 다루는 경향성이 강했다. 그런데 1950년대부터는 학문 분야를 향한 정치 이데올로기 영향의 상대적 완화, 기초 학문 분야에 대한 정부의 안정적 지원, 학자가 누리던 사회적 위상과 높은 급여 수준 등의 요인들이 작용하면서 희소 학문

동방학연구소 로고 (사진 : IRS)

분야에도 연구 인력이 지속적으로 유입되는 환경이 조성되었다. 시장 논리와 상관없이 소련 당국이 필요하다고 여기는 분야는 교육과 연구가 지속되는 시스템이 작동하기 시작했는데, 이때는 교수와 연구자들이 자신의 일에 전념할 수 있는 시기였다고 볼 수도 있다. 실용적 목적만 고려하지 않고 여러 희소 언어와 해당 지역의 역사와 문화를 레닌그라드대학교와 모스크바대학교에서 교육할 수 있었던 이유도 여기에 있다.

또 다른 특징은 소련 동양학이 근현대보다는 고대·중세와 고전문화 분야에 더 많은 관심을 기울이고 있었다는 점이다. 학생 충원이나 졸업 이후의 취업 등과 같은 현실적 문제에 대한 고민이 상대적으로 적었던 교수와 연구자들에게 매력적인 연구 분야는 시류를 타지 않고 지속해서 연구할 수 있는 영역, 이를테면 근대 이전 시기의 고전문학이나 역사였다. 그 결과 이 시기 소련의 한국학은 타 지역 한국학와 비교하여 고전문학과 문화 연구에서 탁월한 업적을 내놓았다. 레닌그라드 소재 동방학연구소 지부 소속 연구원 마리안나 니키티나(Marianna Nikitina)와 아델라이다 트로체비치(Adelaida Trotsevich) 두 학자가 대표적이다. 니키티나는 한국 고대 시 연구 분야에서, 트로체비치는 17~18세기 중세 한글 소설 연구 영역에서 선구적 역할을 담당하면서 러시아 한국학 연구 수준을 높이는 데 이바지했다. 이 밖에도 고려 시대의 한문시를 연구한 라리사 즈다노바(Larisa Zhdanova), 같은 시기의 한문 소설을 연구한 드미트리 옐리세예프(Dmitrii Eliseev), 한반도 인근 지역을 연구한 고고학자 미하일 보로비요프(Mikhail Vorov'ev), 조선 시대를 연구한 문화인류학자 윤드비가 이오노바(Iundviga Ionova), 한국 속담과 한문 교육 전문가인 임수(Lim Su), 한국어 문법, 역사 분야 저술을 여러 권 남긴 아나톨리 바실리예프(Anatolii Vasil'ev) 교수 등은 이 시기 레닌그라드에서 인문 분야 한국학을 견인한 학자들이다.

트로체비치의 책 표지
(사진 : IRS)

소비에트 권력 중심부와 가까운 모스크바에서 한국학 분위기는 레닌그라드와 달라서 정책 관련 연구나 현대 문제를 다루는 경우가 많았다. 그렇다 해도 이곳의 한국학도 같은 시기 유럽 지역의 한국학과 비교하면 근대 이전 시기 연구 비중이 높은 편이었다. 모스크바 동방학연구소는 이러한 성향의 한국 연구자 여러 명이 포진하고 있었다. 나중에 이곳 연구소 소장을 역임한 유리 바닌(Iurii Vanin)은 1960~70년대에 근대 이전 한국 연구, 특히 고려시대와 조선시대 경제 관련 연구를 발표했으며, 언어학자 레프 콘체비치(Lev Kontsevich)는 한국어사와 근대 이전 한국사 분야에서 수많은 연구 업적을 남겼다. 한국 중세 관료제도와 불교사 분야에서 주목할 만한 연구 성과를 낸 세르게이 볼코프(Sergei Volkov), 조선 실학사상과 구한말 사상사를 연구한 갈리나 탸가이, 문화인류학자와 민속학자의 시각에서 한국을 연구한 로자 자릴가시노바(Roza Dzharylgasinova) 등도 기억해야 할 모스크바 학자들이다.

특히 모스크바대학교 교수로 재직하며 오랫동안 러시아 한국사 학계를 이끌어 온 미하일 박(1918~2009) 교수는 21세기 초 은퇴할 때까지 삼국시대와 신라 역사 연구에 심혈을 기울였다. 1960년대 초 소련 역사학계 대표 학자들이 공동 집필한 『세계사』 시리즈 중 미하일 박이 집필한 한국 고대사 부분을 놓고 북한 학계에서 단군신화를 제외했다고 강한 비판을 제기한 사건은 유명한 일화로 남아

모스크바국립국제관계대학교 한국어학과 발레리 수히닌 교수 (사진 : koryo-saram.ru)

있다. 그가 주도한 『삼국사기』 러시아어 완역은 러시아 한국학의 대표적 성취 중 하나로 남아 있다.

모스크바에서는 동시에 근현대 한국 관련 연구도 진행됐는데, 동방학연구소의 유력한 소장 후보로 언급되기도 했던 게오르기 김이 이 분야의 대표 연구자이다. 당시 정계 진출을 위한 중요한 통로로 여겨지던 이 연구소 소장 자리에 접근할 정도로 영향력이 있었던 그는 재능 있는 학자이자 탁월한 행정가였다. 소련의 공식 이데올로기 입장에서 아시아와 아프리카의 정치, 사회 상황을 다룬 방대한 연구를 주도하던 이 학자의 한국 관련 관심사는 공산주의와 노동 운동 분야였다. 같은 연구소 소속의 빅토르 시파예프(Viktor Shipaev)는 주로 남한 경제를 연구했다.

소련의 한국학 연구자들이 겪은 어려움 중 하나는 연구 대상 국가와 교류 기회가 아예 없거나 제한적이던 상황이었다. 1988년 서울 올림픽 이전 서울 방문이나 남한 학자들과의 교류는 일체 불가능했으니 말할 나위가 없었으며 소련의 우방이었던 북한과의 학술 교류가 늘 원만한 것도 아니었다. 한국전쟁 이후 1950년대 말까지는 소련 학자들의 북한 방문이 가능했고, 그 중 일부는 김일성대학교에서 한두 학기 언어 연수 기회를 얻기도 했다. 하지만 '수정주의 노선'을 추구하는 소련에서 수학 중이던 북한 유학생들을 소환하기 시작한 1960년대 초부터는 이러한 기회마저 여의치 않았다. 그 결과 1960~70년대에 학술 교류 목적의 북한 방문은 기성 연구자가 아닌 소련의 학부와 대학원생에 한정되어 있었다. 소련의 주요 도서관이 북한의 간행물들을 소장하고 있었지만, 남한 관련 자료들이 체계적으로 비치될 수는 없는 실정이었다. 이처럼 소련의 한국학 연구는 직접적 교류가 활발하지 못한 일종의 고립 상태에서 진행된 시기가 많았다. 이런 상황은 1980년대 초 일부 변화하여 소련의 한국학 전공자나 학문 후속 세대가 북한을 방문하거나 김일성대학교에서 연수하는 관행이 일부 복원되었다.

한반도의 남과 북 양측과 지속적 소통 통로를 갖지 못한 채 진행된 소련의 한국학이 두루 균형 잡힌 시각을 확보하는 데는 일정한 한계가 있었다. 특히 현대 관련 연구에서는 활용 가능한 문헌이 제한적이었다. 언론을 통해 전달되는 남한 소식이나 북한의 공식 출판물 등에 의존할 수밖에 없었기 때문이다. 이와 대조적으로 근대 이전 영역에서 소련 한국학이 이룬 성과는 기타 해외 지역에 비하면 눈부셨다. 결과적으로 1960년 이후 소련 한국학자들은 근대 이전 한국 사회와 문화 관련 분야를 다양하게 다루는 수십여 권에 달하는 본격적인 학술도서를 발간하는 업적을 이루었다. 바닌 교수가 저술한 고려시대와 조선시대의 경제사 연구서 3권, 방대한 인사 관련 자료를 1970년대로서는 획기적인 통계 분석법을 통해 분석한 볼코프의 고려 관료제 연구서 등이 여기에 해당한다. 신라 향가 연구에서 출발하여 한국 초기 신화를 재구성하는 작업에 도전한 니키티나 교수의 업적, 미하일 박 교수의 주도로 1959년 착수하여 많은 시간이 소요된 러시아어 번역판 『삼국사기』 등도 러시아 한국학의 성취를 보여주는 중요한 업적으로 평가된다.

1980년대에 접어들어 한국학 연구는 변화의 전기를 맞이했다. 1980년대 중반 이후 소련의 개혁·개방 정책, 1988년 서울 올림픽 개최와 1990년 한·소 수교 등과 같은 국제 환경의 변화 덕택이었다. 북한 쪽에 치우쳐 있던 소련의 관심이 남한으로 향하게 되면서, 러시아 한국학은 변화와 도약을 위한 계기를 마련했다.

1980년대 중반 이후 소련 한국학의 변화 징후는 이전의 연구 방향 외에 한국 경제가 관심 분야로 떠오른 데서 나타났다. 1960~80년대 남한의 경제 발전 단계에서 무역의 역할을 규명한 스베틀라나 수슬리나(Svetlana Suslina)의 『남한의 산업』이나 1960~70년대 산업화 과정에서 한국 사회에 대두된 사회 문제들을 사회주의 시각에서 조명한 안드레이 부치킨(Andrei Buchkin)의 『오늘날 남한 사회의 진화』 같은 책들은 소련 한국학계의 관심이 경제 발전 모델로서의 한국 연구로 부분적으로 이동하고 있음을 알려주는 신호였다. 1990년 한·소 수교 이후 한국에 대한 소련의 일차적 관심은 경제 분야였다. 러시아인들에게 각인된 한국의 대표적 이미지는 경제 선진국이었고, 체제 붕괴 이후 시장경제 체제로 급속한 전환을 시도하던 러시아가 자국에 적합한 경제 발전 모델을 탐색하고 있던 시기였다. 아무튼 1990년 이후 러시아에서 발간된 한국 경제 관련 서적들은 비교적 정확한 통계와 정보에 바탕을 둔 객관성을 확보하고 있는 것으로 보이며, 한국형 경제 모델이 내포하고 있는 한계와 문제점을 언급하면서 그것을 다른 나라에 적용할 때 발생할 수 있는 위험 요소 등에 대해서도 적절한 관심을 기울이고 있다. 이 무렵 한국 관련 연구자로 등장한 인물들로는 현재 모스크바국립국제관계대학교 총장인 아나톨리 토르쿠노프(Anatolii Torkunov), 동방학연구소 한국학센터 소장을 역임한 바딤 트카첸코(Vadim Tkachenko), 과학아카데미 회원으로 세계경제·국제관계연구소(IMEMO) 부소장인 바실리 미헤에프(Vasilii Mikheev), 외교관으로 서울이나 평양 근무 경력을 가진 연구자들인 알렉산드르 제빈(Aleksandr Zhebin), 알렉산드르 보론초프(Aleksandr Borontsov), 게오르기 톨로라야(Georgii Toloraya) 등을 들 수 있다.

1990년 양국 간 수교 이후 약 30여 년간 러시아 한국학은 많은 변화를 겪었다. 가장 큰 변화는 직접적 인적 교류가 가능해지면서 러시아 연구자들과 학생들의 한국 방문, 한국 내 연수 또는 학위 과정 이수가 가능해졌다는 점이다. 한국국제교류재단(Korea Foundation)을 비롯한 여러 기관에서 연구자들을 위한 다양한 체류 프로그램을 제공했고, 대학 간 교류 프로그램을 통해 한국 고등교육기관에서 학위 과정을 이수하는 러시아 학생들의 숫자도 증가했다. 그렇다고 러시아 한국학이 곧바로 중흥기를 맞은 것은 아니었다. 갑자기 시장경제 체제로 전환한 러시아에서 전적으로 국가 예산에 의존하던 대학과 연구기관은 경제적으로 가장 큰 타격을 받았다. 한국과의 직접 교류가 활성화되면서 한국학에 대한 관심이 상승한 것은 분명하지만, 체제 이행기 혼란을 겪던 러시아에서 교수와 연구자들이 안정적으로 자신들의 일에 종사하는 데는 어려움이 많았다. 학생들도 취업에 유망한 분야에 주로 몰렸고, 간

IMEMO 로고

혹 한국 관련 전공을 선택하는 경우에도 졸업 후에는 급여 수준이 높은 비즈니스 분야로 진출하는 것이 일반적 추세였다. 그러던 중 일부 한국학 연구자가 직업을 바꾸어 다른 분야로 진출하거나 해외 대학으로 떠나 학자 생활을 계속하는 경우도 있었다. 국가 지원 아래 운영되던 러시아의 한국학 프로그램이 급변한 상황에 적응하는 데는 시간을 필요로 했다.

이러한 어려움 속에서도 러시아 한국학의 전통은 이어졌고 젊은 세대 학자 그룹도 등장했다. 역사 분야에서는 세르게이 볼코프(Sergei Volkov), 안드레이 란코프(Andrei Lankov), 블라디미르 티호노프(Vladimir Tikhonov), 세르게이 쿠르바노프(Sergei Kurbanov), 타티야나 심비르체바(Tat'ana Simbirtseva), 콘스탄틴 아스몰로프(Konstantin Asmolov) 등이 새 바람을 불러일으킨 주역들이다. 각각 불교사, 이조 당쟁사, 가야사, 삼국시대사, 고려사, 19세기 말 한·러 관계사, 한국의 무기와 군수 체계사 등을 전공한 이들 학자 대다수는 이전 세대와 달리 한국에 체류하면서 한국 학자들과 교류하며 한국 관련 연구를 진행했다. 과거 소련 시절 한국 연구자들이 북한에 체류했고 북한의 언어에만 노출됐던 것과 달리, 한국의 현대어를 자유롭게 구사하게 된 것도 특징이었다.

콘체비치 교수 주도 아래 모스크바 삼일문화원과 동방학연구소가 공동 발간한 『러시아 한국학 과거와 현재 현황 총서』 표지 (사진 : IRS)

또 다른 중요한 변화로는 정치와 국제관계를 중심으로 한 과거 소련 시대의 관심이 다양한 분야로 확장되는 과정을 들 수 있다. 한국 사회 전반과 문화예술 분야를 연구하는 차세대 한국학자 그룹도 형성됐다. 한국 현대 미술 분야를 연구하거나 음식 문화를 통해서 한국 사회의 특징을 분석하는 작업을 시도하는 등 러시아 한국학의 범주가 점점 확대되고 심화되는 과정을 보여주고 있다. 한국 문학의 번역 작업도 크게 활성화되어 근대 이전 한국 고전에 집중되던 번역이 수교 이후에는 현대 문학으로 활발하게 이동하는 추이를 보이고 있다. 초기에 한국의 러시아 전문가와 러시아 번역자 둘 사이의 협업으로 이뤄지던 번역이 이제는 러시아 전문 번역가들의 손에서 활발히 이루어질 수 있을 정도로 번역가 풀도 풍부해졌다. 서울 소재 한국문학번역원에서 차세대 문학 번역 인력 양성을 목표로 2년 과정으로 운영되는 과정에는 러시아의 한국학 주요 거점 대학 출신들뿐만 아니라 여러 지방 대학 출신의 우수 인력들이 입학하기 위

НЕВА
ВЫХОДИТ С АПРЕЛЯ 1955 ГОДА
ЕЖЕМЕСЯЧНЫЙ ЛИТЕРАТУРНЫЙ ЖУРНАЛ
3
2010

СОДЕРЖАНИЕ

Санкт-Петербург — Сеул

ПРОЗА И ПОЭЗИЯ

КРИТИКА И ЭССЕИСТИКА

ПУБЛИЦИСТИКА

「네바」 한국 문학 특집호 표지 (사진 : IRS)

해 매년 치열한 경쟁을 벌이고 있다.

수교 당시 경제적 선진국으로 막연히 인식되던 한국은 시간이 흐르면서 우수한 품질의 상품에 대한 긍정적 이미지, 젊은이들 사이에 확산된 한국 대중문화에 대한 높은 열기, 최근 일기 시작한 한국 음식의 인기 등이 복합적으로 작용하면서 러시아인 사이에서 매력적인 국가로 떠오르고 있다. 러시아 전역에서 관찰되는 한국어 학습자 숫자의 폭발적인 증가가 이를 증명하고 있다. 다양한 형태의 한국어 강좌 수강생은 모스크바 지역의 3천여 명을 포함해서 러시아 전역에서 현재 1만 5천여 명에 달하는 것으로 추산되고 있으며, 일부 교육기관에서는 한국어 수강생 숫자가 일본어를 능가하고 심지어는 중국어 수강생 숫자에 접근하는 사례도 있다.

그렇다고 이러한 상황이 러시아 한국학의 밝은 미래로 바로 직결될 것으로 보기는 어렵다. 진정한 의미의 한국학 발전은 시대의 변화에 부응하는 우수한 교과 과정을 통해 실무와 학문 분야로 진출할 인재들을 지속적으로 양성하고, 재능 있는 학문 후속 세대들이 안정적으로 연구와 교육 활동에 전념할 수 있는 여건이 마련되는 한편으로, 러시아 한국학 연구자들과 해당 분야 한국 전문가들 간의 활발한 소통을 통해 연구 수준이 상호 제고되는 선순환 과정이 마련돼야 하기 때문이다.

현재 한국어를 포함한 한국학 프로그램을 운영 중인 러시아 대학교는 사할린에서 러시아 영토 최서단에 이르기까지 총 36개교며, 이 중에서 상트페테르부르크대학교와 극동연방대학교는 독립 학과를 운영하고 있다. 그 밖에 한국어나 한국학 전공 학사학위를 수

러시아대학한국학연합(RAUK) 로고

여하는 대학은 12개교, 석사와 박사학위를 배출하는 대학으로는 모스크바국립대학교, 상트페테르부르크국립대학교, 극동연방대학교, 노보시비르스크국립대학교 등이 있다. 러시아 한국학이 새로운 도약을 위한 중요한 계기를 맞이하고 있는 것은 분명하다. 이 잠재력이 실현되려면 러시아 한국학의 먼 미래를 내다보는 거시적 지원과 함께 양국 학자와 교육기관들 사이의 긴밀한 협력 채널 구축이 절실히 요구된다.

6장

러시아가 배출한 지한파 인사들

한국과 러시아 두 나라 사이의 관계는 역사적 굴곡 속에서 몇 차례 변화를 겪었다. 1860년대 중반 한반도 최북단 지역 동포들의 러시아 이주로 시작된 직접적인 인적 교류 결과 러시아 정부는 한국과 한국인에 관심을 두게 되었다. 구한말 한반도를 둘러싼 열강의 주도권 다툼이 한창이던 시절 한국에 대한 러시아의 관심은 한층 더 고조되었고 그에 따라 러시아 탐사단의 한국 현지 조사와 문헌 연구가 활발히 이루어졌다. 그러나 1904년 러일 전쟁 후 극동에서 러시아 영향력이 위축되면서 한반도에 대한 연구도 일종의 소강상태를 맞았고, 일제 식민 통치기에 우리 독립운동가 중 일부는 식민지 해방운동을 적극 지원하던 소련 공산당과 직간접으로 교류했다. 이후 냉전 체제하에서 러시아의 한국 연구는 일부 인문학 분야를 제외하고 이념적 편향에 강하게 노출될 수밖에 없었다. 1990년 한·러 수교에 즈음해서는 과거 북한 중심의 한국학이 한반도의 남쪽으로 시선을 돌리기 시작했다. 그 결과 러시아 학자들의 한국 방문, 학문 후속 세대의 한국 연수와 학위 과정 이수, 양국 학자 간 교류 등이 활발하게 전개되면서 러시아 한국학은 새로운 시대에 진입

한·러 인문교류 포럼에 참가한 러시아 한국학 연구자들 (사진 : IRS)

했다.

이처럼 순탄치 않았던 러시아 한국학 역사에서 특히 흥미를 끄는 것은 어려운 여건 속에서도 한국과 한국인들에 깊은 관심을 기울이며 연구 또는 교육에 종사하면서 러시아 영토 동쪽 끝자락에 맞닿아 있는 한국을 러시아인들에게 소개하는 역할을 수행한 지한파 인사들의 활동이다. 러시아로 이주한 한인 동포들의 삶을 가까이서 관찰한 러시아인들의 기록, 한반도 땅을 도보로 직접 여행하면서 러시아인들이 남긴 당시 우리 현실과 생활상에 관한 관찰과 분석 등은 모두 소중한 1차 자료들이다. 이뿐만 아니라 한국 관련 연구가 용이하지 않았던 소비에트 시절 직접 교류가 전무한 상황에서 문헌 연구에 의존하여 한국 역사와 언어, 문화 등의 분야에서 상당 수준의 학문적 업적을 낸 지한파 학자들의 노력도 높이 평가해야 한다. 아울러 한·러 수교 이후 남북한 양쪽을 동시에 바라보면서, 한국학 연구의 활로를 개척한 러시아 학자들의 많은 연구

한국국제교류재단이 후원하는 '러시아 대학 한국학연합' 대표자 회의 (사진 : IRS)

작업에도 주목할 필요가 있다. 제정 러시아 시대 이후 현재까지 이러한 지한파 학자들의 노력 덕택에 러시아에서 한반도와 한국 관련 연구 성과가 지속적으로 축적되었고, 그 결과 양국 국민 간 상호 이해와 협력을 위한 기반도 튼튼해지고 있다.

앞서 언급한 바와 같이 한국과 러시아 사이의 본격적 인적 교류는 1860년대 중반 함경북도 지역 농민들이 러시아 연해주로 이주하면서 시작됐다. 그러면서 블라디보스토크에는 한인 거주 지역이 조성되고 이들을 위한 학교도 세워졌다. 당시 기록에 의하면, 새 땅에 정착한 한국인들은 극동으로 유형 온 러시아 작가와 학자, 혁명가, 성직자들에게서 동정과 지지를 받았다고 한다. 이 한국 사람들과 교류하자면 한국어 지식이 필요했을 터였고, 연해주 행정청 촉탁 관리로 근무하던 미하일 푸칠로는 이러한 수요에 부응하기 위해 현지 거주 한국인들과 교류하면서 작성한 카드 자료를 활용하여 총 5,500개 어휘를 수록한 『시험판 한·러사전(Opyt koreiskorusskogo slovaria)』을 1874년에 출간했다. 이 최초의 사전은 행정, 선교, 통상 등 실제적 활동에 도움이 된 것은 물론이고 향후 발간될 체계를 갖춘 한국어 사전 편찬 작업의 효시가 되었다.

한편, 1867~69년 사이 우수리스크 지역을 방문한 아시아 전문가 니콜라이 프르제발스키(Nikolai Przheval'skii)는 연해주 이주 한인들에게서 들은 이야기를 바탕으로 이들의 이주 배경과 정착민들의 현지 생활상을 기록한 인상기 『우수리스크 지역 여행(Puteshestvie v Ussuriiskii krai)』을 수도 상트페테르부르크에서 발간했다. 이 책에서 그는 "최근 극동에서 일어나고 있는 놀라운 현상으로 러시아 외진 지역으로 한국인의 이주와 이들에 의한 신개척지 조성을 들 수 있다"라고 언급하면서, 이주 원인으로 "한반도의 조밀한 인구 밀도, 그로부터 발생한 빈곤, 백성을 억압하는 폭정" 등을 들었다. 또 그는 한인들의 농가 모습과 생활상, 파종과 가축 사육 방법 등을 자세히 묘사하면서 "친절, 겸손, 근면이 한국인의 독특한 특징"이며 연해주 이주 한인 중 러시아 정교회로 개종한 신자가 상당수에 달한다고 전했다.

1884년 7월 7일에는 조로수호통상조약이 체결되면서 러시아인들이 인천과 원산, 양화진, 서울 등지에서 무역을 하거나 땅을 매입해서 공장과 제작소를 개설할 권리를 획득했다. 이와 함께 외국인에게 개방된 항구에서 100리 이내에 이르는 거리는 여권 없이 통행이 가능했고, 러시아 영사를 통해 조선 관헌의 도장과 서명이 있는 여권을 발급받는 경우에 한국 전역을 여행할 수도 있었다. 이 시기에 육로로 이동하며 한국을 둘러본 첫 번째 러시아 여행자는 상인 파벨 델로트케비치(Pavel Delotkevich)였다. 그는 양국 간 통상 교류가 공식적으로 가능해지자 원산이나 부산 같은 항구에 부두, 사무소, 창고 등의 건설 계획을 세운 어느 러시아 사업가가 파견한 인물이었다. 델로트케비치는 1885년 12월 나가사키를 출발하여 부산에 입항했다가 다시 인천을 거쳐 서울에 도착한 후 도보로 한반도 북부 지역을 여행하면서 개성, 원산, 함흥, 북청, 단천, 길주, 명천 등을 둘러봤다. 1885년 12월 6일 서울에서 출발하여 1886년 2월 29일 극동의 작은 항구 포시에트에 도착한 그의 한반도 여행 인상기 『서울에서 포시에트까지 델로트케비치의 도보 여행기(Dnevnik P.M. Delotkevicha po puti peshkom iz Seula v Pos'et cherez Severnuiu Koreiu)』는 당시 무역 상황, 자연 풍광, 국경 지역 생활상 등을 두루 담고 있다. 특히 그는 한국의 도시에 들어설 때마다 사방에서 수많은 사람이 "아라사(러시아)"를 외치며 밀려들어 걸음을 떼기 힘들 정도로 러시아에 대한 한국인들의 관심이 깊었다고 회고하면서, 날씨가 좋을 때면 한국인들이 4~5일씩 걸어서 블라디보스토크를 왕래하는 일도 잦았다고 쓰고 있다.

같은 해인 1885년에 아무르 총독 관청 소속 콘스탄틴 다데시칼리아니(Konstantin Dadeshkaliani) 공작도 한국을 방문했다. 그는 여행 후 발간한 『현대 한국 상황 개요(Kratkii ocherk sovremennogo sostoianiia Korei)』 제1부에서 한국 고대와 중세 역사를 간략히 소개하고 나서 제2부에서는 나가사키-인천 간 해로와 한반도 중부 지역의 동식물계, 유용 광물 자원 분포 등을 기술했다. 특히 그는 외국 손님을 대하는 한국인의 세심한 배려에 대해 경성 부사 방문 시 자신의 실제 경험을 바탕으로 다음과 같이 적고 있다.

이 사려 깊은 노인(경성 부사)은 내가 식사는 잘하고 있는지 건강 상태는 어떤지 확인하려고 여러 번 부하 직원을 보냈다. 나를 구

경하려고 많은 사람이 모였고 문과 창문의 종이가 찢겨졌다. [중략] 꼼꼼한 부사는 장교 둘을 보내 차례로 우리 일행을 내내 지키게 했고, 포졸 두 명이 사람들을 쫓아냈다. 조선인들은 일찍이 본 적이 없는 외국인들에게 관심을 나타냈다.

또 그는 한국인들이 기지가 많고 민첩하며, 감수성이 풍부하고 지식욕이 강하다고 평가했고, 연해주 지역에서 근면과 노력으로 여러 민족에게서 호감을 얻은 이 사람들이 조국의 생활 여건이 변한다면 훌륭한 일꾼으로 바뀔 것이라고 예상했다.

한반도 탐사 여행에 참가한 러시아인 중에는 군대 장교도 있었다. 1889년 러시아 국경을 떠나 원산까지 와서 여기서 다시 평양을 거쳐 서울까지 여행한 페르디난드 베벨(Ferdinand Vebel') 중령이 그런 경우였다. 그는 1880년대 한국 사회경제 상황, 특히 농민 생활상 연구에서 소중한 자료들을 남겼다. 베벨은 일부 산간지대에서 행해지던 화전 농업의 실태를 목격하고 이를 소상히 기록하면서 화전에서 난 소출이 반년 동안의 생계유지에도 부족한 수준이었다고 적고 있다. 어떤 마을에서는 한 주민이 경치 좋은 나무 그늘 아래 러시아 손님을 위한 상을 차려놓고 진심으로 대접하려는 태도에 가슴이 뭉클해지기도 했던 이 장교는 가장 간단한 도구로 땅을 경작해서 곡물을 얻어내는 한국인들의 노력이 정말로 대단하다고 말했고, 개간이 가능한 곳은 어디든 농사를 짓기 위해 일궈서 경사 가파른 곳까지 밭으로 경작할 정도로 땅 한 뙈기도 소중히 여기는 것이 한국의 특징이라고 적었다.

1890년대 중반에 들어서면서는 한반도 북부에서는 물론이고 남부 지방에서도 탐사 여행이 이뤄졌다. 1895년 아나톨리 루벤초프

카르네예프의 한국 방문 당시 서울 거리 모습 (사진 : koryo-saram.ru)

(Anatolii Lubentsov)를 중심으로 수행원을 동반한 러시아 지리학회 파견 탐사단이 함경도와 평안도 지역을 집중적으로 둘러보았는가 하면, 같은 해 블라디보스토크를 떠나 나가사키를 거쳐 부산에 도착한 카르네예프(V. Karneev) 중령 일행은 부산에서 서울로 올라온 다음에 인천과 수원, 공주를 거쳐 전라도 나주까지 여행했다.

모두 72개 도시와 3천 개 이상의 마을을 통과한 긴 여정이었는데, 여행 중 방문한 전주에서는 밀집한 군중이 러시아인 일행을 따라가면서 "아라사, 아라사 좋다!"라고 소리치기도 했다. 당시 팽배했던 일본을 향한 강한 적개심과는 달리, 북방의 나라 러시아에 대한 막연한 호감이 발동한 탓이었을 것이다. 카르네예프 중령의 한반도 남부 지역 답사 기록은 동학 혁명군 진압 이후 전라도 지역의 실상과 함께 1986년 초에 있었던 이른바 아관파천 당일 러시아 공사관 모습을 생생하게 보여주는 등 19세기 말 한국사 연구에 유용한 자료로 남아 있다. 고종 황제가 러시아 공사관으로 피신하던 날의 구체적인 상황을 카르네예프의 기록은 다음과 같이 전하고 있다.

> *1월 30일 오전 7시 반 동편 담장 측면 쪽문 앞에 가마 두 대가 모습을 드러냈다. 아침 일찍 공사관 직원이 알려주기를 자신이 받은 정보로는 조선 왕이 궁궐을 나와 러시아 공사관으로 온다는 것이었다. 즉시 쪽문이 열렸고 공사관 현관으로 가마 두 대가 들어왔다. 한쪽 가마에는 왕이 상궁 한 명과 타고 있었고, 다른 곳에는 세자가 역시 상궁과 타고 있었다. 철저한 감시 중에도 왕이 궁궐을 빠져나올 수 있었던 것은 충성하는 상궁과 장교 이기동의 협력 덕택이었다. [중략] 이 나라 관습상 여성의 가마는 건드리지 못하게 되어 있다. 왕은 밤늦게까지 집무를 보고 아주 늦게 잠자리에 드는 습관이 있어 보통 정오 무렵 기상했다. 따라서 그런 생활 습관 때문인지 이른 아침에는 그를 감시하지 않았다. 계획은 아주 성공적이었는데, 가마꾼조차 공사관에 도착해서야 안에 왕이 타고 있다는 사실을 알았을 정도로 비밀이 철저히 유지되었던 것이다.(『합동참모본부 카르네예프 중령과 미하일로프 중위의 1895~96년 남한 여행(Poezdka general'nogo shtaba polkovnika Karneeva i poruchika Mikhailova po Iuzhnoi Koree v 1895-1896)』)*

이 무렵 한국 땅을 밟은 러시아 여행객이 남긴 글 가운데 특별한 위치를 차지하는 것은 저명한 러시아 작가 니콜라이 가린-미하일롭스키가 남긴 여행기와 그가 수집한 한국 민담집이다. 식물학자이자 지질학자인 알렉산드르 즈베긴초프의 제안에 동의하여 1898년 9월과 10월 사이 20여 명으로 구성된 러시아 탐험대에 참가한 그는 두만강을 건너 그 하구를 조사한 다음에 경흥과 회령, 무산을 거쳐 백두산을 둘러보고 만주와 요동반도까지 둘러보았다. 이 탐사 여행에서 철도와 토목 기술 전문가인 그에게는 장차 부설할 철도의 노선과 주요 지하자원 산지 등을 표시해 두는 일이 주요 임무였다. 이와 동시에 그는 작가의 재능을 발휘하여 한국에 관한 흥미로운 인상기와 함께, 동행한 한국인 통역을 통해 전해들은 한국 민담을 기록하여 이를 나중에 러시아 독자들에게 소개했다. 러시아에서 누리던 그의 명성 덕분에 이때 수집된 한국 민담은 다양한 형태로 지속해서 출판되어 러시아인들에게 한국 고유의 정서와 정신세계를 소개하는 데 크게 이바지했다.

가린-미하일롭스키의 『한국 민담집』
(사진 : IRS)

블라디보스토크를 떠나 여순행 여행길에 오른 가린-미하일롭스키는 주로 말을 타고 이동했는데, 직선 행로 대신 한국과 만주 여러 지역을 둘러가는 여행을 했다. 그리고 한반도 북부 지역 여행 중에 마을에서 마을로 이동하는 한국의 이야기꾼이 구전으로 전하는 이야기들을 여러 곳에서 직접 들어 기록했는데, 그 장면과 한국의 자연 풍경은 다음과 같이 묘사되어 있다.

스물에서 서른 명 남짓한 하얀 저고리 차림에 차양이 넓고 끝이 뾰족한 두건을 쓴 여자들이 쪼그린 자세로 우리를 빙 둘러 앉았다. 이야기꾼이 이야기를 시작하면, 나머지 사람들은 가는 담뱃대를 빨며 귀를 기울였다. 학교 교사로, 한국어와 러시아어 둘 다에 능한 통역 김씨가 이야기 내용을 들려주면 나는 아무것도 보태지 않고 이야기를 그대로 한 구절 한 구절 기록했다. [중략] 이 이야기를 나는 융숭한 저녁 식사를 대접 받은 후에, 아니면 마치 오래된 페르시아 융단처럼 부드러운 무늬로 흠뻑 물든 가을 산과 계곡의 파노라마가 눈 앞으로 멀리 펼쳐진 고갯마루에서 휴식을 취하는 동안 들을 수 있었다. 산 너머로 지는 장엄한 석양과 함께 보라색, 오렌지색 빛다발이 원경의 풍경을 가득 적시고 있었고, 그 풍경은 한 번 확 타오르는가 싶더니 어느 새 찾아온 어두움 속으로 마치 환영처럼 모습을 감추었다. 주변의 모든 존재, 먼 풍경, 여기에 사는 한국 사람들, 그리고 그들의 삶도 마치 꿈속 이야기 같다는 생각이 들었다.(가린-미하일롭스키, 『한국 민담집 서문(Predislovie, Koreiskie Skazki)』)

이뿐만 아니라 가린-미하일롭스키는 자신의 일행 때문에 예기치 않은 불행을 당한 한 한국 사람이 임종을 앞두고 러시아인들에게 보여준 순수하고 아름다운 모습을 러시아판 한국 민담집 서문에서 다음과 같이 감동적으로 기록하고 있다.

피부가 하얀 우리 러시아인들을 처음 맞이했던 한국 사람이 죽어가는 모습을 나는 목도했다. 그 집에 머물던 우리를 표적으로 습격한 마적단이 쏜 총알에 이 사람이 치명상을 입었던 것이다.

까무잡잡한 피부에 아름다운 모습의 성상화 속 인물을 닮은 이 사람은 맑고 동그란 두 눈, 인도인을 닮은 검은 턱수염을 가졌는데, 얼굴이 그렇게 평온하고 담담할 수가 없었다.

"우리 집에 온 손님을 위해 의당해야 할 일을 내가 했을 뿐이요. 우리 식구 걱정은 말고, 어서 여기를 떠나시오.... 아니요, 금덩어리는 필요 없소. 그걸 탐내는 나쁜 놈들이 또 우릴 해치러 들거요."

[중략] 하얀 옷을 즐겨 입고 마음이 여리다고 하여, 우리 러시아인들은 이들(한국인)을 하얀 백조라고 부른다. 그렇다, 백조를 닮은 한국 사람들은 싸울 줄을 모르고, 남의 피를 흘리게 하지도 않는다. 마치 백조처럼 자신들의 이야기를 노래할 뿐이다.(가린-미하일롭스키, 『한국 민담집 서문(Predislovie, Koreiskie Skazki)』)

철도와 토목기사인 동시에 저명 작가였던 가린-미하일롭스키가 한국 여행 후 남긴 여행기와 그가 수집한 한국 민담은 변화하는 세계의 흐름에서 고립된 채 러시아인의 시선에는 신비롭기 그지없는 오래전 모습에 선하고 순수한 마음을 간직한 사람들이 살고 있는 이국적 공간으로 한국의 이미지를 선명하게 각인시켰다.

가린-미하일롭스키의 『한국 민담집』 표지 삽화 (사진 : IRS)

한국에 대해 호감을 느끼는 러시아 지식인 중 상당수가 안나 아흐마토바가 번역한 우리의 한시 작품들이나 가린-미하일롭스키가 수집해 출간한 한국 민담을 통해 한국을 상상하고 있었다고 얘기하는 것에서, 문학 작품이 서로 다른 문화권에 속하는 사람들 사이의 정신적 공감대를 형성하는 데 얼마나 중요한 역할을 수행하는지 확인할 수 있다. 한국어를 알지도 못하고 한국과 특별한 인연이 있지도 않았던 이 작가들은 번역과 통역을 매개로 자신들이 꿰뚫어 본 한국적 정신세계와 삶의 양식을 러시아 독자들에게 널리 소개한 특별한 지한파 인사라 할 수 있다.

지금까지 살펴본 것과 같이 19세기 후반에 시작된 러시아의 한국 연구는 기행문, 외국문헌 번역, 실질적 목적의 현지 탐사, 첩보 보고 등의 형태로 나타났다. 이렇게 축적된 정보와 관찰 내용, 한국인에 대한 인상 등은 추후 한국의 상황을 총체적으로 조망하는 도서 편찬 작업을 위한 자료로 활용됐는데, 그중에서 가장 대표적인 작업이 1900년 러시아 재무부 주관 아래 총 3권으로 발간된 『한국지』이다.

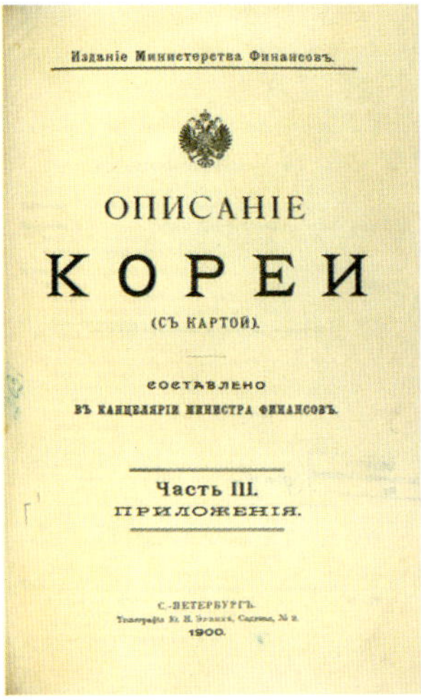

러시아 재무부가 발간한 『한국지』 제3권 표지 (사진 : IRS)

그때까지 여러 유럽 문헌에 실려 있던 구한말 인구와 정치, 경제, 지리, 역사, 사회, 민속, 종교, 문화, 언어 등에 관한 내용을 집대성했을 뿐 아니라, 최근 이뤄진 러시아인들의 한국 현지 조사 내용까지 망라하고 있는 이 책은 외국어로 발간된 최초의 한국 백과사전인 셈이었다. 이런 작업은 당시 서구 여러 나라의 한국학 수준을 고려하면 놀라운 성과였다. 드미트리 포즈드네예프, 예브게니 스팔빈(Evgenii Spal'bin), 소장학자 니콜라이 큐네르(Nikolai Kiuner) 등 대표적인 동양학 전문가들이 참여한 이 책의 발간 의도는 한국에 관심 있는 사람들에게 많은 시간과 노력을 투자하지 않고도 필요한 지식을 접할 수 있도록 가능한 모든 내용을 원전에서 직접 인용하여 기술하는 데 있었다. 이뿐만 아니라 『한국지』 부록으로 실린 별책은 한국 지도, 외국과 체결한 조약 문서, 외국에 공여한 산업 이권 목록, 1896~1900년 사이 한국의 재정 상황, 전통적 역법 등 실증적 자료들을 풍부하게 담고 있다.

니콜라이 큐네르 (사진 : kunstkamera.ru)

이오노바의 저서 표지 (사진 : IRS)

특히 『한국지』의 역사 분야 집필자였던 큐네르는 러시아 한국학 역사에서 반드시 기억해야 할 인물이다. 조지아 트빌리시 출신의 이 동양학자는 20세기 초 중국, 만주, 일본, 한국 등을 현지 조사차 여행했고, 1925년까지 블라디보스토크 소재 동방학대학에서 동양의 역사와 지리를 강의했다. 그 후 레닌그라드로 이주하여 사망할 때까지 한국과 일본, 만주, 몽골 관련 강의와 연구에서 수많은 업적을 남겼는데, 러시아 한국어문학 교육의 토대를 마련한 알렉산드르 홀로도비치가 그의 제자였고, 러시아가 배출한 최초의 한국 민속학자 윤드비가 이오노바의 학위논문 지도교수도 바로 그였다.

1937년 연해주 거주 한인 강제 이주 때는 이 지역을 직접 방문해서 소중한 역사적 가치가 있는 한국 관련 물품들을 수집해 보존하는 일에 뛰어들기도 했다. 또 제2차 세계대전 중 레닌그라드를 떠나 카자흐스탄 알마티에 체류하던 중에는 현지 고문서 보관소 소장 한국 관련 자료를 정리하는 작업을 주도하기도 했다. 현재 상트페테르부르크 인류민속학박물관에 소장 중인 한국 관련 자료 상당 부분은 큐네르의 노력에 힘입은 것으로 알려져 있다.

20세기 초 한국을 방문하여 당시 사회 상황과 한국인들의 삶을 가까이에서 관찰하고 기록한 인물 중에는 한국에서 러시아 정교회 선교 활동을 펼친 사제들도 포함되어 있다. 1901년 한국 러시아 정교회 설립과 함께 처음 부임한 사제 흐리산프, 1905년부터 그 후임으로 한국에서 선교 활동을 펼친 파벨 이바놉스키가 바로 그런 사람들이었다

이 두 사제는 한국 현지 경험을 토대로 당시 사회 상황, 한국인과 러시아 정교회 사이의 관계, 러시아 정교회의 활동, 사제의 시각으로 본 한국인에 대한 인상 등을 제법 상세히 기록했다. 이에 따르면, 우수리스크 출신으로 러시아어를 구사할 줄 아는 한국인 통역의 도움을 받으며 진행된 종교적 주제의 강연에 서울과 황해도 지역 사람들이 많이 참석했다. 특히, 망자에 대한 기도를 인정하지 않는 개신교 교회와는 달리, 러시아 정교회의 망자에 대한 사후 40일 기도, 추도회, 망자를 기리는 기념일, 웅장한 장례 미사 음악 등은 러시아 정교회가 한국인들에게 가까이 다가갈 수 있는 요소였다. 러·일 전쟁 기간과 그 이후 일본의 보호통치 시기에 한국에서 러시아 정교회의 활동은 위축될 수밖에 없었지만, 일본에 대한 저항감 때문인지 정교회 부설 학교에는 원하는 사람을 모두 수용할 수 없

사제 흐리산프 (사진 : IRS)

사제 파벨 이바놉스키 (사진 : IRS)

을 정도로 한국인 지원자들이 의외로 많았다는 기록도 남아 있다. 함경북도 지방 여행 중 흐리산프 사제가 목격한 장면을 통해서는 그 시절 국경 지역에서 이루어지던 양 국민 사이의 상거래와 문화적 영향의 단면을 엿볼 수 있다.

남쪽에서 출발하여 함경북도 전역을 도보로 여행하면서 나는 한국 사람들이 상거래를 하면서 러시아에서 영향을 많이 받은 것을 확인할 수 있었다. 이 지역에서 러시아인들에 대한 평판이 좋았던 터라 영향은 긍정적이었다. 내가 나타나면 러시아 사제인 것을 알아차렸고, 존경하는 공손한 태도로 대했다. 일부 한국 사람들은 러시아어를 구사했고, 현지 가게에 가면 러시아 물건들이 눈에 띄었으며, 블라디보스토크 중고시장에서 구입한 러시아 양복, 군용 외투, 털외투, 술을 좋아하는 배우가 팔아치운 멋쟁이 실크 모자 등을 걸친 사람들도 있었는데, 그 모습이 제법 멋스럽

고, 그럴싸했다. *(흐리산프, 『서울에서 블라디보스토크까지(Ot Seula do Vladivostoka (Putevye zametki missionera))』, 1905)*

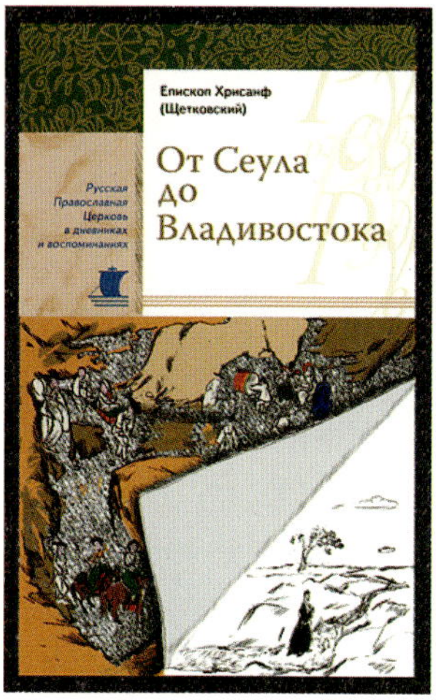

흐리산프의 기행문 『서울에서 블라디보스토크까지』 (사진 : IRS)

한반도 중부와 북부 지역을 두루 여행한 흐리산프 사제는 금강산 방문 중에는 그곳에 있는 주요 사찰을 둘러보고 스님들과 교류하면서 느낀 점들을 기록했는가 하면, 미국을 비롯한 서구 여러 나라에서 한국에 파견한 선교사들의 활동과 러시아 정교회의 활동을 비교하며 현지 한국인들에게 다가갈 수 있는 번역서의 절실한 필요성을 강조하기도 했다. 중국행 배를 타기 위해 도착한 제물포에서는 1904년에 이곳에서 벌어진 러시아와 일본 사이의 역사적인 해군 전투 장면을 직접 목격하고 적은 기록을 남겼다. 흐리산프 사제는 당시 한국을 방문한 러시아인으로는 드물게 한반도의 중부와 북부 지역에 사는 사람들 사이의 성격 차이에 대한 자기 생각의 일단을 이렇게 피력하기도 했다.

한국 북부 지역 사람들의 성격은 중부 지역 사람의 성격과 현저하게 다르다. 중부 지역 사람들이 소심하고 위축된 모습이라면 이와 반대로 당당하고 자존심도 있는 것 같다. 중부 지역 사람들은 유럽 사람이 무슨 얘기를 하면 그대로 받아들이고 반박하는 법이 없는데, 함경도 사람들은 무슨 얘기를 꺼내면 먼저 곰곰이

생각한 다음에 몇 차례 질문을 하고는 자신의 의견을 말하거나 논쟁을 벌이곤 했다. *(흐리산프, 『서울에서 블라디보스토크까지(Ot Seula do Vladivostoka (Putevye zametki missionera))』, 1905)*

20세기 초 한국에 파견된 러시아 정교회 사제들은 이처럼 여러 지역을 이동하는 선교 여행을 하면서 당시 한국 사회의 상황, 주거와 위생 상태, 낯선 음식 문화, 지방 고유의 특징 등을 기록했다. 특히 이들이 남긴 기록은 우수리스크를 비롯한 연해주 지역으로 이주한 한인 사회와 러시아 정교회 사이의 긴밀한 관계를 보여주는 구체적 정보들도 담고 있다.

발레리 얀콥스키 (사진 : IRS)

한편, 일본 식민 통치가 강화되면서 한반도에서 러시아의 입지는 크게 약화되었고 이전과 달리 러시아인들이 한국 땅을 밟는 경우도 드물어졌다. 1917년 혁명 후 내전에서 적군이 승리하면서 일부 백계 러시아인(공산혁명에 반대하는 사람들)이 새로운 삶을 찾아 조국을 떠나는 과정에서 소수의 사람이 한반도 북부 지역에 정착했다. 볼셰비키의 탄압을 피해 1922년 블라디보스토크에서 가까운 한국 땅으로 망명한 얀콥프스키 집안도 그중 하나였다. 이 집안 사람들은 한국에 관한 많은 기록과 인상기, 문학 작품을 남겼는데, 둘째 아들 발레리 얀콥스키는 과

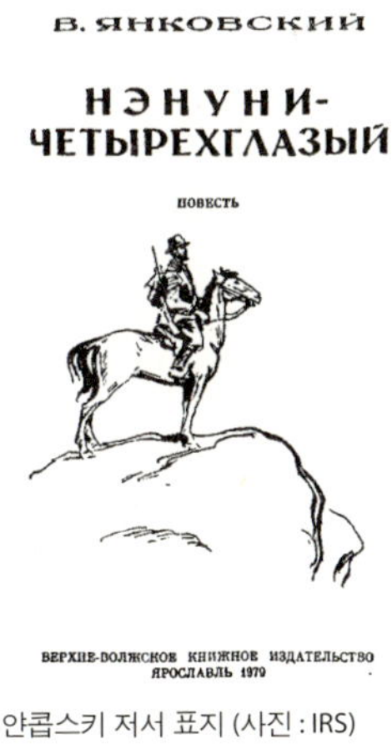

얀콥스키 저서 표지 (사진 : IRS)

거 한국 시절을 회고하면서 청진에 처음 정착한 러시아 사람들에 대해 다음과 같이 기록했다.

1922년 가을 많은 러시아인이 만주와 중국으로, 그리고 일부는 일본 식민 치하의 한국으로 빠져나왔다. 우리 가족도 함경도 청진에 정착한 러시아 이민자 중 한 세대였다. 넓게 펼쳐진 항구가 바라보이는 높은 언덕에 있는 커다란 오두막집이 현지에 정착한 러시아인들의 요새였다. 몇 채의 부속 건물과 차고가 딸린 이 집은 높은 담장으로 둘러싸여 있었다. 집에 설치된 전화기의 번호는 347이었고, '골동품'이라는 별명을 갖고 있던 차고 안의 미국산 구형 쉐보레 자동차 번호판에는 숫자 267이 쓰여 있었다. 이 번호들에서 당시 청진에 설치된 전화기 대수와 도지사 관사가 나남에 있던 함경북도 전체의 자동차 보유 숫자를 가늠할 수 있다.

(발레리 얀콥스키, 『한국, 얀콥스키 귀하(Koreia. Yankovskim)』, 2003)

1946년 한국 땅을 떠날 때까지 함경북도 청진 인근에 자리 잡은 얀콥스키 집안사람들이 소나무와 자작나무 숲, 백사장과 배후의 암벽 계곡이 한데 어우러진 수려한 자연 속에 건설한 러시아식 영지 '노비나'와 별장촌 '루코모리예'는 당시 한국과 중국에 거주하던 러시아인들 사이에 휴양지로 인기가 높았을 뿐만 아니라, 당시 유럽에서 유행하던 희귀한 나비와 곤충 수집 열풍 덕분에 여러 나라 호사가들의 우편 주문이 넘칠 정도로 해외에서도 명성이 자자했다.

1930년대 초 "선선한 아침의 나라(Strana utrennei prokhlady)"로 이주한 백계 러시아 이주민 가정(얀콥스키 집안)은 곤충 채집에 열심

이었다. 당시 유럽의 부자들 사이에서는 거실과 서재를 진기한 곤충 표본으로 장식하는 것이 대유행이었다. 따라서 화려하기 그지없는 한국산 나비에 열광한 애호가들 사이에서 먼 곳에 거주하는 곤충 채집자들의 이름이 알려져 딱정벌레와 나비를 주문하는 편지 중에는 겉봉에 "한국, 얀콥스키 귀하"라고 간단하게 주소가 적혀 있는 경우도 있었다. 그래도 수신자한테 전달되는 데 문제가 없었다. (발레리 얀콥스키, 『한국, 얀콥스키 귀하(Koreia. Yankovskim)』, 2003)

1917년 혁명 이후 블라디보스트크를 중심으로 겨우 명맥이 유지되던 러시아의 한국학이 오랜 휴지기를 거쳐 새로운 변화의 계기를 맞은 것은 1947년의 일이다. 이 해에 상트페테르부르크대학교 동양학부는 20명의 한국학 전공 학생을 선발하여 본격적인 교육을 시작했다. 일제 식민 지배에서 해방된 한국이 남북으로 분단되고 그 북쪽에 공산 정권이 들어서면서 머나먼 나라 한국은 소련의 관심 국가로 떠올랐다. 전체 학생 중 절반은 중앙아시아에서 온 한국계 학생이었고 나머지는 러시아 학생들이었는데, 이들에게 한국어 등 한국 관련 과목 전체를 강의한 초임 교수가 바로 레닌그라드 한국학의 창시자 알렉산드르 홀로도비치 교수였다. 크론시타트 출신의 홀로도비치는 장교로 근무하던 아버지를 따라 이르쿠츠크와 블라디보스토크 등에서 학교에 다녔다. 특히 블라디보스토크 동방학대학 재학 중에는 큐네르, 스팔빈 같은 저명한 동양학자들의 강의를 수강하며 일본학을 전공했지만, 나중에 한국어로 전공을 바꾸어 본격적인 한국학의 중요한 기초를 놓았다.

변변한 한국어 교재나 사전도 없이 열악한 환경에서 학생들을 교

1947년에 입학한 레닌그라드국립대학교 한국학과 재학생 단체사진 (사진 : 트로체비치 교수)

육하면서 『한국어 문법, 1937』, 『조로 사전, 1951』, 『한국어 문법 개론, 1954』등 같은 중요한 업적을 낸 홀로도비치는 장차 러시아 한국학을 이끌어갈 차세대인 드미트리 옐리세예프, 마리안나 니키티나, 아델라이다 트로체비치, 아나톨리 바실리예프, 겐나디 라치코프(Gennadii Rachkov), 임수 등 수많은 제자를 배출했다. 몇몇 북한 유학생이 그 무렵 상트페테르부르크대학교에 유학하고 있었다고는 하지만, 홀로도비치 교수와 한국학 전공생들은 자신들이 확보한 한국 어문학 관련 '원서'들과 밤새 씨름하면서 당시 대다수 소련 사람에게 생소했던 나라 한국과 관련한 공

한국 고전문학 연구에 일생을 바친 니키티나

부에 몰두했다. 이들의 노력은 1950년대 소련 독서계에 일기 시작한 동양문학의 인기에 힘입어 한국 고전문학 작품 상당수가 레닌그라드 한국학파 구성원들에 의해 러시아어로 번역돼 출간되는 놀라운 결실로 이어지기도 했다. 이 과정에서 꼼꼼한 원전 독해를 바탕으로 문학 작품과 연구 대상 텍스트의 내재적 의미 해석에 집중하는 페테르부르크 고유의 한국학 연구 전통도 정착되었다. 따라서 러시아 한국학의 역사를 홀로도비치가 배출한 한국학 제1세대의 등장 이전과 그 이후로 나누는 것은 무리가 아니다.

상트페테르부르크 기페리온 출판사에서 발간한 한국 고전문학 번역서 표지(사진 : IRS)

1960년 이후 러시아의 한국 연구는 일종의 전성기를 맞이했다. 1945~48년 사이 소련군이 북한에 진주하면서 한반도의 중요성이 부각되었고, 모스크바와 레닌그라드 등에서 한반도 전문가 양성을 목표로 새로운 교육 프로그램이 설치되고 과학아카데미 산하 연구기관에서는 본격적인 연구가 시작되었다. 이때 양성된 학자들이 한국어학, 문학, 역사학, 민속학 등 여러 영역에서 주목할 만한 학문적 성과를 낸 때가 바로 1960년대였다. 이들 학자 대부분은 북한에서 어학연수 과정을 이수했고, 이념적으로는 공산주의 이념의 영향 아래 놓여 있었다. 그럼에도 사회과학과 일부 역사학 분야 연구를 제외하면, 학문적 객관성과 독창성을 상당 부분 확보하고 있었다. 그리고 시간이 흘러 각 학문 분야의 미시적 연구가 축적되자 독창적 가설과 방법론에 기초한 단행본 형태의 연구 업적들이 속속 쏟아져 나왔다. 그 결과 한국과 직접적 교류가 전무한 상황에서

모스크바국립대학교 한국학센터의
마주르 교수 모습 (사진 : IRS)

콘체비치 교수 (사진 : IRS)

도 다수의 지한파 연구자가 배출되었다.

우선 한국어 분야에서는 전에 활약하던 홀로도비치나 유리 마주르 교수 외에 새로운 인물들이 등장했다. 군사외국어학교에서 한국어를 배운 다음 평양 주재 러시아 대사관 무관부 근무를 마치고 모스크바국립외국어대학에서 강의한 레오니드 니콜스키, 훈민정음 연구의 대가로 명성을 얻은 레프 콘체비치, 모스크바국립국제관계대학교에서 박사학위를 받은 발렌티나 드미트리예바(Valentina Dmitrieva), 홀로도비치 교수 밑에서 공부한 겐나디 라치코프와 아나톨리 바실리예프 등이 그들이다. 이들 학자 대다수는 모스크바와 레닌그라드에서 한국어를 배우고 북한에서 현지 연수 과정을 경험했다. 홀로도비치나 마주르 교수의 관심 분야가 한국어 문법과 교육에 집중되어 있었던 것과 달리, 다음 세대의 연구 분야는 더 세분화, 전문화되었다. 1960년대에 이들 학자가 발표한 한국어 음성

학과 형태론, 구문론, 어휘론, 한글의 러시아어 표기법 등에 관한 140여 편에 달하는 논문과 단행본은 러시아 학자들의 한국어 분야 연구가 같은 시기 미주와 유럽 지역과 비교할 때 월등한 수준에 있었음을 확인해준다.

니키티나 또는 트로체비치 저술 도서 표지 (사진 : IRS)

레닌그라드 한국학파의 문학 번역 활동은 1960년대에 상당히 활발했다. 이전의 한국 시조 또는 설화 번역에서 벗어나 『춘향전』,『구운몽』,『인현왕후전』 같은 산문 작품들이 번역되기 시작했다. 고전문학 번역이 활기를 띠면서 개별 작가와 작품에 대한 깊이 있는 연구도 이어졌다. 한국문학 연구에 크게 이바지한 이 시기의 대표적 지한파 학자로는 니키티나와 트로체비치, 로엔그린 예레멘코(Loengrin Eremenko) 세 사람을 들 수 있는데, 초기에 시조 연구에 몰두했던 니키티나는 나중에 『균여전』과 『삼국유사』에 수록된 향가 연구로 관심 분야를 확대해 갔다. 정약용과 박지원 등의 문학 세계를 조명한 학술 논문을 발표한 예레멘코는 고대 한국 문학에 나타난 사실주의적 경향에 관심을 기울였다. 처음에 『춘향전』 연구에 전념했던 트로체비치는 『삼국사기』에 등장하는 설화의 문학적 특징, 18세기 한국 문학에 나타난 실학사상 등을 다룬 논문을 연이어 발표했다. 아울러 이 학자들의 박사학위 논문도 연이어 발표되어, 니키티나는 "시조와 장시조 장르를 통해 본 한국 중세 시문학," 트로체비치는 "춘향전과 한국 중세 문학에서 중편 소설 장르," 옐리세예프는 "한국 중세 패설문학의 기원과 장르에 관한 문제" 등을 주제로 논문을 제출했다. 문학 작품 번역에서 출발하여 개별 작가와 작품에 대한 분석적 연구들이 쌓이면서, 고대 한국 문학의 시대 구분과 문학사 기술과 같은 거시적 연구도 가능해졌다. 1964년 니키티나와 트로체비치가 공동 발표한 "중세 한국 문학 시대 구분" 시론과 동일 저자들이 1969년 단행본으로 출간한 『14세기 이전 한국 문학사 개설』 등은 당시 정치 상황과 상관없이 인문학 분야 한국 관련 연구가 상당 수준으로 체계를 갖추고 있었음을 보여준다.

이런 지한파 학자들의 활약상은 어문학뿐 아니라 역사학과 고고학, 종교학, 민속학 등의 영역에서도 확인된다. 안톤 쇼코프(Anton Shokov)가 "한국 고고학 요론"을 발표하는가 하면, 고대사와 중세사 분야에서는 미하일 보로비요프, 비탈리 라리체프(Vitalii Larichev), 유리 바닌 등이 미하일 박을 잇는 다음 세대 학자로 떠올랐다. 보로비요프는 역사 인류학적 관점에서 한국 고대사를 개관한 단행본을 집필했고, 라리체프는 한국 구석기 시대 관련 논문을, 경제사 전문가 바닌은 『13~14세기 봉건 시대의 한국』이라는 제목의 단행본을 내놓았다. 또 민속학, 종교학 시각에서 한국을 연구하는 시도들도 등장했다. 러시아인들이 한국의 생활상과 세시풍속을 기록한 기행문과 서적이 과거에 나온 적은 있지만, 한국인의 삶과 정신세계에 관한 체계적 연구는 1960년대 후반 로자 자릴가시노바나 윤드비가 이오노바 같은 학자들이 착수했다. 한민족 탄생 배경과 관련된 단군신화의 역사적 변형 과정 연구로 새 영역을 개척한 자릴가시노바는 한국인의 인종적 기원에 관한 연구에 집중했다. 또 그녀는 중앙아시아로 이주한 한국인이 새로운 환경에 적응하면서 민족 고유의 특징이 보존, 변형되는 과정에 관한 연구도 진행했다. 한국인의 토템신앙, 특히 곰 숭배 사상을 중심으로 한국 고유의 종교적 세계관을 규명하는 작업을 시도한 이오노바의 연구도 이 시기 지한파 인사들의 학문 역량을 보여주는 중요한 사례이다. 러시아 지한파 학자들의 인문학과 사회과학 연구 전통은 시대의 변화에 따른 부침 속에서도 이후 등장하는 학문 세대들에 의해 계속해서 이어졌다.

러시아의 지한파 인사들을 연령 분포에 따라 분류해 보면 1960년대에 활약하며 한국 연구의 중요한 토대를 놓은 연구자 대부분은 1930년대에 출생한 인물들이다. 그 뒤를 이은 1940년대에 출생한 주요 학자들로는 한반도를 둘러싼 국제관계 전문가인 발레리 데니소프(Valerii Denisov), 예브게니 바자노프(Evgenii Bazhanov), 나탈리야 바자노바(Nataliia Bazhanova), 알렉산드르 제빈 등이 있다. 러시아 외교부 산하 외교관 양성 전문 교육기관인 모스크바국제관계대학교 출신인 이들 중에는 평양 주재 대사를 역임한 데니소프, 타스통신 평양 특파원과 평양 주재 외교관 경력 소유자로 현재 극동문제연구소 한국학센터 소장직을 맡고 있는 제빈 박사처럼 북한 사정에 밝은 인사들도 있다.

데니소프 대사 부부 (사진 : IRS)

그 다음 세대에 해당하는 1950년대 출생 지한파 인사들은 숫자가 증가하는 동시에 연구 관심 분야도 이전과 비교하여 훨씬 더 다양해지는 특징을 보인다. 이들 중 모스크바국제관계대학교 출신 인사들로는 현재 이 대학 총장직을 맡고 있는 아나톨리 토르쿠노프(Anatolii Torkunov), 세계경제·국제관계연구소(IMEMO) 부소장으로 러시아 과학아카데미 정회원인 바실리 미헤예프, 평양 주재 대사로 근무 중인 알렉산드르 마체고라(Aleksandr Matsegora), 서울과 평양에서 외교관으로 활동한 올레크 다비도프(Oleg Davydov)와 게오르기 톨로라야, 경제학자 스베틀라나 수슬리나 등이 있다. 지한파 배출의 또 다른 요람인 모스크바국립대학교 아시아아프리카대학(ISAA) 출신으로는 평양 주재 대사를 역임하고 현재 모스크바국제관계대학교 교수로 재임 중인 발레리 수히닌, 평양 주재 대사에 이어 현재 서울에서 대사로 근무 중인 알렉산드르 티모닌(Aleksandr Timonin), 서울과 평양 양쪽에서 외교관으로 근무한 알렉산드르 미나예프(Aleksandr Minaev), 김일성대학교에서 수학한 알렉산드르 보론초프 등이 있다. 아시아아프리카대학은 문학이나 역사 등 인문학 분야 전문가들도 배출했는데, 한국 현대 문학을 전공한 이리나 카사트키나(Irina Kasatkina), 서울대학교에서 석사 과정을 이수하고 한국 근대사와 한·러 관계사 분야에서 많은 업적을 낸 타티야나 심비르체바, 한국 중세 관료제와 사회 구조, 그리고 불교사 분야 전문가 세르게이 볼코프 등이 여기에 해당한다. 이 세대 지한파 인사 중에서 흥미로운 사례로는 상트페테르부르크국립대학교에서 한국어를 공부하고 블라디보스토크로 이주하여 그곳에서 한국학 프로그램 활성화에 이바지한 타마라 카플란(Tamara Kaplan)과 블라디미르 베르

미헤예프 (사진 : IRS)

홀랴크(Vladimir Verkholiak) 교수 등이 있다. 레닌그라드 한국학과 출신인 이들은 아시아를 향한 러시아의 대표적 창구에 해당하는 극동의 항구 도시 블라디보스토크에서 한국어 구사 능력에 기초한 이른바 실용 한국학 프로그램을 정착시키는 데에 크게 이바지했다.

심비르체바 (사진 : IRS)

1960년대 이후 출생한 지한파 학자들은 구소련의 개혁·개방 시기와 그 이후 체제 이행기에 러시아 주요 대학에서 수학한 사람들이다. 이 시기는 러시아 사회가 개방되면서 외국에 대한 관심이 높아졌지만, 체제 전환 과정에서 교육·학술 분야에 대한 재정 지원이 크게 축소되고 학문 후속세대 지망생이 격감하던 위기의 시대이기도 했다. 1960년 세대 지한파 인사 중에서 모스크바국립국제관계대학교 출신으로는 외교관 막심 볼코프(Maksim Volkov)와 정치학자 알렉산드르 만수로프(Aleksandr Mansurov)를, 레닌그라드국립대학교 출신으로는 역사학 전공인 안드레이 란코프, 세르게이 쿠르바노프 교수 등을 들 수 있다. 이 중 만수로프는 북한 문제를 새로운 시각에서 분석한 영어 논문을 발표하여 한때 서방 학계의 주목을 받았으며, 이조 당쟁사 관련 학위 논문을 제출한 란코프는 한국 현대사로 관심 분야를 옮겨서 남한과 북한 사회 관련 논문과 단행본을 활발히 발표했다. 현재 상트페테르부르크대학교에서 한국학과 학과장 겸 한국연구센터 소장 직을 맡고 있는 쿠르바노프 교수는 『한국통사』를 비롯하여 남북한 양 체제의 정신적 전통 연구에서 탁월한 업적을 내놓았

란코프 교수 저서 표지 (사진 : IRS)

쿠르바노프 교수의 『한국통사』 표지 (사진 : IRS)

다. 이 세대에 속하는 지한파 인사 중에서 극동연방대학교 출신으로는 현대 한국 정치경제 전문가인 이고리 톨스토쿨라코프(Igor' Tolstokulakov), 한국 일상사와 북한의 문학정책 전문가인 타티야나 가브루센코(Tat'ana Gabrusenko) 등을 들 수 있는데, 이는 블라디보스토크를 거점으로 새로운 한국학파가 형성되고 있음을 보여준다. 이들 외에도 모스크바국립대학교 아시아아프리카대학 출신으로 조선시대 군사제도 관련 학위 논문을 제출하고 한국 현대 사회와 한반도 문제 전반으로 관심 영역을 넓힌 콘스탄틴 아스몰로프, 고리키 문학대학 번역학과 출신으로 한국 대학에서 현대시 연구로 박사학위를 취득한 문학 번역가 라리사 피사레바(Larisa Pisareva), 노보시비르스크국립대학교 한국센터를 개설하고 고고학 분야에서 한국 관련 연구를 활발히 진행하고 있는세르게이 알킨(Sergei Alkin) 교수 등도 이 세대에 속한다. 이전 세대 지한파 인사 대다수가 북한 연수 또는 수학 경험을 갖고 있는 것과 달리, 1960년 세대 지한파 인사 대다수는 남북한 양쪽에 체류했거나 이 중 한 곳에서만 수학한 배경을 갖고 있다.

1970년대 출생 지한파 학자들의 출신 대학 분포와 관심 분야는 이전과 비교하여 훨씬 더 다양해진 점이 눈에 띈다. 2대째 상트페테르부르크국립대학교에서 한국어과 교수로 재임하고 있는 언어학자 알렉세이 바실리예프(Aleksei Vasil'ev), 한국 시를 전공하는 아나스타시야 구리예바(Anastasiia Gur'eva), 현대 소설 전공인 인나 최(Inna Tsoi) 등은 120년 역사를 가

알킨 교수 (사진 : IRS)

진 이 대학 한국학 전통을 이어가고 있는 소장학자들이다. 모스크바국립외국어대학교에는 통번역학을 전공하는 예카테리나 포홀코바(Ekaterina Pokholkova), 근현대 문학을 전공하는 마리야 솔다토바(Mariia Sodatova) 등이 있는데, 솔다토바 교수는 블라디보스토크 소재 극동연방대학교에서 학위 과정을 마치고 모스크바로 진출한 이력을 갖고 있다. 모스크바국립국제관계대학교 한국어과 교수로 있는 야로슬라바 파쿨로바(Yaroslava Pakulova)는 모스크바국립외국어대학교를 졸업한 한국어 전공자이다. 극동연방대학교 소속 마리나 쿠클라(Marina Kukla)는 한국과 러시아 연해주 양 지역 사이의 경제협력 문제를 다루는 경제학 전공자이다. 모스크바국립대학교 아시아아프리카대학 출신 중에는 현재 외교관으로 근무하고 있는 올레크 피로젠코(Oleg Pirozhenko), 미하일 박 교수의 손녀로 발해 역사를 전공한 빅토리야 피로젠코(Viktoriia Pirozhenko) 등이 있는데, 특히 피로젠코는 『난중일기』를 러시아어로 번역하기도 했다. 이 세대의 역사학자 중에는 우리에게 박노자로 널리 알려진 블라디미르 티호노프, 상트페테르부르크 소재 인류학박물관 소장 한국 관련 자료를

체계적으로 정리하는 데 이바지한 데니스 삼소노프(Denis Samsonov) 같은 인물이 있는데, 두 사람 모두 상트페테르부르크국립대학교를 졸업했다. 가야사를 전공한 티호노프 교수는 한국 사회가 안고 있는 문제점들을 날카로운 시선으로 파헤친 여러 권의 저서로 한국의 진보적 지식인 사이에서 큰 반향을 불러일으키기도 했다. 러시아국립인문대학교(RGGU) 소속의 콘드라티예바(Elena Kondrat'eva)는 18세기 한국 문헌을 비교역사언어학적 관점에서 연구하는 학자로 현재 러시아한국어교육자협의회 회장직을 맡고 있다. 이들 소장 학자와 함께 러시아 전역의 대학들에서는 동포 출신 학자 상당수가 한국 관련 강의와 연구를 담당하며 지한파 인사로 활약하고 있다. 상트페테르부르크국립대 출신으로는 한국에서 학사와 석사 과정을 졸업하고 「로시스카야 가제타」 특파원으로 부산에 주재하며 활약하고 있는 올레크 키리야노프(Oleg Kir'ianov)도 있다. 그는 러시아

옐레나 콘드라티예바 (사진 : IRS)

인들에게 낯선 한국 사회의 특징을 가까운 거리를 두고 관찰한 일반 교양서 『여행안내 책자에 나와 있지 않은 한국과 한국인』을 모스크바에서 출간했다.

최근 러시아 젊은 층 사이에서 한국 대중문화 인기가 높아지면서 주요 거점 도시 중심으로 또는 온라인 매체를 통해 한국 문화예술 관련 프로그램을 자체적으로 기획해 진행하는 사례들도 빈번하게 등장하고 있다. 이러한 분위기에 힘입어 젊은 세대 러시아 번역가들의 손을 거쳐 번역된 한국 현대 소설이 현지에서 활발하게 출판되고 있다. 또 모스크바 고등경제대학 소속의 옐레나 호흘로바(Elena Khokhlova)나 극동문제연구소 소속의 마리야 오세트로바(Mariia Osetrova) 같은 차세대 지한파 학자들이 각각 한국 현대 미술과 한국 음식 문화 분야에서 많이 이바지하고 있는 것도 전에 없던 현상이다. 상트페테르부르크국립대 출신으로 한국 경제 발전 과정에서 대외무역의 역할을 주로 연구한 이리나 코르군(Irina Korgun)도 차세대 지한파 인사 중 한 명이다.

다른 한편, 한국학과 직접적인 인연은 없지만, 1990년 수교 이후 양국 간 교육과 학술 분야 교류 활성화를 위해

올레크 키리야노프 저서 표지
(사진 : IRS)

마리야 오세트로바 (사진 : IRS)

많은 노력을 기울여온 인사들도 있다. 극동연방대학교 총장 재임 당시 독립 한국학대학을 개설하여 한국학에 새로운 바람을 불러일으킨 블라디미르 쿠릴로프(Vladimir Kurilov)가 여기에 해당한다. 고합그룹 장치혁 회장의 후원으로 별도의 한국학대학 건물을 건설하고, 다양한 전공의 한국학 프로그램을 개설함으로써 짧은 기간 안에 극동 지역 한국학의 위상을 크게 향상시킨 이 법학자는 러시아 학생들로 구성된 풍물놀이패 '해동'의 활동을 적극적으로 지원했다. 또 2004년에는 서울대학교와 김일성대학교 총장을 동시에 극동연방대 개교 기념행사에 초청하여 남북 대학 간 교류에서 새로운 활로를 여는 데도 이바지했다. 한·러대화 러시아 측 조정위원장으로 활동하며 양국 간 민간 교류의 활성화와 제도화에 많은 노력을 기울인 상트페테르부르크국립대학교 니콜라이 크로파체프(Nikolai Kropachev) 총장도 대표적인 지한파 인사이다. 이 대학의 한국학 강좌 개설 120주년을 맞은 2017년에 크로파체프 총장은 한국학과를 독립학과로 격상시키는 결정을 내림으로써 러시아 한국학의 모태인 이 대학의 한국학 교육과 연구가 새롭게 도약할 수 있는 기틀을 마련했다.

극동연방대학교 개교 기념행사에서 만난 정운찬 서울대학교 총장, 성자립 김일성대학교 총장, 쿠릴로프 총장
(사진 : 서울대학교)

정치혁 회장과 극동연방대 총장단 내외 (사진 : IRS)

상트페테르부르크대학교 한·러대화 사무국 앞에서 찍은 크로파체프 총장과 한국 측 조정위원장 이규형 전 러시아 주재 대사 (사진 : IRS)

7장

러시아 문화예술의 중심에 선 한국인

일찍이 연해주로 이주한 우리 동포들은 1920년대에 이미 한글 신문 「선봉」을 발간했고 지면에 문학 란을 운영했다. 그곳에서 고려극단을 운영하는가 하면, 최초의 고려인 영화에 해당하는 『도적』을 제작한 기록도 남아 있다. 이 한글 신문과 극단은 1937년 강제 이주 이후 카자흐스탄 알마티로 이동해서 다른 이름으로 계속 활동했지만, 시간이 흐르면서 러시아어와 러시아 문화권으로 점차 흡수되는 과정을 겪었다. 우리 글로 작품을 쓴 한국계 작가가 여럿이었고 이들 중에는 중앙 무대인 모스크바나 유럽 지역 주요 도시로 진출해서 전국적 명성을 얻은 이들도 있다. 비단 문학 분야뿐 아니라 1960년대부터 러시아 대학생과 지식인 사이에서 선풍적 인기를 누리던 음유시(bardstvo) 분야의 선두 그룹에 속하던 동포 예술가도 있다. 미술이나 음악과 같은 영역에서도 한국인의 위상을 높인 인물들이 여러 명 배출되었다.

전쟁을 배경으로 하는 스파이 소설로 1950년대에 인기를 누렸던 로만 김(1899~1967), 1970년대와 1980년대를 대표하는 음유시인 중 한 명으로 인텔리 사이에 많은 팬을 갖고 있던 율리 김(1936~), 1970

년대에 등단하여 소련 개혁·개방 시대에 세계적으로 주목 받는 작가로 떠오른 아나톨리 김(1939~), 1990년대 초 이른 나이에 안타깝게 세상을 떠났지만, 러시아 록 음악의 전설로 아직까지 널리 기억되고 있는 가수 빅토르 최(1962~90) 등이 그렇다. 또 우즈베키스탄에 살면서 우리 고유 정서를 담은 독특한 화풍으로 동포들의 수난사를 대형 연작 시리즈로 형상화했지만, 지금은 세상을 떠난 천재 화가 신순남(러시아식 이름 니콜라이 신(Nikolai Shin), 1928~2006) 등이 대표적 예이다.

소설, 시, 회화, 음악 등에서 탁월한 예술가들을 배출한 러시아 거주 우리 동포들의 활약은 1980년대 이후에는 젊은 세대와 호흡하는 록 음악, 영화, 그리고 대중음악계 스타를 배출하는 전통으로 이어졌다. 연해주에서 중앙아시아 지역을 거쳐 러시아 전역으로 확산된 우리 음식 문화의 경우처럼, 러시아 거주 동포들의 숫자를 고려하면 이들이 문화예술계에서 차지하는 위상은 상당히 인상적이다. 유대인을 능가하는 교육열, 전문 분야에서 보여준 높은 성취, 성실성과 근면정신 등으로 러시아 사회에 긍정적 이미지를 심어준 우리 동포들이 특히 경쟁이 치열하여 주류로 진입하는 과정이 녹록치 않은 소비에트 문화예술계 현실에서 이룬 성취는 각별한 의미가 있다.

다른 한편, 1990년 수교 후 양국 간 직접적인 문화예술 교류가 가능해진 이후에는 한국에서 러시아로 진출한 인사들의 활동도 두드러졌다. 김기덕을 비롯한 우리 영화감독이 제작한 영화, 러시아 레퍼토리를 연주한 클래식 음악 연주자, 러시아 발레 학교에서 수학하며 최고 무대의 주역으로 성장한 한국인 무용수 등은 수많은 러시아인의 사랑을 받고 있다. 소치 동계 올림픽에서 빅토르 안이라는 러시아 이름의 선수로 출전하여 여러 개의 금메달을 귀화한 러시아에 안겨줌으로써 일약 러시인들의 영웅으로 부상한 안현수 선수도 한국의 위상을 러시아에 드높이는 데 크게 이바지한 중요한 인물이다. 유라시아 대륙 동쪽 끝에 위치한 한반도 출신 우리 동포와 현대 한국인들은 러시아 문화예술 공간에 진출하여 대화와 상호 교류를 통해 독창적 예술 세계를 펼쳐 보임으로써 양국 관계 발전에 중요한 정신적 기반을 마련하는 데 크게 이바지했다.

소련 땅에서 활동한 한국 문학의 선구자는 소설가, 시인, 평론가였던 조명희(1894~1938)이다. 조국에서 일본 압제에 저항하며 싸우던 그는 러시아로 이주하여 문학 활동을 전개하며 조국의 해방과 공산주의의 이상을 노래했다. 그러나 조명희는 여느 민족 해방 운동가들이 그랬듯 일본 간첩으로 친일 행위를 했다는 죄목으로 KGB에 체포되는 운명을 맞았다. 한편, 연해주 지방에 집중해서 거주하던 고려인들은 여러 개의 한인 극장을 운영하고 있었다. 이들은 한국어로 된 시나리오를 무대에 올리곤 했는데, 대본에는 서정적 시구들이 자주 포함되기도 했다. 하지만 그것도 잠시뿐, 연해주 거주 고려인들은 스탈린의 강제 이주 정책에 의해 1937년 하루아침에 중앙아시아의 척박한 땅에 내던져졌다. 이처럼 어려운 여건 속에서도 고려인 극단은 해체되지 않고 전통을 이어갔으며, 중앙아시아 지역에서도 우리말 연극을 계속 무대에 올렸는데, 이 시기를 대표하는 극작가와 시인으로 연상연과 태장춘 등이 있다.

이들 뒤를 이은 다음 세대 한국계 작가들은 스탈린 격하 운동 이후 김일성 체제에서 이탈한 북한 출신 인텔리들이었다. 소련으로 정치적 망명을 한 이 세대 한국계 작가들은 러시아어 구사 능력이 완벽하지 못했기 때문에 주로 우리 글로 창작활동을 했다. 여기에

아나톨리 김 가족사진 (사진 : IRS)

해당되는 대표적 인물로는 리진, 한진, 허진, 명덕우 등을 꼽을 수 있는데, 이 중 리진은 러시아 여성과 결혼하여 러시아 농촌에 살면서 한국어로 시를 쓰는 특이한 삶을 살았다. 한국어 사용자가 전혀 없는 러시아 시골에서 농사일에 종사하면서 시작에 몰두했던 리진의 문학 활동은 아주 특이한 사례이다. 소련 체제 붕괴 이후에는 리진의 작품집이 한국에서 발간되는 기적 같은 일이 일어나기도 했다. 그 외의 작가들은 안타깝게도 생전에 작품이 책으로 발표되는 행운을 누리지 못했고, 이들 이후 등장한 한국계 작가 대부분은 러시아어로 창작 활동을 해야만 했다. 초등학교 초급학년에서 한국어 교육이 사실상 끝나고, 그 이후 단계의 모든 교육은 전적으로 러시아어로 진행됐기 때문이다.

1970년대 말 아나톨리 김이 러시아 문단에 데뷔하기 이전 한국계 작가로 러시아 독자들에게 잘 알려진 사람은 로만 김 한 사람뿐이었다. 일본에 오래 살다가 소련으로 넘어와 정보 분야에서 활동하던 그는 주로 스파이 활동과 전쟁을 소재로 한 정치색 짙은 공식 이데올로기에 충실한 소설을 썼다. 러시아 이주 동포 3세로 1939년 카자흐스탄에서 출생하여 문단의 대표 작가로 발돋움하는 데 성공한 아나톨리 김은 예외적인 경우에 속한다. 유난히 보수적인 소련 문단에서 외국 성을 가진 한국계 작가가 인정받는 것이 드문 일이기도 하지만, 이 작가에 대한 관심이 러시아에서만 아니라 해외에서도 상당히 확산되어 그의 작품은 무려 23개 언어로 번역되었기 때문이다.

1973년 한국적 정서를 바탕으로 한 단편 소설 「수채화」와 「묘코의 찔레꽃」으로 데뷔한 아나톨리 김은 그 후 여러 중편과 장편 소설로 문단에 신선한 충격을 불러일으키며 러시아 현대 문학의 대표 작가 중 한 명으로 부상했다. 러시아 사회와 예술계에 변화의 징후가 감돌던 시기에 인간의 내면세계를 새로운 시선으로 투시하며 독창적 문학세계를 개척한 이 작가를 이해하는 데 필요한 흥미로운 단서들은 극적인 변화와 반전으로 가득 찬 작가의 전기에서 찾아볼 수 있다.

아나톨리 김의 문학세계 형성과 밀접한 관련을 맺고 있는 전기적 요인들로는 어려서부터 그가 갖고 있던 회화를 비롯한 다양한 예술 장르에 대한 깊은 관심, 순수한 한국인으로 러시아에 살면서 경험한 정체성 위기, 광활한 러시아 땅의 여러 지역을 편력하면서 접한 다양한 문화와 자연 풍경 등을 들 수 있다.

단편 「수채화」에 등장하는 에피소드처럼, 어린 시절 캄차카에서 호랑이 그림을 그리는 한국 노인과 조우한 것을 계기로 회화 예술

아나톨리 김의 천리포 해안 그림 (사진 : IRS)

아나톨리 김 젊은 시절 (사진 : IRS)

에 매료된 그는 화가가 될 결심으로 먼 길을 떠나 모스크바 미술대학에 입학했다. 작품 활동과 예술 서적 탐독에 빠져 있던 그는 미술대학 3학년 재학 중에 제한된 캔버스에 표현하기 힘든 예술적 충동을 경험하면서 화가의 길에 회의를 품기 시작했다.

소수민족의 후예로 기적처럼 러시아 문단 진입에 성공한 이 작가의 삶에서 발견되는 또 다른 중요한 특징은 정체성에 관한 고통스런 고민이다. 순수한 한국인 부모 사이에서 태어나 여덟 살 때까지 옛 한국 이야기를 들으며 자란 그는 그 이후 완전히 러시아식 교육

강릉 김씨 시조 묘를 찾은 아나톨리 김 (사진 : IRS)

을 받으며 러시아 문화의 토양 속에서 성장했다. 따라서 작가가 되기로 결심한 이후 그를 괴롭히던 큰 고통은 백퍼센트 한국 피를 가진 사람이 러시아 작가가 될 가능성에 대해 회의적이던 주변 시선들이었다. 러시아어로 사고하고 존재하며 글을 쓰던 그였지만, 역시 해결 되지 않는 문제는 몸 안에 한국인 피가 흐르고 있다는 사실이었다. 조국을 멀리 떠나 타국에 뿌리내리게 된 자신의 모순된 존재에 대해 작가는 자신을 키워주고 교육시켜준 러시아가 '아버지 나라', 영혼의 고향 한국은 가슴 속에 밝은 사랑과 달콤한 위안의 눈물을 간직한 '어머니 나라'라고 토로한 적이 있다. 그리고 '아버지 나라'와 '어머니 나라'가 각기 다른 기구한 운명을 타고 난 자신의 처지를 그는 "부모의 이혼으로 흩어진 가정에서 자란 아이처럼, 이 두 사람에 대한 강렬한 사랑 때문에 늘 그 사이에서 몸부림치는 아이 모습"에 비유하기도 했다. '러시아인이면서 한국인이고', 또 '러시아인도 아니고 한국인도 아닌' 타고난 정체성 위기는 작가에게 지리적, 인종적, 역사적 범주로 민족을 규정하던 기존의 사고를 넘어서서 새로운 인간관과 민족관, 세계관을 탐색하는 계기로 작용했다. 그리고 그 과정에서 작가에게 새로운 인식의 지평을 열어준 것은 광활한 세상으로의 끊임없는 이주와 여행이었다. 카자흐스탄의 작은 마을에서 출생한 그는 러시아어 교사로 일하던 아버지 임지를 따라 어린 시절 극동의 캄차카, 우수리강 지역, 사할린 등지로 여러 번 이주했다. 한 곳에 안주하는 평탄한 삶을 누리지 못한 부모의 운명이 이끄는 대로 중앙아시아와 극동 지역을 떠돌던 이 시기에 그는 타국 땅에서 이등 시민으로 힘든 삶을 살고 있는 동포들의 애환과 고통을 직접 목격했다.

사할린에서 중등학교 졸업 이후 미술대학 입학을 위해 시베리아 횡단열차를 타고 모스크바로 향한 여행으로 시작된 다음 단계의 이동은 러시아 여러 지역으로 확산되었다. 극동에서의 잦은 이사가 본인 의지와 무관한 숙명적 이동이었다면, 모스크바를 기점으로 시작된 이 두 번째 여행 시기는 미래의 작가가 자신의 의지에 따라 선택한 방황하는 예술혼의 기나긴 순례였다. 군대 제대 이후 건설 현장 크레인 기사, 보일러공 등으로 밑바닥 인생을 살면서 작가 수업을 하던 그에게 넓은 러시아 땅 여러 곳을 밟아볼 수 있는 기회가 찾아왔다. 공산당에서 제작한 선전 포스터를 러시아 주요 지방 도시에 배포하는 직업을 갖게 된 그는 남쪽의 중앙아시아, 크림, 캅카스, 북쪽의 무르만스크와 레닌그라드, 서쪽의 벨라루스, 우크라이나, 발트해 지역, 시베리아의 투바, 바이칼, 부랴티야 등 유라시아 대륙의 다양한 민족과 문화를 직접 관찰할 수 있었다.

광활한 세상을 여행하고 나서 작가는 서로 멀리 떨어진 공간들과 그곳에 사는 사람들 사이에 차이점보다는 유사점이 더 많다는 사실을 발견했다. 그리고 넓은 러시아 영토의 여러 지역과 그곳에 사는 다양한 피를 가진 사람들의 삶은 작가의 상상력을 통해 독특한 시간과 공간으로 작품 속에서 재구성되었다. 1980년대 소련 문단에서 주목 받는 작가가 되면서는 불가리아를 시작으로 핀란드, 독일, 미국, 모로코, 포르투갈, 스페인, 이탈리아, 프랑스, 인도, 일본 등을 방문했고, 1988년 서울 올림픽에 즈음해서는 마침내 어머니 나라 한국을 방문했다. 그리고 드디어 한국에서 자신의 정신적 뿌리를 확인할 수 있었다.

모국어가 아닌 러시아어로 작가 고유의 목소리를 내는 일이 지난한 과제였음은 물론이다. 러시아인들의 삶을 소재로 시도한 초기 습작들이 러시아 고전 작가들의 글을 모방한 것에 지나지 않는다는 것을 느낀 나머지 수많은 원고를 불태우며 자괴감에 빠져 있던 작가가 자기 고유의 러시아어 문체를 발견한 것은 놀랍게도 오래전 사할린과 캄차카에서 그가 목격했던 한국인들의 삶을 작품으로 형상화하면서부터였다고 고백하고 있다. 제 아무리 발버둥쳐도 결국 러시아어가 아닌 다른 언어를 사용하는 이민족 출신으로 러시아 작가가 되는 데 언어가 치명적 장애가 될지도 모른다는 공포 때문에 고뇌하던 그는 레닌그라드 문예지 「오로라」에 발표한 두 개의 단편의 문체에 대해 저명한 평론가에게서 "잘 연마된 아름다운 러시아어"이라는 칭찬을 들으면서 마침내 안도의 숨을 내쉬었다.

창작의 황금기에 해당하는 1970년대 중반 이후 약 10여 년간 그는 모스크바 남부 랴잔주의 외딴 시골마을 네마토보에 작은 농가를 구입하여 칩거하면서 창작 활동에 전념했다. 극동 지역 한인들의 삶을 작품으로 형상화하면서 탄생한 작가 고유의 문학 언어는

네먀토보 마을의 아나톨리 김 (사진 : IRS)

네먀토보에 있는 아나톨리 김의 통나무 집 (사진 : IRS)

순수한 러시아 영혼을 간직한 이 시골 마을 삶을 통해 더욱 풍요로워졌다. 유럽 지역 러시아의 대표적 청정 지역으로 손꼽히는 이곳에서 러시아 농촌의 순수함과 풍요로움을 구가하면서 자신의 예술 언어를 완전히 체득하게 된 과정을 작가는 다음과 같이 쓰고 있다.

풍요로운 땅 메시체라에서는 인간이 제 아무리 욕심을 부린다 해도 모든 게 여유롭고 넉넉했다. 이곳에 살면서 여러 가지 일에 재미를 붙였지만, 그중에서도 숲에 들어가 버섯 따는 일 하나는 미련 없이 실컷 해보았다. 버섯 따는 일 그 자체가 즐겁기도 했지만, 이는 무엇보다도 자연을 이해하고 또 자연을 통해서 나 자신을 이해하는 데 아주 소중한 수업 시간이었다. 살면서 그토록 나 자신 속 깊이 침잠하여, 그곳에 존재하는 기이한 현상과 모습, 그리고 본질을 깨우칠 수 있었던 적은 없었다. 멜빵으로 어깨에 소쿠리를 동여매고 오랫동안 혼자 숲속을 헤매다가 나도 모르는 사이에 다른 세계로 몰입되었고, 거기서 순간순간 타오르던 불꽃들은 언어가 되어 단편, 중편, 장편소설 속으로 녹아들어 갔다. 버섯을 찾아 숲 속을 이리 저리 거닐면서 깨닫게 된 시간의 마법을 책상머리에 앉아 문학 창작 과정에 적용해 보며 나는 새로운 기적의 탄생을 꿈꾸었다.(아나톨리 김, 자전에세이 『나의 삶, 나의 문학』)

1980년대 소련에 불기 시작한 변화의 바람 속에서 문단의 유력인사 대다수가 현실 문제를 다루는 글을 쓰는 데 열을 올리거나 진보적 정치 세력을 옹호하는 일로 모스크바에서 분주한 삶을 살고 있던 시기에 아나톨리 김은 혼자 외딴 시골 마을에 살면서 자신의 예술 세계에 몰두하고 있었다. 숲속에서 버섯과 산딸기를 따며, 자신의 영혼 세계와 조우하고, 자신이 제작한 절름발이 책상에 앉아 저절로 떠오르는 단어들을 하얀 종이 위에 붙들어 두는 단순한 리듬의 생활을 계속한 20여 년의 기간은 아나톨리 김 창작의 황금기였다. 네먀토보 마을에 서 있는 초라한 통나무 오두막집은 그의 대표작 『연꽃』, 『다람쥐』, 『아버지 숲』 등의 산실이었다.

한편, 1960년대 중반 이후 소련 문화예술계에는 자신이 쓴 시에 곡을 붙이고, 또 직접 기타 반주에 맞추어 연주하는 음유시인들이 등장했다. 스탈린 사망 이후 찾아온 이른바 해빙의 분위기 속에서 당시 인텔리와 대학생들 사이에 우상으로 떠오른 음유시인 중에는 갈리치, 비소츠키, 오쿠자바 등과 함께 한국 성을 가진 율리 김이 있었다. 한국계 예술인 또는 작가가 소수민족의 협소한 공간에 머물지 않고 이즈음 러시아 중앙 무대에 진입할 수 있었던 것은 이전과 비교하여 검열의 수위가 낮아지고, 자유로운 예술혼의 분출을 부분적으로 허용하는 것과 같은 시대적 변화가 있었기 때문이다.

신문기자였던 아버지 김철산(Kim Cher San)과 러시아어문학 교사로 일하던 러시아계 어머니 사이에서 태어난 율리 김은 1938년 아버지가 총살로 처형당하고 어머니는 1946년까지 유형을 사는 불우한 어린 시절을 보냈다. 아버지의 죄목은 조국을 배반한 일본 첩자였고, 어머니는 그런 가정 출신이라는 이유로 5년 강제노동수용소 생활을 한 후 또 다시 3년간의 유형에 처해졌다. 모스크바에서 태어나 고아처럼 자란 율리 김이 어머니를 다시 만난 것은 9살 때였다. 니키타 흐루쇼프 치하의 해빙기였던 1958년 어머니는 복권되었지만, 수도 모스크바 거주는 허락되지 않았다. 지방에 살던 율리 김은 1954년 모스크바사범대학에 입학하여 다시 수도로 돌아

율리 김 연주 장면 (사진 : IRS)

왔다. 대학생 시절부터 시를 쓰고 음악을 작곡하던 그는 역사·어문학부 졸업 후 첫 임지인 소련 영토의 동쪽 끝 캄차카에서 3년 동안 교사로 근무했다. 그는 아이들에게 역사, 문학, 지리 과목을 가르치면서 그들과 함께 자신이 작곡한 음악 작품을 무대에 올리는 작업에도 열성을 쏟았다. 율리 김은 원시적 자연의 힘이 넘치는 캄차카에서 특히 바다에 매료되었다. 그의 여러 노래에서 바다와 마도로스가 주요 테마로 등장하는 이유도 여기에 있다.

모스크바로 돌아온 율리 김은 교사로 일하면서 반체제 운동에 참가했다. 국제연합(UN) 인권위원회에 보내는 청원서에 서명하는 등 반체제 운동에 적극적이었던 그는 1968년 교사직을 그만 두어야 하는 상황을 맞이했다. 직장이 없는 그는 연극과 영화 음악을 작곡하거나 희곡 작품을 출판하며 생계를 이어갔는데, 이때는 본명 대신 율리 미하일로프라는 가명으로 작품을 발표했다. 개혁·개방이 시작된 1986년에야 비로소 자신의 실명을 사용하며 무대에 나선 그는 오랫동안 공개 연주 활동을 하지 못하는 언더그라운드 음유시인으로 남아 있어야 했다. 소련 체제 해체 이후에는 러시아, 유럽, 미국, 러시아어권 여러 나라에서 활발한 공연 활동을 했다. 그는 저명한 음유시인 불라트 오쿠자바를 기리는 상과 생존하는 러시아 대표 시인에게 수여하는 영예로운 '올해의 시인' 상 등을 수상했다.

율리 김 앨범 자켓 (사진 : IRS)

총 20여 개의 CD 음반을 내놓은 율리 김의 연주 활동은 DVD와 유튜브 등을 통해 널리 알려져 있으며, 러시아의 대표적인 현대 시 선집들은 그가 쓴 시들을 수록하고 있다. 사별한 첫 부인 이리나 야키르(Irina Yakir)는 스탈린 시대에 숙청당한 '붉은 군대'의 유명한 장군 이오나 야키르(Iona Yakir)의 손녀이다. 부부는 1990년대에 이스라엘로 이주했는데, 현재 율리 김은 예루살렘과 모스크바를 오가며 활동하고 있다.

2005년 '뿌쉬낀하우스' 초청으로 내한 공연을 갖기도 했던 그는 러시아에서 가장 널리 알려진 음유시인이자 작곡가, 시인이다. 특히 수많은 연극과 영화에 등장하는 그의 음악은 러시아인들에게서 많은 사랑을 받고 있다. 가벼운 유머에서 통렬한 정치적 풍자에 이르기까지 스펙트럼이 넓은 율리 김의 음악은 50여 편이 넘는 소비에트 영화에 주제곡으로 사용되었다.

대학생 때야 비로소 아버지의 죽음에 대한 사실을 알게 된 율리 김은 1960년대 중반 소련에서 가장 활발한 인권운동가 중 한 명이었다. 장인이던 표트르 야키르도 오랜 시간 수감 생활을 한 유명한 인권운동가였다. 1968년에는 장인 등과 함께 반체제 인사 탄압에 대한 호소문을 주도적으로 작성하고 학계와 문화예술계 활동가들에게 배포하여 정보기관의 요주의 사찰 대상 목록에 올랐다. 이 무렵 그가 작곡한 노래의 대부분이 미행과 수사, 재판 등과 같은 반체제 관련 소재들을 담고 있던 것도 이런 배경 때문이다.

1960년대 초 직접 작사, 작곡한 노래를 대학생들이 청중인 소규모 언더그라운드 콘서트에서 연주하며 데뷔한 이 한국계 러시아 음악가는 곧 모스크바에서 가장 인기 있는 음유시인 중 한 명으로 부상했다. 하지만 인권운동가로 당국의 주목을 받던 1968년부터 오랫동안 그는 영화와 드라마의 배경 음악을 작곡한 미하일로프라는 가명 뒤에 숨어 있었다. 강한 사회 비판 의식을 내포한 그의 음악은 공산당의 공허한 구호, 소비에트 이데올로기의 허구, 만연된 거짓과 위선 등을 마치 탈을 쓴 광대가 장난치듯이 가벼운 아이러니 형식으로 드러냄으로써 대학생을 비롯한 지식인층에서 커다란 인기를 누렸다. 자신을 당시 소련에서 유행하던 서커스 공연 무대의 광대로 형상화한 율리 김의 시에는 대놓고 현실을 비판할 수 없는 상황에서 독자와 청중의 내면에 잠재된 비극적 삶을 광대의 웃음과 연기를 통해 서로 공감하고 이를 극복하는 치유의 힘을 담고 있다.

나는 광대
나는 재주꾼
무대로 뛰어나가는 것은

돈 때문이 아닌
그저 웃음을 위해서일뿐
광대란 이처럼 재미난 엉뚱한 존재
광대로 나선 내 슬픔으로
누군가 위로를 받으면
세상과 함께 하는 기쁨은
더욱 커질 것

나는 광대
유쾌한 광대
고깔모자로 영원한 부름을 받은
나는 정말 멋쟁이
광대는 이처럼 재미난 엉뚱한 존재
한데 어우러져 무대 위에서
흥겹게 놀아보세
내가 무대 중앙으로 나서려니
나를 보고 웃어보소
마치 아이들이 나를 놀림감 삼듯

소비에트 시대에 서커스는 음악과 무용을 결합한 대중적 공연 예술로, 영화와 함께 폐쇄 사회에 살던 시민에게 인기 있는 대중적 장르였다. 특히 서커스 공연에서 다양한 레퍼토리 막간에 등장하는 광대는 공식 매체에서 언급할 수 없는 현실 비판이나 풍자의 자유를 어느 정도 누리고 있었다. 위험한 발언으로 해석될 수도 있는 광대의 농담이나 장난은 현실이 아닌 무대 위의 바보가 하는 말과

율리 김 공연 포스터 (사진 : IRS)

행동이기에 용인되었고, 이를 통해 관객들은 억압된 사회에서 느끼는 답답함과 갈증을 잠시나마 해소할 수 있었다. 음유시인 율리 김의 역할도 그랬다. 탈을 쓴 광대의 모습으로 청중 앞에 서서 그들이 느끼지만 표현하지 못하는 것을 장난스럽게 드러냄으로써 깊은 공감을 얻는 예술 작업이었다. 러시아 고전문학의 투명한 문체에 바탕을 둔 이 시인의 언어 세계는 다양한 음색과 음역, 구어와 신조어의 자유로운 혼합과 활용, 독특한 축제 분위기의 연출 등과 함께 결합하면서 깊은 철학적 메시지를 전달하고 있다.

율리 김은 러시아 음유시 전통의 살아 있는 전설이다. 그는 1968년 시베리아의 과학도시 노보시비르스크의 '인테그랄 아래서'라는 클럽의 주관 공연에 음유시인 알렉산드르 갈리치 등과 함께 초청되었다. 당시 소련 최고의 과학 인재들이 모여 있던 이곳의 클럽에서 열린 축제는 저명인사들이 참석한 자유 토론과 곧 해외로 떠나게 되어 있는 음유시인 갈리치의 최초 공식 공연이었던 까닭에 소련 국내외에서 지대한 관심을 끈 대형 이벤트였다. 이 행사에서 갈리치는 소련 땅에 머무는 대신 노벨문학상 수상을 거부해야만 했던 비극적 작가를 기리는 「파스테르나크 기억」이라는 제목의 노래를 불렀다. 참가 연주자들의 모든 공연이 매진을 기록할 정도로 대성황을 이룬 '인테그랄 아래서'의 축제는 소련 당국이 이념적으로 문제 있는 행사로 규정하면서 처음이자 마지막 행사가 되는 운명을 맞았다. 그로부터 40년의 세월이 흐른 2008년 노보시비르스크에서 '다시 인테그랄 아래서'라는 제목의 축제가 열렸고, 율리 김을 포함한 현존하는 음유시 장르 대표 예술가들이 참가했다. 1960년대에 함께 활동하던 동료 예술가 대다수는 이미 세상을 떠났지만, 다시 무대에 선 노년의 율리 김은 오래전 이곳에서 열린 역사적 행사에 대한 기억을 많은 사람에게 새롭게 떠올려줬다.

스탈린 사망 이후 도래한 해빙기의 산물인 음유시는 소련 체제에 대한 비판적 성찰을 시와 음악을 통해 시도한 흥미로운 장르였다. 경향은 다양하지만, 하나 같이 저항 정신에 뿌리를 두고 있는 음유시 장르 예술가들은 자유가 허용되지 않은 체제에서 마치 속박 받지 않는 영혼처럼 마음껏 노래함으로써 많은 공감을 불러일으켰다. 스탈린 시대 정치적 탄압을 받은 가정적 배경을 가진 인물들이 상당수에 달하는 음유시 장르 예술가 중 일부는 강한 목소리로 절규하듯 노래하기도 했다. 어느 누구 못지않게 비극적 사건과 어려운 시간을 경험했던 율리 김은 그와는 다른 방식의 음악을 선택했

신순남 (사진 : 스베틀라나 신)

다. "강철로 만들어진 함선들 사이에서 외로운 돛단배 되어 하얀 돛을 빛내리라"는 그의 시 구절처럼 수많은 장애와 어려움이 기다리고 있는 망망대해에서 부드러운 목소리로 노래하고는 있지만, 뜻을 굽히지 않은 고집스런 예술가로서 미래를 향해 외롭게 항해하고 있다.

연해주를 거쳐 중앙아시아로, 그리고 러시아로 이주하며 현지에 뿌리내린 우리 동포 중에는 뛰어난 화가들도 있었다. 연해주에서 태어나 스베르들로프스크(현재 예카테린부르크) 미술대학을 거쳐 레닌그라드 레핀 미술아카데미에서 수학하고 나중에 이 대학 교수가 된 변월룡(Pen Varlen, 1916-90)과 연해주 나홋카에서 출생하여 타시켄트에서 미술대학을 마친 다음 그곳에서 오랫동안 작품 활동을 한 신순남 등이 대표적이다. 1947년 소련 화가동맹 회원이 된 변월룡은 당시 소련 화단을 대표하던 사실주의 화풍의 뛰어난 기량을 인정받아 레핀 미술아카데미 데생과 교수로 활동했다. 1953년에는 소련 문화성의 지시로 북한에 들어가 평양미술대학 학장과 고문을 역임하면서 공산주의 체제 아래 북한 예술의 토대를 마련하는 데 이바지하기도 했다. 북한 체류 1년 3개월 동안 유화와 판화로 제작한 변월룡의 개성과 평양 풍경들은 조국에 대한 그의 강한 애정을 보여주고 있다.

타시켄트 소재 벤코프 미술전문학교를 졸업하고, 나중에 같은 도시의 오스트롭스키 극장과 회화 예술대학교에서 미술을 전공한 신순남은 1962년부터 소련 화가동맹 회원으로, 1990년부터는 소련에서 독립한 우즈베키스탄 화가동맹 회원으로 활동했고 1987년에는 우즈베키스탄 공훈 예술가로 선정되었다. 그는 모스크바 트레티야코프미술관(1990), 타시켄트국립미술관(1991, 1995)에서 개인전을 열만큼 말년에 가서 화가로서 큰 영예를 누렸다. 동양과 서양 양쪽의 문화를 수용할 수 있었던 그는 사실주의부터 추상주의에 이르는 다양한 스타일을 통해 예술 관념을 구체적으로 표현하는 자신만의 미술 세계를 펼쳐 보였다. 사회주의 리얼리즘이 공식 예술 강령으로 위력을 발휘하던 소비에트 시대에 그는 정부에서 배급 받은 재료로 체제가 요구하는 그림을 그리는 한편, 남의 눈에 드러나지 않는 밤에는 급여를 아껴 절약한 돈으로 구입한 좋은 재료를 사용해서 당시 소련 체제에서 금지되던 주제인 소수민족 이주의 역사를 연작 시리즈의 대형 화폭에 담아냈다. 한민족이 유라시아 대륙을 떠돌면서 겪어야 했던 고난의 역사는 이 화가를 통해 회화예술로 승화되었다. 디아스포라의 고통과 상흔, 선조들의 고향을 향한 그리움 등으로 압축할 수 있는 위대한 화가 신순남의 예술 세계에 대해서 작가를 발굴하고 전시도 직접 기획했던 임영방 전 국립현대미술관장은 다음과 같이 설명하고 있다.

신순남의 그림 「나와 누이」 (사진 : 스페트라나 신)

그의 작품이 풍기는 정취는 지극히 민족적이고, 토속적이며, 서정적이어서, 우리의 정신적인 공감을 강하게 일으킨다. 뿐만 아니라, 거기에서 우리는 삶의 참다움이 무엇인가를 발견하고 그 가르침을 볼 수 있다. 그것은 용기와 인내력, 믿음과 노력, 그리고 사랑과 존경이고 이것이 삶을 고귀하게 만든다는 것이다. [중략] 이렇게 함으로써 '고통과 시련'의 서사시편이 '영광과 승리'의 장으로 이어지게 된다. 불모지 러시아 땅에서 고려인족이 오랜 세월 속에서 겪은 비통의 삶이 이렇듯 신순남 화백에 의해 예술로 승화되고 표상되고 있는 것이다.(임영방, 「수난과 영광의 유민사 _ 신순남 전을 기획하며」, 서울: 조선일보사, 1997)

신순남의 그림 「포도 수확」(사진 : 스페트라나 신)

신순남 화백은 1997년 서울 국립현대미술관에서 열린 자신의 전시회 이후 「진혼제, 소리 없는 절규, 페스트」라는 제목의 대작을 비롯한 대표작 64점을 아무 조건 없이 조국에 기증했는데, 이 드문 사건은 지금도 한국 미술계에서 귀감으로 여겨지고 있다.

미하일 고르바초프가 주도한 개혁·개방의 시기는 러시아 문화예술계에 새로운 바람을 불러일으켰다. 창작과 표현의 자유가 확대되면서 이 분야 역시 활기를 얻었다. 이전에 금기시되던 내용들이 여러 예술 장르에서 다양한 방식으로 표현되었다. 대외 교류도 활발해져 소련의 문화예술계 인사들이 외국을 방문하거나 해외에서 공연하는 기회도 잦아졌다. 청바지로 대표되던 서구 문물에 소련 젊은이들이 열광하던 시기이기도 했다. 이러한 변화의 물결을 타고 서구에서 온 대중적 음악 장르인 록의 열기가 확산되었다. 그리고 한국계 록 가수 빅토르 최가 이 분야의 스타로 등장했다. 레닌그라드에 살던 엔지니어 아버지와 체육교사 어머니 사이에서 외아들로 태어난 그는 미술전문학교를 다니다가 기술전문대에서 목공예를 전공했는데, 학생 시절부터 블라디미르 비소츠키, 브루스 리의 등 영향을 받아 록그룹을 결성했고, 동양의 여러 격투기 운동을 즐겼던 것으로 알려져 있다.

록 가수, 기타리스트, 작곡가, 영화배우 등으로 활동하면서 특히 록그룹 <키노>의 리더로 러시아 록 음악의 우상이 된 빅토르 최는 1990년 리투아니아 수도 리가 인근의 도로에서 교통사고로 갑자기 세상을 떠날 때까지 드라마틱한 삶을 살았다.

1983년 봄에 열린 러시아 록페스티벌에서 빅토르 최가 이끄는 <키노> 그룹은 최고상을 받았다. 특히 이 축제 개막 곡으로 부른 노래 「나는 선언하노라, 내 집은 비핵지대」가 전쟁(당시 소련은 아프가

빅토르 최 기념 우표 (사진 : ru.wikipedia.org)

니스탄 전쟁에 참전하고 있었음)에 반대하는 최우수 작품으로 선정되면서, 이 한국계 록 가수는 주목을 받기 시작했다. 이듬해인 1985년에 열린 페스티벌에서 이 그룹이 또다시 최우수상을 받으면서 앨범이 발매되었고, 인기가 빠른 속도로 확산되었다.

그런 가운데 빅토르 최는 늦은 밤에 목욕탕 청소를 하거나 보일러실에서 화부로 일하는 등 막노동도 병행했다. 빅토르 최를 비롯한 록 가수 여러 명을 배출한 레닌그라드의 지역 난방 센터 '캄차카'는 록 음악 탄생의 요람으로 나중에 팬들이 즐겨 찾는 명소가 되었다.

1987년에 그룹 <키노>의 활약은 눈부셨다. 록 음악 축제에서 '최우수 예술상'을 받았고, 우리에게 윤도현의 연주로 친숙한 「혈액형」을 표제곡으로 하는 앨범 제작에 착수하는가 하면, 가을에는 알마티로 날아가 자신의 마지막 영화가 된 『주사바늘(Igla)』에 출연했다. 그 이후 소련 여러 지역을 돌며 개최된 록 그룹 <키노>의 연주회는 매번 입장권 매진을 기록했다. 이어서 1989년 초에는 프랑스로, 여름에는 미국으로 연주 여행을 떠나기에 이르렀다. 그리고 1990년 6월 모스크바 루지니키에 있는 올림픽 주경기장에서 수많은 인파가 몰린 <키노>의 마지막 연주회 때는 1980년 올림픽 이후 처음으로 성화대가 점화되는 상황도 연출되었다.

빅토르 최가 남긴 곡들은 지금도 러시아 젊은이들의 사랑을 받고 있다. 소비에트 시대가 막을 내리던 무렵 자유분방함과 거칠 것 없는 용기로 기성세대와 틀에 박힌 삶에 맞서는 저항 정신을 보여

빅토르 최의 보일러실 '캄차카' (사진 : IRS)

준 빅토르 최에 대한 숭배는 인기 최절정기에 찾아온 그의 때 이른 사망으로 더욱 위력을 얻었다. 당시 러시아 젊은이들 사이에 우상이었던 빅토르 최의 장례식에는 수 천 명의 인파가 몰렸으며, 충격을 이기지 못한 열렬 팬들이 자살 소동을 벌인 사건도 여러 차례 발생했다. 빅토르 최의 극적인 삶과 음악세계를 다룬 영화와 다큐는 지금까지도 계속 제작되고 있으며, 모스크바 아르바트 거리의 한 골목길에는 이 음악가를 추모하는 '빅토르 최의 벽'이 마련되어 있다. 요절한 전설적 록 가수의 얼굴과 그를 기억하는 문구들로 가득 채워진 이 공간은 아르바트 거리를 산책하는 관광객들의 명소가 되었다. 빅토르 최의 음악을 사랑하는 진정한 팬들은 이곳을 방문하면 벽 옆에 놓인 재떨이에 한 모금 빨다 만 담배꽁초를 구겨서 던지는 자기들만의 의식을 치른다는 얘기도 전해진다.

소련 붕괴 이후 등장한 시장경제 체제는 대중예술 분야의 판도를 바꾸어 놓았다. 이제 예술가가 국가 지원 없이 자력으로 창작

오토바이를 타고 있는 빅토르 최의 조형물 (사진 : ru.wikipedia.org)

활동을 해야 하는 시대가 도래한 것이다. 문화예술에서 이른바 상업주의 시대가 찾아왔는데, 이 시기가 배출한 애중가수 중에서는 한국계 여성 아니타 최(1971~)가 특히 주목할 만하다.

1997년 예명 '아니타'로 음악 활동을 공식적으로 시작한 그녀는 모스크바국립대학교 법학부를 졸업한 재원이었다. 피아노를 치던 어머니 영향을 받아 어려서부터 여러 악기를 배운 아니타는 1986년 음악 활동을 시작했고, 1990년대 초 모스크바의 한인 장로교회 성가대에서 솔리스트로 활동한 적도 있다. 그 후 국립영화대학 성악과에서 수학하고 나서는 데뷔 앨범 제작을 위해 비즈니스에 뛰어들 정도로 적극적인 성격의 인물이었다. 그녀는 1991년 평양에서 열린 통일 축제에 참가해서 김일성을 찬양하는 노래로 1등을 차지했는데, 입고 있던 무대 의상의 지퍼가 나간 예기치 못한 상황에

'빅토르 최의 벽' (사진 : IRS)

'빅토르 최의 벽' 클로즈업 (사진 : IRS)

아니타 최 (사진 : baba-deda.ru)

서 이 자유분방한 여가수가 급한 김에 상으로 받은 김일성 배지를 치마에 부착했다가 불경죄를 범했다는 이유로 추방당한 홍미로운 이력의 소유자이기도 하다.

1997년 발매된 아니타 최의 첫 앨범 「비행(Polet)」은 1980년대 후반을 주름잡던 한국계 록 가수 빅토르 최의 음악 분위기를 담고 있다. 아니타 최는 어렸을 때부터 자신이 빅토르 최의 열렬한 팬이었고, 처음으로 낸 앨범을 여는 노래 「비행」은 빅토르 최에게 헌정하는 곡이라고 밝힌 바 있다. 이후 발표한 여러 곡의 음악이 히트하면서 대중가요 분야의 인기 연예인으로 성장한 아니타 최는

아니타 최 (사진 : songkeybpm.com)

TV 프로그램 진행자, 자선활동, 비즈니스 등의 여러 분야를 넘나드는 활발한 활동으로 러시아에서 한국인의 이미지를 높이는 데 이바지하고 있다. 특히 「스타들과의 서커스」라는 TV 프로그램 출연 중 곡예 시범을 보이다가 실수로 허리에 부상을 입은 직후 바로 그 자리에서 다시 도전해서 성공적으로 곡예를 마친 일화는 많은 러시아 시청자 사이에서 선명한 기억으로 남아 있기도 하다.

한국과 러시아 양국 간 직접적 문화예술 교류가 가능해진 1990년 이후에는 러시아 거주 우리 동포들 외에도 한국의 문화예술계 인사들의 러시아 무대 활동도 점차 활발해졌다. 정기적으로 러시아에서 연주회를 개최하면서 수준 높은 라흐마니노프 피아노곡 연주로 러시아 음악팬들에게 강한 인상을 심어준 피아니스트 백건우, 러시아 발레 지도자들로 교육을 받으며 성장해서 마침내 러시아 최고의 발레 무대인 마린스키 극장의 수석 무용수로 당당하게 활약 중인 김기민 외에도 러시아에서 한국을 빛낸 예술가들이 상당수에 달한다. 우리 대표 기업들의 러시아 문화예술 진흥을 위한 메세나 활동도 적극적이이다. 삼성그룹은 톨스토이의 문학 정신을 기리는 '야스나야 폴랴나 문학상'을, 롯데그룹은 러시아 문학의 미래를 짊어질 재능 있는 젊은 시인과 소설가 발굴에 이바지하는 '푸시킨 문학상'을 각각 제정하여 후원하고 있다.

야스나야 폴랴나 문학상 로고 (사진 : yppremia.ru)

백건우 앨범 자켓 (사진 : leesmusic.co.kr)

빅토리아 테료시키나와 함께 찍은 김기민 사진

롯데그룹 제정 푸시킨 문학상 시상식 (사진 : IRS)

8장

소련을 빛낸 한인 노동 영웅과 스포츠 스타

고려인들은 점차 소련이라는 거대한 체제에 적응하기 시작했고, 그 결과 각계각층에서 두각을 드러내기 시작했다. 그들은 한민족 특유의 근면성과 성실성으로 인정받으면서 러시아 주류사회로 진입했다. 소수민족의 한계와 비주류인의 난관에도 불구하고 고려인들이 일군 성과는 업종이나 분야를 뛰어넘어 다양한 영역에서 두드러졌다. 먼저 고려인들은 소련 사회에서 수많은 '노동 영웅'을 배출하며 두각을 나타냈다.

1938년 12월 27일 소련 최고회의 간부회의는 '사회주의 노동 영웅' 칭호를 제정했다. 특정 산업 분야의 우수 노동자에게 '노동 영웅'이라는 최고 칭호를 부여함으로써 개인에게는 명예와 영광을, 소속 단체에게는 우수성을 상징하게 했다. 1940년부터는 칭호와 더불어 낫과 망치가 새겨진 훈장도 수여됐다. 1938년부터 1991년 12월 소련이 해체될 때까지 총 20,605명이 노동 영웅으로 선정됐는데, 여기에는 고려인 노동 영웅 209명도 포함됐다.

AK-47 자동소총 개발자로 유명한 미하일 칼라시니코프를 비롯한 총 205명이 두 번에 걸쳐 노동 영웅 칭호를 받았고, '수소폭탄의

사회주의 노동 영웅 김병화
(사진 : warheroes.ru)

왼쪽에서 오른쪽으로 사회주의 노동 영웅인 세묜 허가이, 니콜라이 김, 니콜라이 리.
1991년 타시켄트 김병화 콜호즈에서 찍은 모습. (사진 : koryo-saram.ru)

아버지'라 불리는 안드레이 사하로프를 비롯한 16명이 세 번에 걸쳐 노동영웅 칭호를 받는 영광을 누렸다. 고려인 노동 영웅 중에서도 두 번에 걸쳐 칭호를 받은 인물이 있었는데, '북극성' 콜호즈(집단농장) 회장을 맡았던 김병화(1905~74)가 바로 그런 인물이었다.

고려인 사회주의 노동 영웅은 주로 벼, 면화, 사탕무 등 농업과 축산 분야에서 공적을 인정받았다. 중앙아시아에 거주하는 고려인 대다수가 농업에 종사하고 있어서 자연스럽게 고려인은 농업전문가라는 인식이 자리 잡게 됐다. 카자흐스탄의 탈디쿠르간주 카라탈 구역에서만 총 31명의 노동영웅을 배출했는데, 그중에서 고려인은 29명으로 압도적 다수를 이뤘다. 게다가 김병화가 이끈 '북극성' 콜호즈에서만 26명의 고려인이 노동영웅 칭호를 받았다. 연해주에서 중앙아시아로 이주해온 고려인들은 낯설고 척박한 환경에 놓이면서 한때 심각한 위기를 맞았지만, 점차 억척스런 근성을 발휘하면서 소련 사회에서 당당히 일어서기 시작했다.

김병화의 일생은 러시아로 이주한 고려인의 삶과 운명을 고스란히 반영한다. 그의 아버지는 함경북도 경흥 출신으로, 1914년 가족을 데리고 가난을 피해 러시아 연해주 수이푼 지역의 차피고우로

왼쪽에서 오른쪽으로 「레닌 기치」 신문의 편집장 남하룡, 드라마작가 태자춘, '북극성' 콜호즈의 지도자 노동 영웅 김병화, 작가 김두칠 (사진 : koryo-saram.ru)

이주해왔다. 이들 가족은 이후 러시아 국적을 취득했는데, 김병화는 1916년 아버지를 여의자 가장으로 생계를 꾸려나갔다. 그는 청년시절부터 주경야독 생활을 했고 공산주의 청년동맹 콤소몰에도 가입했다. 1924~27년에는 붉은 군대에서 노동적위대로 복무했다. 군인으로 성공하려고 여러 차례 공산당 가입을 시도하다가 1927년 마침내 공산당에 입당했다.

1929년에는 중국 동부철도 전쟁에 참전하여 군인으로 성공할 수 있는 기반을 닦았다. 1931년에는 소수민족으로는 드물게 모스크바 군사학교에서 장교 교육을 받았다. 그러나 소련 안보에 대한 국가적 위협이 커짐에 따라 스탈린의 스파이 의심증이 커지던 상황에서 장교 신분이던 김병화는 1939년 체포되어 공산당 당원 자격과 군인 신분을 박탈당했다. 그는 곧 석방되어 공산당 당원으로 복귀했지만, 중앙아시아의 우즈베키스탄으로 이주하라는 명령을 받게 된다.

이주 이후 김병화는 '새로운 길' 콜호즈의 건설행정 책임자로 근무했다. 당시 중앙아시아에서는 주택 건설이 가장 시급한 문제로

'북극성' 콜호즈의 노동 영웅들 (사진 : koryo-saram.ru)

떠올랐다. 맨몸으로 중앙아시아에 떨어진 고려인들에게는 머물 장소가 필요했기 때문이었다. 건설 자재, 차량, 기술자 등 모든 것이 부족했지만, 김병화는 강력한 추진력으로 성실히 작업한 결과 당 지도자들의 눈에 띄었다. 1940년에는 이러한 노력을 인정받아 지역당 위원회의 추천을 받고 '북극성' 콜호즈의 지도자로 선출됐다. 김병화는 연해주의 소작농이던 경험과 군대의 규율을 겸비하고 있던 최적의 지도자였다. '북극성' 콜호즈는 김병화의 지도에 따라 매년 높은 수확량을 달성했고, 농장 안에 학교와 도서관을 비롯하여 은행, 발전소 등 기반시설도 자체적으로 구축해 나갔다. '북극성' 콜호즈는 300만 평의 황무지를 옥토로 바꿔 소련 최고의 모범농장으로 선정됐다.

김병화는 '북극성' 콜호즈 운영 외에도 40년대에는 주택사업에 힘을 기울였다. 당시 '북극성' 콜호즈의 고려인들은 대부분 병영이나 간이 주택, 대피소 등에서 생활하고 있었다. 소련 정부가 예산

40년대 콜호즈에서 동료들과 함께 있는 김병화 (사진 : koryo-saram.ru)

부족으로 이들의 주택난을 해결해주지 못하자 김병화는 '북극성' 콜호즈의 농지에서 재배한 쌀 수익으로 주택과 발전소, 축산을 위한 외양간과 헛간을 건설했다. 제2차 세계대전으로 소련 전역이 열악하던 1945년에도 '북극성' 콜호즈만큼은 모든 농민이 자기 집에서 살았다.

독소전쟁이 일어나자 우즈베키스탄에서는 모금 운동이 시작됐다. 이때 '북극성' 콜호즈를 위시하여 많은 고려인 콜호즈가 큰 역할을 담당했다. 1943년 '북극성' 콜호즈의 전체 조합원은 비행기 제작을 위해 2백 21만 1천 400루블을 모았고, 김병화도 10만 루블이나 기부했다. 전쟁이 끝나고 소련의 식량 사정이 좋지 못하자 '북극성' 콜호즈는 높은 생산성으로 식량 문제 해결에 크게 이바지했다. 이곳은 낙후 지역이고 농기계와 비료조차 절대 부족했음에도 소련 당국이 제시한 목표치보다 2~3배 이상의 생산량을 기록했다.

'북극성' 콜호즈를 포함하여 고려인 콜호즈는 사막이 많은 지역에서 벼를 재배할 정도로 잘 짜인 노동 조직과 근성을 자랑했다. 이들이 소련에 보인 충성심은 놀라울 정도였다. 소련이 어려움에 처했을 때 모두 한마음으로 새로운 조국을 위해 헌신했다. 이들은 연해주에 터를 잡고 살다가 이곳으로 쫓겨 왔을지라도 소련의 일원으로서 최선을 다해 현실에 적응고자 했다. 하지만 이곳에서의 삶도 순탄하지만은 않았다. 벼농사로 안정을 찾은 50년대 초 소련 농업부는 갑자기 벼농사에서 목화 재배로 바꾸라고 '북극성' 콜호즈에 지시했다. 고려인들은 화학비료를 쓰기보다는 자연적 유기물질을 이용하여 땅을 비옥하게 만드는 방식을 선호했다. 편법이 아닌 기본에 충실하고자 했던 이들은 배수지와 삼림을 먼저 갖추는 데

우즈베키스탄의 김병화 박물관 (사진 : koryo-saram.ru)

전력을 다한 후 본격적인 생산을 시작했다. 이번에도 대성공을 거두어 목표량의 두 배를 달성했다.

덕분에 '북극성' 콜호즈는 소련에서 가장 높은 생산성을 자랑하게 됐으며, 농민들의 후생 수준도 빠르게 향상됐다. 현대적인 문화 시설과 건물들이 속속 들어서면서 학교와 병원, 보육원, 주택이 늘어났다. 1,000여 가구가 사는 콜호즈에는 학교도 6개가 들어섰고, 우체국과 도서관, 미용실, 약국도 생겨났다. 당시 모든 가구에는 전기가 들어왔고 라디오가 있었을 뿐 아니라 축구팀을 비롯하여 경기장과 극장 등의 시설까지 갖추게 됐다. 김병화는 1948년과 1951년에 '사회주의 노동 영웅' 칭호를 받았다. '북극성' 콜호즈의 조합원 가운데서도 1949년과 1957년에 각각 15명과 11명이 노동 영웅 칭호를 받는 쾌거를 이룩했다.

'북극성' 콜호즈 (사진 : koryo-saram.ru)

김병화 박물관 내부 (사진 : koryo-saram.ru)

1960년대에 김병화는 우즈베키스탄 최고회의 대표로 선출되고 최고회의 농업위원회 위원으로도 재임했다. 그는 레닌 훈장을 네 번이나 받았으며, 그 외에도 10월 혁명 훈장, 노력적기훈장, 존경징표훈장을 받았다. 체제에 적응이 빠르고 유연하게 사고했던 그는 34년간 콜호즈 지도자로 재임하면서 소련 사회에 큰 족적을 남겼다. 평소 소련을 제2의 조국이라 고백하며 이곳에서 인정받고자 기울인 노력은 고려인들의 삶이 향상되는 데 크게 이바지했다. 그 덕택에 고려인 학교가 세워지고, 한글로 된 출판물이 나오게 됐는가 하면, 소련 정부의 인정을 받아 훈장까지 받았다.

김병화 외에도 1950년대까지 우즈베키스탄에서 콜호즈 지도자로 높은 생산력을 보여준 공로로 노동 영웅 칭호를 받은 고려인이 많았다. 소수민족이었던 고려인의 저력은 그야말로 대단했다. 김병화를 비롯한 고려인들의 노력으로 소련 내에서 고려인의 이미지가 매우 좋아졌고, 고려인 공동체만 아니라 심지어 우즈베키스탄인 전체 이미지도 크게 향상됐다. 노동 영웅 칭호를 두 번 이상 받은 사람에게는 고향 땅에 청동으로 만든 흉상을 세워주는 관례가 있어서 옛 '북극성' 콜호즈 입구에는 김병화의 흉상이 세워져 있다.

김병화 흉상 (사진 : koryo-saram.ru)

황만금(1919~1997)도 우즈베키스탄의 '폴리토트델' 콜호즈의 지도자로 활동하면서 소련 최고의 모범 농장을 만드는 데 혁혁한 공을 세웠다. 그는 하바롭스크에서 중등 과정을 마치고 항해사가 되려고 하던 중에 가족과 함께 우즈베키스탄으로 강제 이주를 당했다. 황만금은 대학진학을 준비하면서 1938년 '19번 학교'에서 한국어 교사로 첫 직장을 잡았다. 하지만 그 해에 한국어 사용이 금지되자 타시켄트 인근에 있는 양기율 면화공장의 노동자로 이직했고, 1939년부터는 공산당 당원 후보로 활동하면서 경제·재무 담당 관리직으로 승진했다.

노동 영웅 황만금 (사진 : koryo-saram.ru)

'폴리토트델' 콜호즈를 방문한 체조선수 넬리 김 (사진 : koryo-saram.ru)

1947년 황만금은 '레닌의 길' 콜호즈의 지도자가 됐고, 1951년~53년에는 타슈켄트 외곽에 있는 '치르치크' 콜호즈의 농업 담당 책임자로 활동했다. 이때 콜호즈의 운영 방식을 혁신적으로 바꾸었는데, 그 결과 농장은 3년 만에 완벽히 변화하여 농업 생산성이 타시켄트주에서 선두를 차지했다. 황만금은 1957년 1월 소련 최고 상임위원회의 명령으로 노동 영웅 칭호를 받았고, 이와 함께 '폴리토트델' 콜호즈의 조합원 10명도 훈장을 받았다. 황만금은 레닌 훈장과 10월 혁명 훈장을 받았다. 1976년 '폴리토트델' 콜호즈는 소련 최고로 인정되어 소련을 방문하는 외국 귀빈이 반드시 견학하는 장소가 될 정도였다. 당시 '폴리토트델' 콜호즈에는 1,200명을 수용할 수 있는 문화회관과 함께 경기장도 2개나 있었으며, 대형 상점과 병원, 학교 등의 자체 시설도 갖추고 있었다.

'선봉' 콜호즈 입구의 상징문 (사진 : IRS)

카자흐스탄 크즐오르다주의 '선봉' 콜호즈를 이끈 김만삼(1883~1964)도 1947년에 벼농사를 시작한 뒤 성공적인 생산 업적을 내놓아 1949년 노동 영웅 칭호를 받았다. 제2차 세계대전 당시 핵심 노동력이었던 성인 남자들이 동원되고, 당국의 기계장비 지원도 없는 상태에서도 '선봉' 콜호즈, '볼셰비키' 콜호즈 등 고려인 콜호즈는 벼농사 재배 면적을 3.5배 이상으로 확대하면서 목표 생산량을 초과 달성했다. 황무지에 들어선 고려인 콜호즈에는 전기발전 시설이 설치됐을 뿐 아니라, 문화회관이나 학교 등이 건립되거나 개선됐고 생활환경도 좋아졌다. '선봉' 콜호즈에는 김만삼 외에 18명의 고려인 조합원이 노동 영웅 칭호를 받았다.

'쌀 생산왕'이라는 별명을 가진 김만삼은 아들 김홍빈과 함께 벼 재배 실험을 통해 종자와 종업 기술 등을 개선하여 수확량 증진 방법을 찾는 데 힘썼다. 특히 적기에 일정하게 물을 대는 방법, 광물 비료 사용과 제초 작업 병행으로 수확량을 높이는 방법을 알아내어 다른 콜호즈에도 전파했으며, 황무지에 관개용 수로를 건설하는 데도 크게 이바지했다. 이들의 성과와 농업기술은 카자흐스탄의 인정을 받아 소련 연방 레닌농학아카데미 카자흐 지부 회의, 국민경제달성박람회 등에도 소개됐다.

채정학은 연해주에서 이주해 온 뒤 실의에 빠진 사람들을 다독이며 '제3인터내셔널' 콜호즈를 만들었다. 교육에 중점을 둔 그의 신념 덕분에 이곳에서 니콜라이 김 상원의원과 배유리 의학박사 등이 배출될 수 있었다. 채정학은 고려인과 마찬가지로 강제 이주 당한 메스케티 터키인들을 받아들여 훈련시켰다. 근면성실하고 체력이 강한 터키인들이 농장 일에 참여하면서 마을의 생산량이 더욱 늘어났다. 채정학은 1937년부터 1984년까지 '제3인터내셔널' 콜호즈의 대표로서 정신적 지주 역할을 담당했다. '제3인터내셔널'은 실업자와 노숙자가 없는 생산기지로 소련 내에서 명성이 자자했다. 채정학은 두 차

'쌀 생산왕' 김만삼 (사진 : liveinternet.ru)

김만삼의 아들이자 김홍빈의 동생인 김 기린 만사모비치(1925~2012), 우수리스크의 명예시민으로 위촉될 때의 사진, 12살 때 우수리스크에서 카자흐스탄으로 이주했다가 54년대 다시 우수리스크로 재이주했다. (사진 : test.adm-ussuriisk.ru)

1946년 I. 베레샤긴 감독이 제작된 고려인 콜호즈 '선봉'에 관한 기록영화 (사진 : IRS)

기록영화 속 김만삼과 김홍빈 (사진 : IRS)

기록 영화 속 쌀을 추수하는 모습 (사진 : IRS)

레나 카자흐스탄 공산당 최고회의 의원으로 선출됐으며, 많은 훈장을 수상하며 소련 사회의 민족 영웅으로 추앙받았다.

채정학의 가장 큰 공로는 마을 사람들에게 카자흐어와 러시아어, 한국어와 터키어 등 상대방의 언어를 배우고 전통을 공유하게 했다는 점이다. 이런 이유로 그는 소수민족의 한계를 넘어 진정한 다민족 지도자로서 인정을 받았다. 그는 다른 민족을 터부시하지 않고 받아들임으로써 고려인 사회를 더욱 개방적이면서 창의적이게 만들었다. '제3인터내셔널'이 있던 곳은 작은 마을임에도 잘 닦인 도로와 수준 높은 의료시설, 문화공연장 등을 갖추고 있었다.

1950~60년대에 고려인 콜호즈에는 보이지 않는 경쟁이 존재했다. 어느 농장에서 면화나 양마를 많이 수확했는지, 어느 콜호즈의 문화회관이 더 좋은지, 어느 축구팀이 더 강한지를 두고 경쟁심이 치열했다. 이것이 비약적인 사회주의 경제 발전을 이루게 했고, 농업 근로자들이 부를 일구는 데서 건전한 경쟁을 유도했다. 고려인들은 새로운 환경에 적응하면서 타자의 문화를 유연하게 받아

노동 영웅 차정학. (사진 : ru.wikipedia.org)

노동 영웅 류보피 리 (사진 : koryo-saram.ru)

변월룡의 <사회주의 노동 영웅 어부 A.S. 한슈라의 초상> (사진 : IRS)

1953년 전소련 농업박람회에 참가한 사회주의 노동 영웅 예카테리나 안(좌에서 두 번째)이 콤소몰 동맹원들에게 자신이 속한 조가 거둔 성공에 관한 이야기를 들려주고 있다. (사진 : newsland.com)

들였고, 불가능한 상황과 어려운 지시에도 불구하고 단기간 안에 수확량을 몇 배나 확대하는 발전적 결과를 만들어냈다. 그 결과 1962년부터 1970년까지 소련 최고회의 대의원을 지낸 류보피 리(1924~1994)를 비롯하여 사할린의 어부 한슈라(1906~1988) 등 수많은 고려인 노동 영웅이 배출됐다.

스탈린은 사회주의 건설을 부르짖으며 속도와 정확성을 강조했다. 근면하고 부지런한 고려인들은 이러한 사회주의 모토에 가장 적합한 사람들이었다. 1948~51년에는 많은 고려인이 노동 영웅 칭호를 받았지만, 1950~1960년대에 들어서는 그 수가 점차 줄어들었다. 노동 영웅 칭호를 받은 초기의 농업 지도자들은 대체로 연해주에서 이주해온 고려인 1세대의 자녀들이었다. 농업에 종사한 선친의 경험을 바탕으로 중앙아시아의 척박한 땅을 일굴 수 있는 사람들이었던 것이었다. 이러한 생산 중심의 농업 시대가 가고 드디어 새 시대 새로운 유형의 고려인 영웅들이 등장하기 시작했다. 이제는 전통적인 생산 영역이 아닌 전쟁영웅을 비롯하여 문학과 문화예술계, 그리고 체육계에 이르기까지 두각을 나타내는 사람들이 생겨나기 시작했다.

노동 영웅이외에도 '소련 영웅'이란 칭호가 있다. 1934년 4월 16일에 창설된 이 호칭은 전투시기뿐 아니라 평화로운 시기에도 공적을 세웠거나 공훈을 세운 사람에게 수여하는 소련 최고의 명예로운 칭호이자, 최고위의 영예 등급이다. 칭호를 수여받은 사람은 모두 1만 2745명으로, 대부분이 제2차 세계대전 시기에 받은 사람들이다. 그 가운데에는 고려인 한 명이 유일하게 포함되어 있다.

알렉산드르 민(1915~1944)은 연해주에서 태어난 뒤 강제 이주를 당했다가 1941년 붉은 군대에 소집되었다. 1943년 7월 5일 쿠르스

알렉산드르 민 (사진 : liveinternet.ru)

알렉산드르 민의 묘비. 소련 영웅 알렉산드르 민 대위고 쓰여 있으며, 비석 맨 위에는 소련 영웅 훈장 표시가 새겨져 있다. 파리두비 마을에 묻혀있던 알렉산드 민의 묘는 1952년 루코프 마을 전사의 묘지로 이장되었다. (사진 : liveinternet.ru)

크 전투 당시 알렉산드르 민은 원형 방어선을 구축하고 네 번의 독일군 공격 격퇴에 직접 뛰어들어 일곱 명을 사살한다. 남다른 용맹심과 모범적으로 병사들을 이끈 결과 알렉산드르 민은 1943년 7월 25일 '붉은별' 훈장을 받았고 이후로도 분대간 협동작전을 펼친 공로로 대조국전쟁 2급 훈장 등 여러 차례 무공훈장을 받았다. 1944년 1월 알렉산드르 민은 대위로 진급하여 벨라루스 제1전선 제 65군단 예하부대인 132보병사단 605연대 지휘관으로 임명됨과 동시에 소련 공산당 볼셰비키 당원이 된다. 볼린스크 주에서 벌어진 우크라이나 해방 전투에서도 혁혁한 공을 세웠다.

1944년 7월 코벨시 수복전에서 알렉산드르 민의 부대는 적의 역습을 다섯 차례나 격퇴했고 스타리예 코샤리 마을도 탈환했다. 그러나 7월 9일 그는 파리두비 마을에 구축된 적의 방어선을 돌파하는 과정에서 전사하고 만다. 1945년 3월 24일 그에게 독일 파시스트 침략자들과의 투쟁전선에서 사령부의 전투 임무를 모범적으로 수행하며 용맹심과 영웅심을 발휘한 공로로 소련 영웅 칭호가 수여되었다. 사후 레닌훈장과 대조국전쟁 1급 훈장도 서훈되었다. 알렉산드르 민은 제2차 세계대전 시기에 소련 영웅 칭호를 받은 유일한 한인이었다. 카자흐스탄 잠빌 주 바이자크스크 지역 부릴 마을과 랴잔 고등공수훈련학교의 영웅들이 열지여 있는 가로수 길에는 알렉산드르 민의 흉상이 세워져 있다. 우즈베키스탄에는 그의 이름을 딴 학교와 공원이 있으며, 푸탸틴 섬에 있는 254번 학교 건물에는 알렉산드르 민을 기리는 현판이 걸려 있다.

먼저 '고려인 문학의 아버지'라 불리는 산문가이자 시인이며 사회평론인 조명희(1894~1938)를 들 수 있다. 조명희는 소련에서 태어나고 자란 고려인 작가들과 달리 충북 진천 출신으로 1920년부터 8년간 국내에서 시, 소설, 희곡, 평론, 아동문학 등 왕성한 창작활동을 벌였다. 그는 1928년 연해주로 망명하여 육성촌에 3년간 머물며 중학교에서 교편을 잡았고 이어 하바롭스크로 이주했다. 1934에 결성된 소련 작가동맹의 원동 지부 간부를 맡았고, 동포신문 「선봉」과 잡지 「노력자의 조국」에서 편집을 담당했으며, 여기에 시, 평론, 수필을 발표하며 왕성하게 활동했다. 이 시기에는 급진적 프롤레타리아 이념의 작품, 즉 식민지 조선의 고통과 민족 해방의 열망을 형상화하고 소비에트 사회에 대한 벅찬 감격을 노래한 작품을 발표했다. 대표작으로는 일제의 농민수탈과 이에 저항하는 지식인 운동가의 삶을 그린 『낙동강』을 비롯하여 『붉은 깃발 아래』, 『짓밟힌 고려인』 등이 있다. 이 작품들에서 그는 자유 공산주의 고려인의 이상을 노래했다. 그는 조국의 해방을 위해 문학을 무기로 삼아 투쟁한 인물이라는 평가를 받는다. 조명희는 소련 작가동맹 회원으로 당시 소련 최고의 작가였던 알렉산드르 파데예프와 '작가의 집'에서 함께 살며 그의 추천을 받을 정도였다. 하지만 세계적인 작가로 발돋움을 할 즈음 스탈린의 소수민족 말살 정책에 의해 쓰러지고 만다. 조명희는 이른바 '37년 사건'에 의해 지식인들을 처형하는 과정에서 체포되어 1938년 5월 11일 하바롭스크에서 일본 간첩이란 누명으로 처형됐다. 1956년 무혐의

조명희 (사진 : koryo-saram.ru)

블라디보스토크 악사콥스카야 박물관 앞 공원에 있는 조명희 기념비 (사진 : yang-jjoon.blogspot.kr)

로 복권됐다.

일반적으로 소비에트 고려인 문학은 1923년 3월 1일 극동 지역에서 고려인 민족 신문 「선봉」의 창간과 함께 시작됐다고 본다. 이후 고려인 작가들은 소련 시절 내내 공산주의 이념 전파 도구가 되어 소비에트 정권을 끊임없이 선전했다. 고려인 문학은 소비에트 체제 내에서 '자신들의' 문학이란 것이 존재하지 않던 상태에서 큰 저항 없이 국가의 선전 도구로 이용됐다. 그러나 고려인 문학은 전체주의에 갇혀 있으면서도 끊임없이 자유를 찾는 것이 특징적이었다. 대표적인 사례로는 로만 김(1899~1967)을 들 수 있다. 그는 사회주의 리얼리즘으로부터 벗어나 있는 고려인 문학가였다.

로만 김은 블라디보스토크의 한인 이주 가정에서 태어났다. 그의 어머니는 1895년 일본 낭인들에 의해 처참하게 죽임을 당한 명성황후의 친척이었다. 거상(巨商)이었던 아버지는 겉으로는 조용했지만, 일본인 엘리트들과 가까이 지내며 '적을 알고 적에게 가장 위험한 적이 되라'는 말로 로만 김을 일본에 보낼 정도였다. 로만 김은 이후 소련의 비밀경찰인 연해주 국가정치국의 비밀요원이 되어 '마르텐'이라는 이름으로 활동했다. 1927년에는 크림의 일본 잠수탐험대에서 통역사로 일하면서 일본의 잠수 분야 최신 개발품들을 얻어내기도 했다. 또 암호 문제를 전담하는 모스크바의 통합국가정치국 특수부에 임시 파견되어 일본군의 암호와 외교 암호를 뚫는 데도

2016년 출판된 알렉산드르 쿨라노프의 『로만 김』 전기. 125년 역사를 자랑하는 '위인들의 삶' 시리즈에서 로만 김은 세 번째로 소개된 한국인이다. (사진 : IRS)

성공했다. 1937년에는 일본을 위해 간첩행위를 했다는 죄목으로 투옥되었지만, 이내 풀려난다. 당시 그는 탁월한 입심으로 수사관들에게 자신이 일본에게 가한 환상적 이야기를 늘어놓아 최악의 상황을 모면할 수 있었다고 한다.

ОБЩЕСТВО | СУДЬБА

САМУРАЙ ОСОБОГО НАЗНАЧЕНИЯ

В СЕРИИ «ЖИЗНЬ ЗАМЕЧАТЕЛЬНЫХ ЛЮДЕЙ» ВЫШЛА КНИГА О РОМАНЕ КИМЕ – ЭТО ПЕРВАЯ БИОГРАФИЯ ЯПОНОВЕДА В ИСТОРИИ ЖЗЛ. НО ЕСЛИ БЫ ТОЛЬКО ЯПОНОВЕДА… РОМАН НИКОЛАЕВИЧ КИМ – ЕЩЕ И ОДИН ИЗ СОЗДАТЕЛЕЙ ЖАНРА СОВЕТСКОГО ШПИОНСКОГО ДЕТЕКТИВА, ВЫДАЮЩИЙСЯ ЛИТЕРАТУРОВЕД, ПЕРЕВОДЧИК. А ГЛАВНОЕ – НАСТОЯЩИЙ СОВЕТСКИЙ… НИНДЗЯ. «ОГОНЕК» ПОПРОСИЛ АВТОРА КНИГИ ПРЕДСТАВИТЬ НАШИМ ЧИТАТЕЛЯМ СВОЕГО ГЕРОЯ

2016년 6월 13일자 주간지 「오고뇨크」 23호에 실린 로만 김 기사. 상단 오른쪽은 20년대 초반의 모습과 로만 김의 자필 서명. '특별한 사명의 사무라이'라는 표제가 눈에 띈다. 로만 김의 가족사 관련 이야기와 그의 일본 관련 활동을 소개하고 있다. (사진 : IRS)

로만 김은 1924년 일본의 아쿠타가와 류노스케의 소설을 러시아어로 번역하면서 문학 활동을 시작했다. 1927년에는 당시 최고의 인기 작가인 보리스 필냐크와 공동으로 작업했다. 로만 김은 필냐크의 일본 기행기인 『일본 태양의 기원』에 상세한 주석을 다는 작업을 수행했다. 1945년 이전까지는 주로 첩보활동에 매진했지만, 그 후 로만 김은 홍미진진했던 자신의 삶을 작품 속에 생생한 이야기로 풀어내며 남다른 문학적 재능을 과시했다.

로만 김은 사회주의 리얼리즘이 대세인 소련에서 모험소설 또는 간첩소설을 주로 써서 비평가들에게서는 높이 평가받지 못했다. 그의 문학이 당시의 문학적 흐름과 판이하게 달랐기 때문이다. 그러나 로만 김은 자신만의 날카로운 장르 문학으로 관찰력 있는 독자들에게 귀중한 메타포를 던진다. 스탈린의 수용소에 오랫동안 갇혀 있었던 그는 이러한 장르 문학을 통해 전체주의의 허구성을 정확히 지적한다. 그의 소설 『유령 학교』는 학교라는 공간을 통해 전체주의의 허상을 드러내 보였다. 그것은 바로 "전체주의 국가의 모든 국민들은 붉은 군대 병사, 스파이, 이념 지도자, 탐정소설 작가 등의 흉내를 내는 유령이거나 유령 학교의 일원에 불과하며 언젠가 사람이 되길 꿈꾼다"는 것이다.

고려인 문학가들은 소비에트 문학 이념에 충실하면서도 동시에 여전히 본국을 찾아 헤매는 정체성에 대해 고민하고 있었다. 이러한 것이 때로는 체제에 완벽하게 스며들어 그들의 대변자가 되었다가도 또 때로는 자신들의 근원을 기억하며 현재 속한 곳의 강압으로부터 벗어나 자유롭게 숨을 쉬고자 새로운 문학적 모색을 꿈꿨다. 그렇게 해서 탄생된 고려인 문학은 소비에트 문학에 뚜렷한 족적을 남기며 하나의 장르로 자리 잡았다.

미술계에서는 변월룡(1916~90)의 활약이 두드러졌다. 펜 바를렌으로 알려진 변월룡은 연해주 한인 마을에서 태어났다. 하지만 천부적인 재능을 인정받아 레닌그라드 레핀 미술대학에서 교육을 받고 화가 겸 교수로 활동했다. 그는 명실상부한 소련 최고 미술대학에서 박사과정까지 밟은 엘리트 화가였다. 1953년 드디어 그에게 조국 방문의 기회가 주어졌다. 그는 소련 정부에서 북한 미술을 지도하라는 지시를 받고 평양을 방문하여 1년 3개월간 북한 화가들과 교류를 나누며 북한의 풍경화, 초상화 등의 작품을 남겼다. 변월룡은 과감한 생략과 치열한 묘사를 혼용하여 탁월한 음영 처리가 돋보이는 사실주의 인물화를 많이 그렸다. 그는 소비에트 미술의 전형적인 주제들을 형성하는 공산주의 지도자를 비롯하여 노동 영웅 등을 묘사하기도 했다. 이와 함께 알렉산드르 푸시킨과 보리스 파스테르나크 등 러시아를 대표하는 문인들도 그렸다. 에칭화, 수채화, 유화 등 다양한 작품 활동을 펼쳤을 뿐 아니라 초상화와 풍경화, 역사화 등 많은 소재를 풍부하게 활용한 변월룡의 그림들은 그의 예술세계에 담긴 풍요와 깊이를 충분히 드러낸다. 다양한 회화 영역을 훌륭하게 섭렵한 변월룡이야말로 소련 미술계를 이끈 고려인 화가였다. 그때까지 어느 영역에서든 고려인이 소련 사회의 한 부분을 담당하거나 수동적인 존재로서 따라가고 있었다고 볼 때, 변월룡은 자신의 분야에서 소련인들을 앞서 나간 고려인이었다고 할 수 있다.

변월룡 (사진 : koryo-saram.ru)

변월룡의 자화상 (사진 : koryo-saram.ru)

변방에서 태어난 고려인이 러시아 중심에서 당대 최고의 미술을 이끌고 족적을 남겼다는 데서 변월룡의 활약상은 대단한 것이었다. 변월룡은 소련인으로서만 아니라 한인으로서도 정체성을 잊지 않으려 했다. 그는 평양미술대학에 재직했지만, 북한 정권이 그의 영구 귀화를 거부하고 추방하는 바람에 다시는 조국 땅을 밟지 못했다. 조국에 대한 관심과 사랑이 남달랐던 그는 평양에 살면서 조국 산천을 담은 많은 그림을 남겼고, 소련으로 돌아온 후에도 조국을 그리워하며 산천의 형세가 한국과 비슷한 연해주를 자주 방문해 풍경을 그리곤 했다. 반월룡은 전쟁과 분단의 아픔을 그린 그림을 비롯하여 제3세계의 인물에 이르기까지 다양한 주제의 그림을 남겨 고려인 예술가의 위상을 드높였다.

변월룡의 「최승희」(1954). 변월룡은 평양에 거주할 때 최승희 관련 그림을 많이 그렸다. 학생들을 가르치는 모습과 무대의상을 입은 모습 등 최승희의 다양한 모습을 펜으로 그린 그림이 남아 있다. (사진 : IRS)

최승희(1911~69)는 우리나라 최초로 서구식 현대적 기법의 춤을 창작하고 공연한 무용가였다. 서양에서 한국이라는 나라를 잘 모르던 시절에 최승희는 '동양의 진주', '반도의 무희', '세계적 무희'라는 찬사를 받으며 한국의 춤을 알린 선구적 인물이었다.

최승희의 시대는 1930~40년대에 세계적으로 명성을 얻으면서 시작됐다. 1930년 미국 뉴욕 공연 후에는 '세계 10대 무용가의 한 사람'이라는 호평을 받을 정도였다. 최승희는 1938~41년 유럽과 미국, 중남미 등 세계 순회공연을 통해 150차례에 걸쳐 공연했다. 월북 후에는 평양에 최승희 무용연구소를 설립하여 숙청될 때까지 활발히 활동했다. 이 시기 최승희의 가장 인상적인 활동은 1950년

변월용의 그림 「시점미. 원동 강변」. 에칭화로 한국의 소나무를 연상시키는 풍경이 조국강산을 그리워했던 변월룡의 마음을 잘 대변해준다. (사진 : rosgrafik.blogspot.kr)

변월룡의 그림 「원동」(1925). 에칭화로 오른편 상단에 레닌그라드의 변월룡이라고 쓴 한글이 보인다. (사진 : rosgrafik.blogspot.kr)

대 여러 차례에 걸친 소련 등 외국 공연과 무용극, 영화 작업이었다.

1950년 6월 7일 북한은 200명으로 꾸린 대규모 예술단을 소련에 파견한다. 당시 방소 예술단은 북한의 국립예술극장과 인민군합주단, 최승희무용연구소가 주축이었다. 이 예술단 무용 팀에는 최승희무용연구소의 연구반 1~2기 출신을 중심으로 모두 25명이 포함됐다. 딸 안성희(1932~ ?), 시동생 부부인 안제승과 김백봉도 무용단의 일원으로 참여했다. 공식적으로 방소 예술단의 단장은 당시 문화선전상을 맡고 있던 허정숙이었지만, 무용 팀은 그 해 3월에 북한 무용동맹중앙위원회 위원장으로 취임한 최승희가 실질적으로 이끌었다.

비탈리 라토프가 쓴 『자유 코리아에서의 예술』. 모스크바에서 1955년에 출판된 책으로 최승희에 대한 자료들이 많이 수록되어 있다. (사진 : koryo-saram.ru)

방소 예술단은 모스크바에서 2주간 머물며 차이콥스키 극장과 스타니슬랍스키 극장에서 총 4차례 공연했다. 모스크바 외에도 레닌그라드, 키예프, 노보시비르스크, 크라스노야르스크 등지에서 총 10여 차례 공연했다. 공연은 1부 음악과 2부 무용으로 구성됐다. 공연 작품은 무용극 '춘향전'과 '해방의 노래', 2인무 '목동과 처녀', '우크라이나의 춤', '추석 전날', '농촌 풍경' 등이었다. 최승희는 '석굴암의 보살', '초립동', '경복궁타령', '장구춤', '부채춤', '노사공' 등의 작품에서 독무를 선보였다. 안성희는 '북춤'과 '검무' 등에 출연했다. 최승희의 무용 공연에 대한 평가는 소련 공산당 기관지 「프

『자유 코리아에서의 예술』에 소개된 최승희의 보살춤(좌)와 옥적곡(우)
(사진 : koryo-saram.ru)

최승희의 옥적곡 안무 장면 (사진 : vintagestock.ru)

평양 최승희무용연구소에서 최승희가 직접 무용을 지도하는 모습. 맨 앞줄 왼쪽이 그녀의 손아래 동서이자 수제자였던 김백봉.
김백봉은 최승희의 남편인 안막의 동생 안제승의 부인으로, 스승인 최승희를 따라 월북했다가 1·4 후퇴 때 남편과 함께 월남해 남한에서 활동했다.
(사진 : namu.wiki)

Пхеньян. Здание Государственной балетной студии Цой Сын Хи на берегу реки Тэдонган

На уроке в Государственной балетной студии Цой Сын Хи

『자유 코리아에서의 예술』에 소개된 평양의 대동강 강변에 위치한 최승희무용연구소와 수업 장면.
러시아어로는 국립발레스튜디오라고 소개되고 있다. 최승희의 무용을 발레의 유형으로 보고 있는 점이 흥미롭다.
(사진 : koryo-saram.ru)

라브다」를 비롯한 모든 언론에서 찬사 일색이었다.

> *"조선에서 탄생한 천재 무용가 최승희의 공연을 직접 볼 수 있는 소중한 기회를 가졌다."*

"조선무용은 감정을 직접적으로 표현하지만 그 표현은 아주 절제되어 있다. 우리는 무용극장 배우들의 재능과 그들의 천재적인 교육자이자 지도자이며 배우, 작가와 안무가인 최승희를 평가할 수 있는 기회를 가졌다."

방소 예술단이 모스크바에 온 지 얼마 되지 않아 한국전쟁이 발발했다. 당시 조국이 전쟁 중이었음에도 불구하고 최승희는 중국과 소련을 돌며 순회공연을 하고 있어 많은 지탄을 받았다. 방소예술단의 방문이 6·25전쟁 직전에 이루어진 만큼 전쟁 도발을 숨기기 위한 일종의 위장 전술이었다는 추측이 분분했다. 심지어 전쟁이 발발한 6월 25일에도 공연은 그대로 진행됐다. 최승희를 비롯한 공연단은 공연이 끝난 후에야 허정숙에게서 한국전쟁 발발 소식을 들었다.

방소 예술단은 전쟁이 한창이던 8월에 평양으로 귀환했다. 귀국 직후인 1950년 9월 안성희는 인민군을 독려하기 위한 선무공작대에 편성되어 서울로 남파됐지만, 최승희는 건강상의 이유로 선무공작대에서 제외됐다. 최승희무용연구소는 유엔군이 평양을 점령하는 과정에서 폭격으로 파괴됐다. 같은 해 11월 최승희는 그녀의 열렬한 팬이었던 주은래의 배려로 베이징으로 피난했다. 당시 그녀는 딸의 생사도 모른 상태였지만, 안막의 권유로 중국으로 피했고, 그곳에서 무도연구반을 개설해 중국 전국 각지에서 선발된 학생들을 가르치는 일에 전념했다. 이 무렵 안성희가 죽었다는 소문이 파다했고 「노동신문」에까지 그녀의 사망 소식이 실릴 정도였다. 최승희는 이 무렵 딸에 대한 그리움을 담은 독무 '어머니'를 창작했다. 죽

1950년 모스크바 공연에서 안승희(좌)와 김백봉(우). 김백봉은 1946년 최승희무용연구소 부소장 겸 상임 안무가로 활동했고, 1949년에는 최승희무용연구소 제1무용수로 활약했다. (사진 : namu.wiki)

을 고비를 넘긴 후 북한으로 귀환한 안성희는 1951년 3월 중국에서 최승희와 재회한다.

1951년 5월 안성희는 베이징 중앙희극학원 전용 소극장에서 무용수로서 건재함을 과시한다. 당시 최승희가 가르치던 중국인 제자들의 공연 무대에서 안성희는 '무지개춤', '동심' 등의 작품으로 재능을 뽐냈다. 같은 해 5월 최승희는 민족예술청년단을 인솔하고 동베를린에서 제3차 세계청년학생축전에 참가했다. 당시 축전에 참가한 안성희는 '장검무'로 금상을 수상했다. 이들은 귀국길에 모스크바 바흐탄고프 극장에서 「조선의 밤」을 공연했으며, 모스크바만 아니라 여러 도시도 돌며 공연했다. 전쟁이 소강상태였던 1952년 11월 최승희는 안성희와 아들 안병건을 데리고 평양으로 돌아온다. 북한 당국의 지원 속에 평양의 연구소는 국립 최승희무용연구소로 격상됐고, 최승희는 중국 경극 무용의 기본 동작과 중국 고전 무용의 체계화에 몰두했다.

최승희는 월북 이전에는 주로 춤 중심의 공연을 선보였지만, 월북 이후 무용극에 집중했다. 「사도성(城)의 이야기」(1954)는 중국에서 영감을 얻어 만든 창작 무용극으로, 모란봉극장 신축 기념으로 공연됐다. 5막 6장으로 구성됐으며, 동양 발레의 꿈을 실천한 작품이다. 즉, 서양의 발레와 같이 독무와 2인무, 4인무, 소집단의 무용을 제1막의 궁전 장면과 제3막의 군무 장면에 도입했다. 특히 제1막에서는 칼춤, 부채춤, 활춤을 비롯한 여러 흥미로운 무용을 선보였다. 신라시대 적들에게서 사도성을 지켜낸 영웅적 수비대의 이야기를 다루고 있다. 줄거리는 가난한 어부 출신의 젊은 무사 순지와 성주의 외동딸인 절세미녀 금희의 사랑을 다룬 전설에 근거하고 있다. 이 무용극은 최승희가 오랫동안 꿈꿔 온 '한국식 발레'의 진면목을 보여준 야심작으로, 음악, 무용의 기술, 무대장치 등에서 높이 평가받았으며, 소련을 비롯한 외국 공연에서도 호평이 쏟아졌다.

최승희가 1951년 모스크바 순회공연을 마치고 통역을 맡은 한 마르크스에게 서명해 건네준 자신의 사진 (사진 : koryo-saram.ru)

볼쇼이 극장의 솔리스트였던 예브게니 벨로프는 평양 모란봉예술극장의 「사도성(城)의 이야기」를 보고 받은 감동을 1956년 1월 15일자 「오고뇨크」 3호에 이렇게 적고 있다.

"제작자이자 주연배우는 30년대 3대륙에서 익히 잘 알려진 무용수 최승희이다. 민족무용학교를 만든 그녀는 자신이 만든 예술의 활력에 대한 신념, 그리고 이러한 예술이 민중에게 필요하다는 신념을 이제야 얻었다고 말한다. 최승희가 만드는 모든 작품과 출연하는 작품은 한국의 예술적 삶에서 일대의 사건이라 할 것이다."

최승희는 1955년 폴란드에서 열린 세계청년축전에 심사위원으로 참가했고, 그녀의 창작무용극 「조선의 어머니」는 춤 부분 1등상인 평화상을 수상했다. 또 베이징에 있을 당시 그녀에게서 춤을 배운 조선족 무용단이 이 축전에서 '부채춤'으로 금상을 수상하여 그녀의 기쁨은 두 배나 됐다.

1956년 9월 20일부터 1957년 1월 22일까지 최승희는 소련과 불가리아, 루마니아, 체코슬로바키아, 알바니아 등 동유럽 친선 방문길에 오른다. 「사도성(城)의 이야기」, 「맑은 하늘 아래」, 「행복한 젊은이」, 「조선의 어머니」, 「풍랑을 뚫고」, 「진주의 무희」, 「비천도」 외 10편을 총 80차례 공연했다.

「사도성의 이야기」는 1956년 북한 최초의 컬러 영화이자 발레 영화로 만들어져 당시의 북한 무용계에만 아니라 소련을 비롯한 동유럽의 무용계에도 감동과 파문을 일으켰다. 최승희무용연구소가 제작한 이 영화를 위해 연구소의 민족관현악단과 국립음악대학의 민족관현악단이 음악을 담당했으며, 주혜덕과 최순옥 같은 수준 높은 무용수들을 비롯한 연구소 단원들이 영화에 출연했다. 이 영화는 당시 최고의 예술가들과 기술진에 의해 창작된 수준 높은 작품으로 평가된다. 하지만 궁중의 계급 갈등을 다룬 내용은 최승희의 사상을 문제 삼는 발단이 됐고, 이로부터 2년 뒤 최승희는 무대를 완전히 떠나게 된다.

1937년 9월 최승희는 세계 도약을 꿈꾸며 도쿄에서 3일간 「도미고별 신작발표회」를 열었다. 이때 그녀의 여섯 살 된 딸 안성희도 출연했다. 어머니의 재능을 이어받은 그녀의 첫 데뷔는 이렇게 이루어졌다. 그 후 안성희의 성장세는 놀라웠다. 1947년 5월 프라하에서 제1회 세계청년학생축전이 열렸다. 이 축전은 사회주의권 국

영화 「사도성 이야기」(1956) 러시아어판 포스터.
하단에 「소유즈물트필름」 제작사에서 1957년 더빙 작업을 했다는 설명이 붙어 있다. (사진 : meshok.net)

『자유 코리아에서의 예술』에 소개된 최승희의 발레극 「사도성의 이야기」의 장면. 가운데가 최승희. 북한의 공훈 배우인 최승희가 절세미녀의 공주인 금희역를 맡고 있다고 쓰여 있다. (사진 : koryo-saram.ru)

가들의 청년학생들이 참가해 각종 정치, 문화예술, 체육 등의 행사를 동시에 펼치는 복합적인 대회였다. 이 축전의 부대행사로 열린 무용 경연에서 16살의 안성희는 그랑프리를 수상했다.

1953년 9월 안성희는 소련으로 유학을 떠났다. 그녀는 볼쇼이 극장 부속 발레학교와 러시아국립예술대학교(GITIS)의 발레마이스터 과정에서 4년간 수학하며 발레와 스페인 무용을 익혔다. 유학 중이던 1956년 2월 28일 안성희는 모스크바 국제무용 콩쿠르에 참가해 '집시춤'으로 대상을 거머쥐었다. 같은 해 6월 안성희는 유학을 마치고 북한으로 돌아와 모란봉극장에서 귀국 공연을 펼쳤다. 김일성도 직접 관람한 이 공연에서 안성희는 자신이 안무한 10여 개의 작품을 선보였다. 최승희가 대본을 쓰고 안성희가 안무를 맡은

상단의 부채를 든 여성이 금희역의 최승희. 하단의 맨 왼쪽이 최승희이다.
(사진 : koryo-saram.ru)

무용극 「옥란지의 전설」도 그중 하나였다. 이날 안성희가 공연에서 관객에게 박수를 가장 많이 받은 작품은 '집시춤'이었다. 김일성이 무대에 올라 안성희에게 직접 꽃다발을 안겼을 정도였다. 최승희와 안막이 이 장면을 보고 눈물을 흘릴 정도로 감격했다고 한다.

1955년 9월 안성희는 중앙아시아 순회공연을 떠나서 북한 예술

안성희의 「집시춤」
(사진 : m.sportsworldi.com)

「청조무(파랑새 춤)」를 추는 안성희
(사진 : m.sportsworldi.com)

공연단 일원으로 카자흐스탄 알마티를 방문하여 현지 오페라극장에서 장구춤을 선보였다. 또 그녀는 알렉산드르 프투시코 감독의 소련 영화 『일리야 무로메츠』(1956)에 출연하기도 했다. 이 영화는 러시아 최초의 와이드 화면 영화로, 동명의 민중설화를 기반으로 몽골 투가르족의 침입에 맞서는 민족 영웅 일리야 무로메츠의 일대기를 그리고 있다. 영화의 오프닝 크레디트는 제작자와 출연자 명단을 올린 뒤, 마지막으로 안성희를 소개한다. 안성희의 이름만 유독 화면 전체를 가득 채우고 있어 맡은 배역에 비해 특별하다는 인상을 부여한다. 러닝 타임 93분에서 안성희가 나오는 장면은 채 1분도 되지 않는다. 아마도 오늘날의 특별출연 정도에 해당하는 듯한데, 1956년은 그녀가 모스크바 콩쿠르에서 우승을 차지하고 난 뒤 출연이 성사된 것으로 보인다. 안성희는 투가르의 무희로 분해 장검무를 추며 강렬한 인상을 남긴다.

영화 『일리야 무로메츠』의 오프닝 크레디트. 안성희가 몽골 여인의 춤을 춘다고 소개하고 있다. (사진 : IRS)

영화 『일리야 무로메츠』에서 검무를 추는 안성희. (사진 : IRS)

안성희는 최초의 소련과 북한의 합작 영화 『잊지 말라 파주블!』(1957)(러시아어판은 『형제』로 소개됐음)에도 출연했다. 이 영화는 러시아 혁명 40주년을 맞아 조선예술영화촬영소가 소련의 고리키영화촬영소와 함께 제작했다. 안성희는 여주인공 옥림으로 등장하여 연기할 뿐 아니라 부채춤과 장구춤을 비롯하여 카바레 춤에 이르기

『잊지 말라 파주블!』(1957)의 영화 포스터. 러시아어로는 『형제』란 제목으로 소개됐다. (사진 : remch-ch.livejournal.com)

블라디미르 사츠코프가 그린 『잊지 말라 파주블!』의 러시아판 포스터 (사진 :rus-gal.ru)

『잊지 말라 파주블!』에서 장구 치는 안성희 (사진 : IRS)

까지 다양한 춤사위를 선보였다. 이때는 안성희도 30년대에 세계적인 명성을 누리던 어머니 최승희에 이어 세계적으로 인정받고 있던 시절이었다. 이 영화는 한국전쟁이 끝난 후 남과 북으로 떨어져 살던 만철, 만성 형제의 이념적 문제를 다루고 이들이 하나 되어가는 과정을 그렸다. 영화는 전형적인 사회주의 프로파간다 형식을 띠고 있다.

전쟁을 피해 피난을 간 어머니(최승희 분)는 전쟁이 끝난 뒤 고향으로 돌아온다. 큰아들 만성(박학 분)은 발전소 지배인으로 전쟁이 끝난 후 미국의 폭격에 손상을 입은 발전소 복구 작업에 나서고 있다. 둘째는 전쟁 중 사망했고, 막내아들 만철(신세민 분)은 전쟁 직전에

서울로 공부를 떠난 후 소식이 끊겼다. 만철은 미국인의 하수인이자 이승만주의자인 이가(강홍식 분)에게 포섭되어 간첩의 임무를 띠고 고향으로 돌아온다. 이가의 계략에는 북쪽 사람들에게 적대적인 감정을 가진 만철이 북쪽에서 파괴적인 업무를 수행할 수 있으리라는 의도가 숨겨져 있다. 하지만 만철은 고향에서 당위원장(황철 분)을 중심으로 마을 사람들이 합심해 전후 복구에 나서는 모습을 보고 마음이 흔들린다. 결국, 만철은 이가의 계략을 알아차리고 그와의 관계를 끊는다.

결정적으로 만철은 마을에 위문공연을 온 무용단에서 전쟁으로 인해 헤어졌던 과거 자신의 애인 옥림을 발견한다. 옥림은 그가 삶의 진실을 알아가고 망상을 깨닫는 과정에서 도움을 준다. 결국, 만철은 어머니에게 자신이 간첩임을 고백한다. 옥림 역은 모스크바에서 발레학교를 마치고 최근에 귀국한 여성으로 설정되어 있는데, 안성희의 실제 이력과 중첩되는 것을 볼 수 있다.

이 영화에는 세계적인 무용수 최승희와 안성희뿐 아니라 인민배우 황철, 공훈배우 강홍식과 박학, 박창환 등 베테랑 배우들, 신세민과 전운봉 등의 전도양양한 젊은 배우들을 비롯하여 북한 최고의 제작진이 참여했으며, 소련 고리키영화촬영소의 제작진과 호흡을 맞췄다. 주요 배역은 북한 배우들이 맡고, 소련의 스태프가 참여하는 방식으로 제작됐으며, 소련의 이반 루킨스키 감독과 북한의 천상인 감독이 공동 연출을 맡았다. 평양에서는 1957년 8월 23일에 개봉했고, 모스크바에선 더빙 작업을 거쳐 1958년 4월 12일에 개봉했다.

야심차게 시작했던 『잊지 말라 파주블!』은 완성 과정에서 전혀 예상치 못한 비판을 받게 됐다. 내용과 형식 모두가 교조주의적이

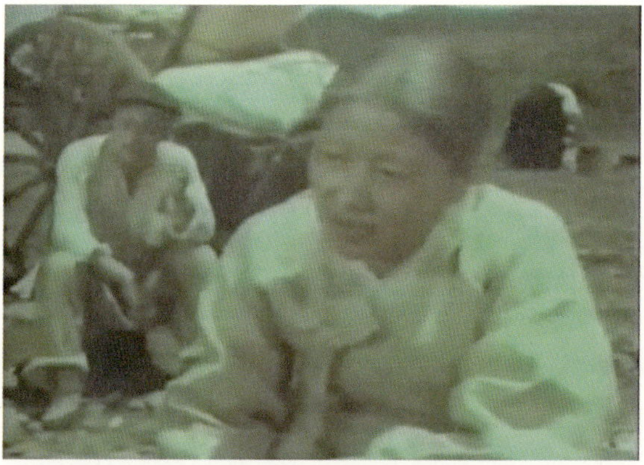

주인공 형제의 모친으로 등장하는 최승희(사진 : IRS)

영화 속 주인공 만철이 러시아에서 공부하고 있는 옥림의 기사가 난 잡지를 자랑스럽게 보여주고 있다. (사진 : IRS)

카바레의 무희로 강렬하게 등장한 안성희. 카바레에서 선정적인 춤을 추는 붉은 머리칼의 이 여인을 보며 만철은 사랑했던 여인 옥림을 떠올린다. (사진 : IRS)

영화 속 민속무용에 최승희무용연구소 단원들이 참여했다는 크레디트 내용. (사진 : IRS)

오프닝 크레디트에서 어머니 배역을 맡은 최승희를 소개하고 있다. (사진 : IRS)

오프닝 크레디트에서 옥림 역을 맡은 안성희를 소개하고 있다. 화면 두 번째 줄. (사진 : IRS)

1인 2역을 맡은 안성희의 이름은 오프닝 크레디트에서 두 번 등장한다. 맨 마지막 줄에 붉은 머리의 무희 배역을 맡은 안성희를 소개하고 있다. (사진 : IRS)

고 사대주의적이라는 것이었다. 소련의 영향을 최소화하고자 했던 북한의 정치적 배경 속에 모든 영화관에서 필름이 회수되는 수모를 겪었다. 또한, 이 모든 책임을 시나리오를 작성한 서만일에게 돌렸다. 그가 소련 유학파이고, 북한에 들어온 소련파들과 친하게 어울렸다는 이유 때문이었다.

최승희가 한국 춤에 기반을 둔 데 반해, 안성희는 고구려 벽화에 나오는 장검무를 중국 경극의 검무에 기법적으로 응용한 춤들을 선보이는가 하면, 러시아의 민속춤과 발레, 중국 경극의 춤을 많이 도입하여 최승희와는 차별화된 춤을 추었다. 최승희와 안성희는 이념 투쟁과 전쟁으로 얼룩지던 시대에 선구적으로 우리 춤을 알리고 소련에도 족적을 남겼던 예술인이었다.

소련 스포츠계에서도 고려인의 활약이 두드러졌다. 신체적 열세에도 불구하고 고려인들은 강인한 근성으로 상대적으로 어려운 이 영역에서도 발군의 실력을 뽐냈다. 그중에는 세계적인 스포츠 스타로 활약한 인물들이 있다. 미하일 안(1952~79)은 핍박 받는 고려인으로서 성공할 수 있는 길이 거의 없던 시대에 축구를 통해 고려인의 위상을 높였다. 미하일 안은 뛰어난 드리블과 탁월한 패스 능력을 가진 미드필더로 소련 축구사에 길이 남은 선수였다. 당시 소련 축구는 1960년 유럽축구선수권대회에서 우승과 1964년 유럽축구선수권대회에서도 준우승을 차지할 정도로 유럽 최강이었다. 소련인들에게 축구는 엄청난 인기 스포츠였다.

미하일 안은 우즈베키스탄 타시켄트의 베르네치르스키 지역 '스베르들로프' 콜호즈에서 태어났다. 콜호즈의 어린이 축구 클럽에서 처음 축구를 접한 뒤 얼마 되지 않아 축구유망주만 입학하는 티토프 스포츠 전문학교에 들어갈 정도로 재능이 뛰어났다. 당시 우즈베키스탄은 소련에서도 낙후된 곳으로, 축구의 변방이나 마찬가지였다. 1968년 주로 러시아 출신의 선수들로 구성된 소련 청소년 대표단에 미하일 안은 17살의 나이로 발탁됐다. 심지어 주장까지 맡으며 기대를 모았다. 우즈베키스탄 출신의 17세 고려인이 소련 대표단 유니폼을 입는다는 것이 소련 축구계에서는 엄청난 이슈였다.

미하일 안은 1968년 FC폴리토트델 타시켄트에 입단하며 성인 무대에 데뷔했다. 2년 뒤에는 1970년 소련 리그 명문 축구단인 FC

1976년 소련 청소년 대표단. 하단 맨 왼쪽 첫 번째가 미하일 안 (사진 : footballinussr.fmbb.ru)

파흐타코르 타시켄트로 이적했다. 당시 소련 리그에서 뛰던 FC파흐타코르를 비롯하여 디나모 키예프, CSKA 모스크바, 디나모 모스크바 등은 소련에서만 아니라 유럽 무대에서도 최정상급이었다. 이처럼 대단한 축구단 사이에서도 미하일 안은 단연코 돋보였다. 1972년 미하일 안은 2부 리그로 떨어진 팀을 우승으로 이끌었고, 다시 1부 리그로 올려놓으며 최고의 기량을 뽐냈다. 소련 축구계는 미하일 안을 '소련 축구를 이끌 천재'라고 평가했다. 1974년 미하일 안은 전소련 축구선수 33인에 선정되어 일약 스타로 떠올랐다. 당시 미하일 안은 미드필드임에도 불구하고 소련 1부 리그 29경기에서 11골을 뽑아냈다. 미하일 안은 1976년 U-23 소련 청소년 축구 대표단에 발탁됐고 주장까지 맡았다.

1979년 8월 11일 파흐타코르는 리그 경기를 위해 TU-134 비행기를 타고 민스크로 향했던 중 우크라이나 상공에서 다른 비행기와

1975년 파흐타코프 축구단의 세 선수. 좌측부터 표도로프, 미하일 안, 하드지파나기스. 표도로프 역시 1979년 미하일 안과 함께 비행기 사고로 사망했다. 하드지파나기스는 1975년 이후 그리스의 이라클리스로 이적했다. (사진 : abonents-ntvplus.ru)

1976년 U-23 유럽청소년선수권대회에서 미하일 안의 활약상. 우승컵을 들고 있는 미하일 안(가운데 사진). (사진 : koryo-saram.ru)

1979년 8월 11일 비행기 사고로 죽은 파흐타코르 팀의 선수들을 추모하는 포스터. 상단 오른쪽 두 번째가 미하일 안. 사진 중앙에는 이들의 위패와 축구인을 상징하는 동상이 세워져 있다. 총 17명이 사망했지만, 포스터에는 공격수였던 S. 바자로프의 사진이 누락되어 있다. (사진 : prosports.kz)

충돌해 추락하는 대형 참사를 당했다. 이 사고로 미하일 안을 비롯한 파흐타코르 선수 17명을 비롯하여 승객 178명 전원이 사망했다. 사고 당일 미하일 안은 부상으로 인해 경기를 뛸 수 없어 원정 경기에 참여하지 않기로 한 상태였다. 그는 동료들의 짐을 들어주고 배웅하러 공항에 갔다가 수비수 한 명이 오지 못하자 그를 대신해 비행기를 탔다. 짧지만 강렬했던 미하일 안의 축구인생은 안타깝게도 그렇게 끝이 났다.

미하일 안은 우즈베키스탄이 배출한 세 명의 역대 소련 대표팀 선수 중 한 명으로 당시 축구공 하나로 유럽을 호령했던 천재적인

비행기 사고로 숨진 파흐타코르 선수 17명과 그들의 활약상. 고인이 된 선수들 사진 위로는 "파흐타코르 - 우리의 아픔이며 슬픔이자 기쁨이었노라..."라고, 그리고 하단에는 "(그들을) 사랑하고 기억하고 자랑스러워하노라!"라고 쓰여 있다. (사진 : mytashkent.uz)

아흐마드 야사비 농장(옛 스베들로프 콜호즈) 안의 미하일 안 묘지 (사진 : tashkentpamyat.ru)

축구 선수였다. 미하일은 경기 내내 많은 움직임과 경기를 풀어가는 뛰어난 사고, 동료와의 상호 이해, 정확하고도 강력한 골 결정력으로 소련 축구팬들을 사로잡았다. 등번호 8번, 어릴 적 '교수'라는 별명을 지닐 정도로 모든 것에 준비된 플레이를 펼쳤던 미하일 안은 러시아 축구팬들에게는 여전히 기억되는 이름이다. 그는 경기장에서 일어날 모든 일을 꿰뚫고, 동료에게 결정적인 패스를 해서 팀에 이바지했으며, 중원에서의 볼 분배 능력과 넓은 시야, 그리고 정확한 패스 능력으로 언제나 한 발 앞선 플레이를 펼쳤다. 그는 비록 꿈꾸던 올림픽 챔피언이 되지는 못했지만, 「인테르 풋볼」 기자였던 블라디미르 사파로프가 2002년에 쓴 미하일 안과 역시 축구선수였던 그의 형제 드미트리, 이노겐티의 축구 인생에 관해 책이 모스크바에서만 몇 만 부가 팔렸을 정도로 지금까지도 소련이 낳은 훌륭한 축구선수로 기억되고 있다. 이와 함께 그를 기억하는 고향 사람들은 하나같이 그가 겸손한 인품을 가진 선수였다고 증언한다. 1983년 그를 기리기 위해 '미하일 안 거리'가 타시켄트에 조성되었다.

넬리 김(1957년~)은 소련의 여성 체조선수로, 1976년 몬트리올 올림픽에서 금메달 3개, 1980년 모스크바 올림픽에서 금메달 2개를 획득했다. 당시 체조 요정으로 불리던 루마니아의 나디아 코마네치와 쌍벽을 이뤘다.

넬리 김은 타지키스탄 슈라브에서 사할린 출신의 고려인 2세 아버지와 볼가 타타르족 어머니 사이에 태어났다. 후에 아버지가 석판 공장에서 일하게 되면서 카자흐스탄으로 이주했다. 9세 때 침켄트 어린이·청소년스포츠학교에 들어가 블라디미르 바이딘과 그의 부인 갈리나 바르코바에게서 사사받는다. 얼마 지나지 않아 카자흐스탄 최고의 체조선수를 넘어 소련 전체에 그녀의 이름을 알렸으며, 세계적 선수로 발돋움했다.

넬리 김은 1969년 침켄트에서 열린 스파르타크 경연 대회에서 우승함으로써 첫 성공을 거둔다. 그녀는 첫 국내 경연이었던 1971년 소련 주니어선수권대회에서 개인 종합 5위를 차지했다. 전국 청소년스포츠경기에서 개인 종합 타이틀과 2개의 금메달을 딴 넬리 김은 소련컵에서 개인 종합 8위와 2단 평행봉 1위를 차지하고, 일본에서 열린 주니치컵에서 우승했다. 1974년 8월 소련컵에서 2위에 오른 뒤 10월에 열린 세계선수권대회 단체전에서 우승했다. 이후 1980년까지 각종 메이저급 국제대회에서 성공을 거뒀다.

넬리 김은 몬트리올 올림픽을 앞두고 메달 후보로 주목을 받았으며, 1975년 캐나다 프레올림픽에서는 팀의 주장이나 다름없었다. 개인 종합에서 나디아 코마네치에게 밀려 2위에 그쳤지만, 도마, 평균대, 마루 운동에서 금메달을 획득했다. 이듬해 열린 소련컵에서도 쟁쟁한 선수들을 물리치고 우승했다.

소련 체조계의 전설이라 불리는 넬리 김의 어린 시절. 국내대회와 국제대회에서 거둔 화려한 수상 기록에 이어 올림픽 메달만도 5개를 땄다. (사진 : ru.sputniknews.kz)

1976년 캐나다 몬트리올 올림픽에서 획득한 세 개의 메달을 들고 있는 넬리 김 (사진 : fotki.yandex.ru)

1976년 몬트리올 올림픽에서 넬리 김과 코마네치의 라이벌 경기는 여자 체조 경기의 하이라이트였다. 넬리 김은 단체전과 뜀틀, 마루 운동에서 3개의 금메달을 획득했고, 빼어난 미모와 화려함, 기품 있고 열정적인 스타일로 주목을 받았다.

1977년 넬리 김은 벨라루스 출신의 체조선수인 아차소프와 결혼하여 벨라루스로 이주한다. 이제 벨라루스 대표로 활동하게 된 그녀는 2년 후 세계선수권대회에서 도마, 마루 운동과 단체전에서 금메달을 따고 개인 종합에서 2위를 했다. 1979년 세계선수권대회에서는 개인 종합에서 우승을 거머쥐었다.

1980년 소련컵에서 개인 종합 우승을 차지하고, 모스크바 올림픽에서는 마루 운동에서 9.95를 득점하여 코마네치와 공동으로 우승했다. 단체전에서도 금메달을 한 개 더 추가했다.

넬리 김은 선수 생활을 마친 후 체조 코치와 심사위원으로 활동했다. 벨라루스 체조 대표팀 감독과 벨라루스 체조협회 부회장을 지냈으며, 2004년에는 국제체조연맹 기계체조 기술위원장을 역임했다. 1984년부터는 유럽선수권, 세계선수권과 올림픽을 포함한 많은 국제경기에서 심판을 역임했으며, 1988년 서울 올림픽 때는 체조 심판 자격으로 한국을 방문하기도 했다. 1999년 넬리 김은 국제

1977년 넬리 김의 경기 장면 (사진 : m.bel.sputnik.by)

1980년 모스크바 올림픽에서 평균대 연기를 펼치는 넬리 김 (사진 : koryo-saram.ru)

체조 명예의 전당에 헌액됐다.

복싱 분야에서는 1970년대 하반기부터 1980년대 상반기까지 소

벨라루스 수도 민스크에서 체조선수들에게 조언하는 넬리 김. 사진 왼쪽에 안나 트라프코바와 다리야 그롬코가 보인다. (사진 : sb.by)

련 대표로 활동했던 블라디미르 신(1954~)의 활약이 눈부셨다. 블라디미르 신은 라이트헤비급 선수로 두 차례나 소련 챔피언을 차지했고, 세계복싱선수권대회 동메달리스트, 복싱월드컵대회 챔피언, 수차례에 걸쳐 우즈베키스탄의 챔피언 자리에 등극했으며, 1990년에는 영예로운 스포츠 마스터에 이름을 올렸다.

블라디미르 신은 복서로 활동하는 동안 총 220경기를 치렀으며, 이 중 197경기를 승리로 장식했다. 1996년에는 아시아아마추어복싱연맹 부회장을 역임했고 우즈베키스탄 복싱대표팀을 이끌었다. 2000년 시드니 하계 올림픽에서 그가 이끈 우즈베키스탄 선수들은 금메달 한 개, 동메달 두 개를 획득했다. 블라디미르 신은 2013년 1월부터 벨로루시의 국가대표팀을 이끌고 있으며, 문화학자이자 교수로 활동하면서 현재 우즈베키스탄 고려문화협회 회장으로 역임 중이다.

블라디미르 신을 잇는 또 다른 고려인 복싱선수로는 코스탸 추를 빼놓을 수 없다. 1988년 서울올림픽에 참가했던 소련의 복싱 선

1983년 제8차 하계 스파르타크배 복싱대회 우승자인 블라디미르 신의 인터뷰 장면 (사진 : visualrian.ru)

벨라루스팀의 감독을 맡고 있는 블라디미르 신 (사진 : ru.wikipedia.org)

수 코스탸 추(1969~)는 비록 메달은 따지 못했지만, 당시 한국계로 언론의 주목을 많이 받은 선수이다. 본명은 콘스탄틴 보리소비치 추로, 소련의 국가대표였다가 호주의 프로선수로 전향한 소련과 호주 양국의 전설적인 복싱선수이다. 코스탸 추의 증조부는 중국에서 러시아로 건너온 한인으로, 코스탸 추는 고려인들이 자랑스러워하는 스포츠 선수 중 한 사람이다. 소련에서 자란 한국계 3세인 코스탸 추는 1989년부터 1991년까지 소련 대표로 국제대회에 참가했고, 1991년 호주 시드니에서 열린 국제복싱대회에서 두각을 나타낸 후 호주

측의 스카우트 제의로 1992년부터 호주에서 프로복서로 활약했다. 1992년 프로 데뷔 무대에서 1라운드 KO승으로 화려하게 등장했으며, 이후 무패와 높은 KO율로 기록하다 1995년 제이크 로드리게즈를 물리치고 IBF슈퍼라이트급 챔프에 등극했다. 그 후 4연속 KO방어를 이루다가 1997년 미국의 빈스 필립스에게 10라운드 KO패를 당하고 타이틀을 상실했다.

1998년에는 베테랑인 미구엘 앙헬 곤잘레스를 KO로 이기고 WBC 슈퍼라이트급챔프에 다시 등극해 재기에 성공했다. 그 후 멕시코의 복싱영웅 훌리오 세자르 차베스, 삼바 미첼, 옥테이 우르칼을 차례로 물리치며 복싱계의 영웅으로 떠올랐다. 2001년에는 잡 주다를 단 한방의 스트레이트 펀치로 쓰러뜨림으로써 수퍼라이트급 최고 선수임을 과시한다. 한동안 어깨 부상으로 슬럼프에 빠졌다가 2004년 삼바 미첼을 KO시키며 화려하게 부활하여 그 해 재

코스타 추의 경기 장면 (사진 : akboxing.ru)

기선수상을 받기에 이른다. 2005년에는 영국의 혜성인 리키 해튼과 세기의 대결이라 할 수 있는 IBF.WBU통합타이틀전을 치렀지만, 이 경기에서 패배한 후 은퇴를 선언했다. 링에서 더 볼 수는 없었지만, 그는 한 시대를 풍미한 전설적 복서로서 2011년에는 프로복싱 명예의 전당에도 헌액됐다. 코스탸 추는 2005년 은퇴할 때까지 34전 31승(25KO) 2패 1무효의 전적을 기록했다. 최근에는 호주판 「댄싱 위드 더 스타」 프로에서 2위를 차지했을 정도 연예계에서도 춤과 재능을 발휘하고 있다.

전쟁과 분단으로 말미암아 조국으로 돌아올 수 없었던 고려인들은 소련 사회 깊숙이 들어가서 자신의 영역을 넓혀나가기 시작했다. 이미 조국을 한 번 잃어버린 그들은 나라 없이 산다는 어려움을 너무도 잘 알고 있었다. 그런 만큼 새로운 조국을 더욱 소중히

2011년 뉴욕주 캐내스토타 프로복싱 명예의 전당에서 열린 헌액식. 영화 '로키'의 주연배우 실베스터 스탤론(왼쪽에서 다섯 번째) 옆에 코스탸 추가 기념반지를 보여주고 있다. 그 옆으로 멕시코의 '복싱영웅' 훌리오 세자르 차베스(두번째), '핵주먹' 마이크 타이슨이 보인다. (사진 : akboxing.ru)

「댄싱 위드 더 스타」에 출연한 코스탸 추 (사진 : kp.ru)

여겼고, 낯설고 때로는 그들에게 녹록치 않은 환경들에도 굴하지 않고 적응해나갔다. 그 결과 각 영역에서 고려인들의 강인함은 빛을 발하기 시작했고, 드디어 주류 사회 속으로 들어가 제몫을 해내기 시작했다.

소련 사회에서 노동 영웅과 소련 영웅으로, 그리고 예술계나 체육계 인사로 활약했던 수많은 고려인은 새로운 조국의 자랑거리였을 뿐 아니라 그들의 영원한 고향인 한국을 소련 사회 속에 알리는 데도 큰 역할을 했다. 각 분야에서 출중했던 고려인들은 점차 자신들이 살고 있는 소련을 넘어 전 세계적으로 이름을 날리기 시작했고, 그들의 활약에 힘입어 대외적으로도 자연스레 이들의 뿌리에 대한 관심이 높아져 갔다. 자랑스러운 한국의 후손으로서 민족의식을 갖고 있는 사람들이 있는가 하면, 또 때로는 자신의 혈통에 대해 전혀 모르고 있던 사람들도 있었지만, 이들은 유명세를 떨칠수록 자의반 타의반으로 자신들의 뿌리에 관심을 기울이기 시작했다. 아울러 오래전 역사의 소용돌이 속에 조국을 떠나 낯선 타국에서 삶을 꾸린 고려인들과 그들의 성공한 후손들을 보면서 한국인들 역시 관심을 두기는 매한가지였다. 불굴의 정신력과 강인한 생활력으로 온갖 어려움을 이겨내고 새로운 조국의 중심에 선 그들이야말로 진정한 한국인의 표상이기 때문이다.

제3부

러시아를 사로잡은 한국의 멋과 맛

9장

모스크바에 상륙한 '노비예 코레이치'

러시아와 한국의 관계는 보통 세 시기로 구분한다. 제1기는 1860년부터 조로수호통상조약을 체결하여 한반도에 거점을 확보하게 된 1884년까지이다. 제2기는 1884년부터 청일전쟁 이후 한반도에서 일본과 직접 대립하게 되는 1894년까지이고, 제3기는 1894년부터 러시아가 러일전쟁에 패하고 난 후 대한제국을 부득이 포기하게 되는 1905년까지이다. 이후 러시아와 직접적인 관계는 1905년부터 광복될 때까지 단절되어 있었다. 그러나 일제 강점기 독립운동가들이나 강제징용으로 끌려간 한인들을 통해 비공식적 차원에서 양국 관계가 여전히 지속되고 있었다.

구한말 연해주 이주와 일제 강점기 사할린 강제징용으로 러시아에는 수많은 한인이 거주하게 되었다. 흔히 '한국인'을 코레이스키라고 알고 있지만, 이는 잘못된 표현으로 러시아어로는 '코레이치(Koreitsy)'라고 일컫는다. 그렇게 해서 러시아에는 코레이치라는 소수민족이 생겨나기 시작했다. 그 당시만 하더라도 고국으로 돌아갈 수 있는 길이 완전히 막히리라고 예상한 한인은 아무도 없었다. 육로로, 때로는 해로로 접근이 용이했던 러시아여서 몸은 떠나와 있

볼고그라드의 한인들. 러시아에 이주한 후 세대가 여러 번 바뀌었지만, 오늘날에도 여전히 한국의 전통을 지키면서 살아가고 있다. (사진 : nazaccent.ru)

어도 조국에 대한 소식을 듣기도 쉬웠고, 언제든 여건이 허락하면 조국으로 돌아갈 수 있다고 생각하던 시절이었다. 그러나 해방 후 이념 갈등으로 남과 북이 갈리면서 러시아로 이어지던 길은 완전히 끊기고 만다.

안중근 의사의 의거를 도왔던 최재형에 대해서도 최근까지 거의 알려지지 않았던 이유가 바로 단절된 역사 때문이다. 소련 시절 한국에서는 러시아 거주 독립운동가들에 관한 사료를 얻기는커녕 전해들을 수조차 없었다. 그러므로 우리의 과거 역사이자 고려인들의 선조였던 애국선열들은 고국에서 반세기 이상 잊혀 있었다. 1990년 9월 30일 대한민국은 소련과 공식 수교를 맺음으로써 새로운 관계로 접어든다. 공식 수교 직전에는 소련의 높은 장막이 서서히 걷혀지고 있음을 감지할 수 있었다. 이보다 앞선 1988년 대한민국 제6공화국 출범과 함께 북방정책이 시작되었고, 같은 해 9월 미하일 고르바초프의 크라스노야르스크 선언을 계기로 한국과의 적극적인 경제 협력 의사가 맞물리면서 관계가 급속도로 발전되기 시작했다. 이와 동시에 당시 소련의 수도 모스크바에 드디어 '새로운 한국인', 즉 '노비예 코레이치'가 발을 내딛기 시작했다.

1990년 6월 말 한국 학생 최초의 공식 연수단이 모스크바에 입성했다. 4개 대학교 15명의 대학생과 대학원생이 소련 정부의 공식 허가를 받고 언어 연수를 받기 위해 모스크바 소재 푸시킨언어대학교에 한 달간 체류했다. 이전에도 제3국을 통해 개인 자격으로 소련에 들어간 사례가 있기는 했지만, 이것도 극히 드문 경우였다. 이 무렵 소

푸시킨국립언어대학교 로고

푸시킨국립언어대학교 전경 (사진 : IRS)

련은 사회주의가 쇠락하는 가운데 경제난으로 몸살을 앓고 있었다. 그들은 자본주의 국가에서 온 낯선 이방인들에 놀라움을 금치 못했고, 세계 최초의 사회주의 국가에 도착한 한국인들 역시 낯선 문화에 놀라기는 매한가지였다. 그러다보니 이 간극에서 흥미로운 현상들이 발생했다.

1990년 당시 연수단에 참가한 학생들은 러시아어를 열심히 배워보겠다는 의지가 강했다. 그러다보니 이들 간에는 선의의 경쟁이 있었다. 학생들은 학교에 오면 러시아어로만 말하고 러시아어를 쓰지 않을 경우 벌금을 걷기로 정했는데, 이때 학생들이 내건 벌금의 액수를 듣고 러시아인 선생님은 화들짝 놀랐다고 한다. 그도 그럴 것이 평생 소련에서만 살았던 러시아어 선생님이 보기에 그들이 말하는 단위는 한 달간 교통비에 맞먹는 정도였기 때문이다.

1990년 당시 원화 대비 달러 환율은 700원대 초반을 유지하고 있었다. 소련의 루블은 1달러 당 0.6루블이어서 지금은 상상할 수도 없을 만큼 러시아의 물가가 상당히 쌌다. 특히 빵과 감자 등 식료품은 거저나 다름없었고, 택시를 제외한 모든 교통수단을 한 달 내내 무제한으로 이용할 수 있는 통합교통카드인 '예디니 빌레트'가 2달러로 우리 돈 1,500원 정도였다. 택시비는 모스크바 시내 어디를 가든지 우리 돈 1,000원이면 충분했다. 게다가 맥도날드의 일반 햄버거가 1.5루블, 빅맥이 3.75루블이었으니 대략적인 물가를 상상해볼 수 있을 것이다. 당시 소련 국민은 모두 동일하게 우리 돈으로 35만 원 정도에 해당하는 300루블의 급여를 받고 있었다. 이 시절은 소련이 붕괴 직전이라 모든 물자 공급이 원활하지 못했다. 생필품을 구하기 어려운 것은 물론이고, 대형 상점에 가더라도 물건을 찾아보기가 힘들었다.

상황이 이렇다보니 한국 학생들은 주로 주말이면 시내 대형 호텔의 식당을 통째로 예약해서 식사를 해결하는 일이 잦았다. 식재료를 구하기도 마땅치 않고, 식당도 별로 없다보니 호텔의 풀코스 요리를 이용하는 것이 가장 좋은 해결 방법이었다. 당시 소련은 모든 게 예약제라 식당을 이용하려면 예약이 필수적이었다. 학생 신분으로 고급 호텔을 예약해서 마음껏 먹는다는 게 쉽사리 이해되지 않겠지만, 그렇다고하더라도 이 모든 이용료가 10달러 정도밖에 되지 않아 전혀 부담스럽지 않았다. 메지두나로나야 호텔에 있는 '유정' 식당도 한국인들이 즐겨 찾던 고급 한식당으로, 개방 초부터 한국 음식이 그리운 교민과 유학생들의 사랑을 오래 받아왔다.

또 당시 모스크바발 부다페스트행 편도 상등침대열차 승차권 요금이 100달러였다. 동유럽을 통해 들어오는 한국인이 많았던 이 시절 주머니에서 고액권 달러를 꺼내 최고급 열차에 올라타는 일은 자주 볼 수 있는 광경이었다. 당시는 러시아 은행을 이용해 송금을 받기도 어려웠고, 국외용 신용카드란 것은 생각지도 못하던 시절이었다. 유학생이나 관광객들은 몇 천 달러의 뭉칫돈을 소지하고 있거나 여행자수표를 지니고 있는 경우가 대부분이었다. 사정이 이렇다 보니 한국인들이 현금을 많이 보유한 '큰 손'으로 소문날 수밖에 없었다. 그 시절과 비교하면 오늘날 모스크바-부다페스트 노선 편도 기차표는 2만 루블을 웃도는 가격으로, 우리 돈으로 40만원에 육박하니 격세지감이 느껴진다.

물건을 사려면 줄을 서야 하는 것도 한국학생들에게는 어리둥절한 일이었다. 자본주의의 경쟁에 익숙하지 않던 사회주의 시절 러시아 사람들은 애써 노동을 하지도 않았고 급할 것도 없었다. 물자도 부족했지만, 속도를 내서 그것을 팔아야 한다는 의지도 없었던

모스크바 푸시킨 광장 맞은편에 있는 러시아 최초의 맥도날드 매장(1991년) (사진 : otzovikru.ru)

터라 한국 사람들은 일단 식당을 가면 재료가 부족해서, 아니면 음식 준비가 늦어져서 한 시간씩 기다리기 일쑤였다. 심지어 속도가 생명인 유명 패스트푸드점에서도 이러한 상황은 마찬가지였다.

당시는 햄버거 하나를 사먹기 위해 서너 시간씩 줄을 서야만 했다. 그러다 보니 한국 사람들은 나름의 자생 능력을 발휘했다. 매번 줄을 서서 기다리기 힘들다 보니 한꺼번에 다량을 사는 것이었다. 이 시절 한국 사람의 구매력이 대단한 것을 보고 러시아 사람들은 매우 부유한 나라에서 온 사람들이라고 생각했을 정도였다. 한국인들이 돈을 자유롭게 쓸 수 있었던 것은 물가가 싸서도 그랬지만, 실제로는 줄 서는 문화에 익숙하지 않아서 일어난 행동이기도 했다. 태어나서 처음으로 돈이 아닌 '줄을 서서 기다리는' 노력으로 물건을 사야 한다는 것을 상상이라도 해보았겠는가. 한국인들은 이런 경험을 전혀 체험해보지 못한 사람들이어서 러시아 생활에 적응하는 가운데 보여준 웃지 못 할 사건들이 많았다. 한국인이라고 하면 우호 국가였던 북한 사람들만 있는 줄 알았다가 일본인보다도 더 부유해보이고 돈을 펑펑 잘 쓰는 '노비예 코레이치'의 모습이 러시아인들에게는 그저 놀랍기만 했다.

이토록 서로의 문화가 다르니 보니 러시아 상인들의 엄격한 규제에 놀란 한국인들도 있었다. 여느 때와 마찬가지로 줄을 서서 한 번에 여러 개의 물건을 구입하려고 했던 한국인은 상인의 예상 밖 반응에 당황했다. 당장은 하나만 살 수 있고, 하나를 더 사려면 다시 줄을 서라는 것이었다. 한국에서였다면 상인이 어서 빨리 물건을 팔고 일찍 귀가할 수 있다는 기쁨에 한껏 신났을 상황에서 이 고지식한 러시아인 상인은 주어진 노동 시간을 다 채우고 손님들에게 공평하게 물건을 팔겠다는 사회주의적 정신을 그대로 발휘한 것이었다. 자본주의 세계에서 온 손님은 이러한 정신을 이해하지 못한 채 몇 푼 되지 않는 물건을 사려고 또 한 번 줄을 서라고 하니 한국식으로 생각하면 불친절하게만 느껴졌을 것이다.

당시는 돈이 있어도 물건을 살 수 없던 시절인지라 한국인들은 달러로만 통용되던 상점인 '베료즈카'를 이용했다. '베료즈카'는 규모면에서는 우리나라 편의점 정도였지만, 진열대에 빼곡히 차 있는 물건들만으로도 한국인들을 열광하게 했다. 반면 러시아인들은 외국인들이 달러로 물건을 쉽게 사는 것을 보며 위화감이 들기도 했고 때로는 호쾌한 그들의 모습에 선망의 눈길을 보내기도 했다. 또 한국에서 오는 물건을 인편에 공수받기 위해 공항에서 서성이는 유학생들의 모습을 자주 볼 수 있었다. 돈이 아무리 많아도 러시아 내에서 물건을 구하는 데 한계가 있다 보니 한국식품이나 옷가지

소련 시절 모스크바의 '베료즈카' 상점 (사진 : myhistori.ru)

를 받으려면 항공편을 이용할 수밖에 없었다. 해외여행은커녕 일상생활조차 녹록치 않던 그 시절 소련 국민들에게는 공항을 자주 오가는 한국인들의 모습이 참으로 낯선 광경이었을 것이다.

이때에는 삼성, LG, 대한항공, 진도모피, 코트라 등 한국 기업들과 기관들이 러시아 시장이 곧 개방되리라는 기대 속에 모스크바에 대표부를 두고 있었다. 개방에 앞서 사업 분위기를 파악하고자 마련한 장소였다. 당시 이들 회사와 기관은 1인 체제의 연락사무소 정도의 규모였을 뿐 오늘날 지사와 같은 개념은 아니었다. 회사 사무실은 시내 유명 호텔에 객실 한두 개를 빌려서 사용했다. 페레스트로이카와 글라스노스트로 우리나라 대기업들은 러시아 시장 개방에 대한 기대감으로 한껏 부풀어 있었지만, 초창기 시스템과 문화가 전혀 다른 곳에서 온갖 고생을 하며 수고를 다했을 주재원들의 노고는 대단한 것이었다.

수교가 이뤄지면서 본격적으로 유학의 길도 열렸다. 모스크바 남쪽에는 루데엔이라고 약칭되는 민족우호대학교가 있다. 이 대학은 소련이 제3세계와의 우호를 염두에 두고 만든 대학교로, 유난히 외국인이 많이 다니는 것으로 유명했다. 지금이야 다양한 나라에서 오는 다채로운 피부색의 여행자부터 유학생, 사업가 등을 쉽게 만나볼 수 있지만, 소련 시절에 흑인들을 볼 수 있는 건 이 대학 근처 거리가 유일했다. 과거 러시아의 학제는 우리와 다소 차이를 보였다. 러시아의 대학은 5년제였으며, 이것을 우리 학제와 비교하면 학부와 대학원에 해당해서 대학을 졸업하면 석사학위를 받게 되는 것이었다. 즉 4년 대학 과정에 1년을 더하면 석사학위를 받을 수 있었다. 4년만 다니고 졸업하는 경우도 있었는데, 이런 경우는 학사 학위를 수여받았다.

루데엔은 일찍부터 외국인 학생들을 받아들였기에 소련의 학제와 외국의 학제 간 차이로 유학생들이 입학에 어려움을 겪는다는 것을 빨리 감지했다.

민족우호대학교(루데엔) 최초의 한국인 석사 졸업생들. 졸업식 날 모습 (사진 : IRS)

90년대 초 한국 유학생과 연수생들의 야외 모임. 러시아 대표 음식인 양꼬치구이(샤실리크)을 굽는 광경. (사진 : IRS)

그리하여 루데엔은 더 많은 외국 학생들을 유치하겠다는 일념으로 러시아 최초로 별도의 석사학위 과정을 만들었다. 즉, 4년의 대학 과정 이후 석사학위를 받기 위해 2년의 대학원 과정을 이수해야 하는 미국식 학제개편을 시도한 것이다. 덕분에 우리 유학생들도 이 제도에 힘입어서 1991년에는 6명의 한국 학생이 루데엔의 석사 과정에 입학했다. 외국인을 위한 제도의 도입은 소련 사회가 차츰 사회주의식 사고에서 벗어나고 있음을 보여주는 것이었다.

1990년대 러시아의 진귀한 풍경 중 하나가 물건을 사고파는 시스템의 파괴이다. 이 시기에는 절대적으로 물자가 부족했던 탓에 국영상점은 늘 텅텅 비어 있었고, 동시에 곳곳에 암시장이 공공연히 존재하는 것을 볼 수 있었다. 러시아 사람들은 외국에 나가서 사온 물건들을 암시장에 내다팔았다. '코메르체스키'라고 하는 상점은 일종의 소매상 같은 개념이었는데, 이곳에서는 외제 물건을 자주 볼 수 있었다. 외국에서 사온 물건을 개인 상점에서 비싸게 되파는 식이었다. 개인 상점에서 팔지 못하는 경우는 길거리를 활용했다. 일례로 지금은 명품들의 전시장으로 바뀐 모스크바의 트베르스카야 거리 등 시내 중심가에는 프랑스제 화장품을 팔기 위해 길게 늘어서 있는 여인들이 있었는가 하면, 민속공예품 등을 파는 곳으로 유명한 이즈마일롭스키 시장에도 집에 있는 골동품이나 생필품들을 들고 나와 파는 사람들을 쉽게 볼 수 있었다. 길에서 물건을 파는 사람들 중에는 상인들도 있었지만, 오늘날 벼룩시장처럼 개인이 소장한 오래된 물건들이나 중고용품을 직접 사고파는 경우가 많았다. 한국인들은 이즈마일롭스키 시장을 애용했는데, 이곳에 가면 마트료시카를 비롯한 민속공예품과 수공예품을 헐값에 살 수도 있고, 운수 좋은 경우에는 보기 드문 희귀품이나 심지

모스크바에 도착한 한국인이 즐겨 찾는 곳 중의 하나인 참새 언덕. 모스크바의 전경이 한 눈에 들어온다. (사진 : IRS)

참새 언덕의 기념품 노점. 가장 대중적이면서 인기 있는 상품은 마트료시카이다. (사진 : IRS)

각종 민속공예품과 관광 기념품을 파는 모스크바 이즈마일롭스키 시장. 과거에는 상인들이 길에 좌판을 깔거나 노점을 차리는 경우가 대부분이었지만, 지금은 러시아식 전통 목조 가옥 안에 상점들이 들어선 현대적 모습으로 변모했다. (사진 : yamoscow.ru)

참새 언덕의 풍물 시장. 호박 목걸이를 비롯한 천연석 목걸이와 반지 등이 눈길을 끈다. (사진 : IRS)

참새 언덕에서 파는 민속공예품 (사진 : IRS)

전통인형 마트료시카. 여자 아이의 모습을 한 전통복장의 마트료시카 외에도 화려한 옷차림의 인형과 정교회 성인, 역사적 인물 등 종류와 크기가 다양하다. (사진 : IRS)

어 문화재에 준하는 물건들을 살 수 있었기 때문이다. 당시에는 해외로 반출돼서는 안 되는 물건들에 대한 규제가 거의 없었기에 형형색색의 대리석 달걀 컬렉션부터 모피 모자에 이르기까지 물건의 가치를 알아보던 한국인들은 거의 이곳을 점령하다시피하며 물건을 마구 사들였다. 소련 국기와 훈장별이 달린 군인 모자와 모피 모자, 그리고 러시아 민속공예품인 마트료시카 인형을 싹쓸이해오는 경우는 이 시절 자주 볼 수 있는 장면이었다.

고르바초프를 희화화한 마트료시카 (사진 : IRS)

또 이 당시 한국 사람들이 즐겨 찾던 장소 중 하나가 '참새 언덕'이었다. 이곳은 모스크바 강 언덕에 있는 곳으로, '레닌 언덕'이라고도 불리며 모스크바 시내를 한 눈에 내려다볼 수 있는 최적의 장소이다. 인근에는 모스크바국립대학교가 있으며, 언덕 주위로는 관광객들의 눈길을 끄는 풍물시장이 펼쳐져 있다. 이곳 노점에서는 러시아의 대표 공예품인 마트료시카를 비롯하여 사모바르, '호흘라마'라고 하는 지역 특산 공예품, 호박 목걸이 등 전통적인 기념품부터 시작해서 외국인들의 호기심을 자극하는 온갖 흥미로운 물건들을 판다. 현대의 유명 정치인들을 그려 넣은 장난기 어리면서도 신랄한 풍자의 마트료시카를 비롯하여 티셔츠와 축구 응원 머플러, 전통 털모자에 이르기까지 재미있는 상품들이 한곳에 모여 있

모스크바 아르바트 거리. 이곳은 문화 거리로 그림과 전통공예품을 구입할 수 있는 노점들 외에 양 옆으로 카페와 레스토랑, 기념품점들이 즐비하다. (사진 : IRS)

아르바트 거리에서 흔히 볼 수 있는 초상화가 (사진 : IRS)

호흘로마. 호흘로마 지방에서 만들어진 전통공예품으로 그릇과 숟가락 등 식기를 화려하게 장식했다. 검은 바탕에 열매와 꽃을 그려 넣은 것이 특징이다. (사진 : IRS)

인기 있는 도자기 인형. 표정이 생생하고 인간 삶의 다양한 모습을 연출한 것이 특징이다. (사진 : IRS)

다. 모스크바를 방문하는 사람들이라면 이곳에 와서 시내 경치도 보고 기념품도 구입해 가는 일석이조의 효과를 누릴 수 있다. 그렇기에 이곳은 관광명소로 지금까지도 여전히 인기를 끌고 있다.

이곳과 더불어 시내 관광과 러시아 기념품 구입을 위한 필수 장소로 손꼽는 곳은 아르바트 거리였다. 아르바트 거리는 시내 한 가운데 위치한 전통과 문화예술의 거리로 흡사 서울의 인사동 같다고 할 수 있다. 구아르바트로 들어서면서 가장 눈에 띄는 것은 초상화가들이다. 그 자리에서 직접 초상화나 캐리커처를 그려주는 화가들과 그림, 전통공예품을 파는 상인들, 거리의 악사들로 이곳은 자유로운 분위기를 자아내고 있다. 오늘날 이곳은 더욱 변화해져 여름이면 노천카페들이 손님들을 반기고 있고, 자유롭게 식사와 음료를 즐기는 러시아인과 외국인들의 여유로운 미소도 만나볼 수 있다.

자작나무 껍질로 만든 전통 공예품 (사진 : IRS)

소련 붕괴 이후 혼란스런 상황 속에서도 참새 언덕이나 아르바트 거리는 외국인 관광들에 덕분에 나름대로 활기를 띠던 곳이었다. 식료품과 공산품이 절대 부족한 상황에서 이곳에서만큼은 기념품들이 넘쳐났기 때문이다. 값싼 가격에 많은 물건을 집어올 수 있다는 점에서도 외국인들에게는 인기 만점이었다. 비단 기념품만 넘쳐났던 것은 아니다. 관광객들이 기념품과 골동품에 열광했다면, 전공자들 중심으로 또 다른 사재기 유형을 찾아볼 수 있었다.

유학생들이나 연구차 러시아를 방문한 연구자들이나 교수들도 이런 대열에 참여하기는 마찬가지였다. 90년대에는 '부키니스트'라고 하는 고서점이 트베르스카야 거리에 즐비했다. 이곳에 가면 유명 작가들의 작품집부터 희귀본과 고서적 등을 구할 수 있었다. 경제난에 시달리던 학자들은 소장하고 있던 책들을 이곳에 내다팔았다. 소련에 발을 내딛기 어렵던 시절 러시아 전공자들은 선배들이 미국이나 일본에서 사온 책을 빌려보거나 복사해서 돌려보았다. 복사한 책을 또다시 복사해서 보게 되면 글자의 형태조차 알아보기 힘든 경우도 많았다. 그렇게라도 러시아어 원서를 접하고 싶어 했던 전공자들은 모스크바 현지에 와서 헐값에 파는 책들을 보며 환호성을 질렀다. 그들은 가격과 권수에 구애받지 않고 러

개방 초기에 등장한 거리의 서점 (사진 : IRS)

카메르게르스키 골목. 트베르스카야 거리에서 테아트랄리나야 지하철역 쪽으로 이어지는 이곳에는 과거 고서점들이 즐비하게 있었지만, 현재는 고급 카페와 식당들로 가득하다. (사진 : wikiznanie.ru)

시아 책이 보이면 무조건 사들였다. 그중에는 소장 가치가 있는 희귀본부터 지금은 러시아에서조차도 구하기 힘든 고서적까지 있었다. 이렇게 구입한 책들을 우체국에서 항공우편으로 한국에 부치면 도착까지 무려 두 달이 걸렸다. 육로 우편이나 배편으로 부치면 6개월이 걸렸다. 그래서 한국인들 사이에서는 자신이 책을 샀는지도 잊고 지내다 보면 어느 날 갑자기 책이 도착한다고 하는 우스갯소리도 있었다. 당시 모스크바의 여러 대학에서는 한국인 유학생을 두고 한국의 왕자 또는 공주라는 소문이 돌았다. 시내 한 가운데에 넓은 아파트를 임대해서 살고, 책이나 생필품을 어마어마하게 사들이는 그들의 모습은 러시아 사람들에게 문화적 충격 그 자체였다.

그런 가운데 이제는 한국 상인들이 물건을 팔러 러시아로 오기 시작했다. 이때 등장한 한국 상인들은 소위 '첼냐키'라고 하는 보따리상들로, 소련에서는 전혀 찾아볼 수 없는 유형이었다. 이때만 하더라도 아직 국영화에서 사유화로 넘어가지 않은 상태여서 러시아 사람들은 국가에서 생산하지 않는 물건을 상상조차 할 수 없었다. 그들의 도덕적 개념으로 볼 때 국가가 아닌 개인이 자체적으로 물건을 생산해서 판매한다는 것이 도둑질에 가까운 행동이었기 때문이다. 한국인 보따리상은 수출입 통관 절차가 복잡했기 때문에 정식 허가를 받지 않고, 개인 수준에서 물건을 떼어다 파는 유형이었다. 주로 생필품보다는 공산품을 들여오는 경우가 많았다.

러시아의 날씨를 고려해 초기에는 동대문 등지에서 떼어온 방한복이나 아동복이 주류를 이뤘는데, 그중에서도 앙고라 스웨터가 가장 인기 있는 품목 중 하나였다. 또 다른 인기 품목으로는 스타킹을 들 수 있다. 느릿느릿하게 일을 하는 러시아 사람에게 스타킹 한 족만 선물해도 모든 일이 일사천리로 해결되던 시절이었으니 스타킹 선호가 얼마나 대단했는지 짐작케 한다. 스타킹이 인기가 있었던 이유는 러시아 여성들이 외모에 관심이 많기 때문이었다. 러시아 여성들은 굶어죽어도 멋을 부려야 한다고 말할 정도이다. 한때 여론조사에서 러시아 여성들이 월급의 90%를 향수 구입에 사용한다고 했을 정도로 외모를 꾸미기 위해서라면 돈을 아끼지 않았다. 아주 초창기는 아니지만, 이보다 한참 뒤 한국산 액세서리가 인기를 끈 것도 바로 이런 배경에서였다. 한국의 보따리상들은 무게가 많이 나가지 않으면서 싣고 나르기 편한 상품들을 가져다 팔았다. 러시아에 살고 있던 고려인 동포들도 이 일에 동참했다. 90년대 고려인 첼냐키 수는 어마어마했다. 이들은 양쪽의 정세에 밝은 사람들이었다. 러시아 사람들이 필요로 하는 물건을 잘 알고 있고, 또 선조들의 고향 한국이 낯설지 않아서 한국을 자주 드나들며 물건을 실어 날랐다.

마요네즈와 커피 크림 '프리마', '도시락' 라면도 인기 품목이었다. 스메타나라고 하는 러시아식 사워크림은 모든 요리에 맛을 더 해주는 소스이다. 이 소스에 길들여진 러시아 사람들은 스메타나보다 좀 더 고소한 맛의 마요네즈에 매료되었다. 다른 나라의 제품도 이

개방 초기 커피크림으로 인기 있었던 프리마

진하고 고소한 맛으로 인기 있는 한국산 마요네즈

진한 맛으로 인기 있는 한국산 케첩

러시아인의 입맛을 고려한 도시락 라면, 라면 포장 내부에 마요네즈가 들어가 있는 것이 특징이다.

미 시장에 나와 있었지만, 더 고소하고 진한 한국산 마요네즈를 좋아했다. 밀크커피라고 하면 생우유를 타서 먹는 줄만 알던 러시아 사람들은 가루형 커피 크림을 보고 열광했다. 간편하면서도 신기하기도 한 한국산 커피 크림은 새로운 커피 맛의 세계를 열어주는 것이었다. 도시락 라면은 특히나 열차 여행객에게는 인기 만점이었다.

아무리 철도교통이 발달한 러시아라고 하지만, 면적이 넓은 만큼 철도로 이동하려면 여러 날이 걸리기가 일쑤였다. 상황이 그렇다보니 철도 여행에서 가장 먼저 고려해야 할 사항이 식사이다. 우리나라와 달리 몇 십 시간씩 타고 가고, 심지어 칠일을 꼬박 타고 달리더라도 기차 안에서 음식을 사먹을 수가 없기 때문이다. 열차 안에 식당 칸이 없는 탓에 러시아 사람들은 기차 여행에 앞서 먹거리를 한가득 사가지고 탄다. 대신 기차 여행에서 무료로 공급받을 수 있는 것이 하나 있는데, 따뜻한 물이 바로 그것이다. 러시아는 차를 많이 마시는 문화여서 열차 안에는 차를 끓여 마시는 사모바르가 있다. 그래서 얼마든지 자유롭게 뜨거운 물을 공급받을 수 있다. 도시락은 이런 점을 제대로 공략한 메뉴였다. 가

볍고 간단한 포장 라면 하나면 손쉽게 물만 부어 먹을 수 있었다. 거기에다 적당히 배도 부르고 훈훈하게 온기까지 더해주는 더 없이 좋은 식사가 될 수 있었다.

디저트로 보자면 단연코 초코파이의 인기가 최고였다. 초콜릿과 빵을 좋아하는 러시아 사람들에게 두 개의 조합은 신선한 맛을 선사했다. 이와 유사한 재미있는 음료로는 밀키스를 들 수 있다. 유제품을 좋아하는 러시아인들은 우유에 탄산이 결합된 신선하면서도 흥미로운 맛에 감탄했다. 한국 기업들은 러시아 사람들의 입맛에 맞는 상품으로 러시아 시장을 조금씩 파고들었다. 껌도 러시아 사람들에게 인기 만점이었다.

러시아 대형 매장에서 파는 한국산 과자. 초코파이와 초코송이 등 러시아인의 입맛에 맞춘 과자들을 선보이고 있다. (사진 : IRS)

러시아인의 입맛을 사로잡은 밀키스 광고
(사진 : medunica.my1.ru)

1990년대 초반 러시아에 가본 한국인들이 가장 많이 듣던 말 중에 하나가 '지바츠카'이다. 길을 다니다 보면 동네 꼬맹이들이 졸졸 따라다니며 지바츠카, 즉 껌이 있냐고 물었다. 구어로 자주 쓰이던 이 말은 당시 '문화적 코드'였다고 해도 과언이 아니다. 러시아에 껌이 일반화되기 시작한 것은 1980년대 중반으로 그리 오래 되지 않았다. 80년대 말부터 90년대 초반까지 최고 인기 상품이었던 '도

'메이플 리프' 사의 도널드 껌. '메이플 리프'는 1960년대부터 디즈니 캐릭터 상품을 선보였으며, 1980년대 말부터 1990년대 초반까지 러시아에서 디즈니 만화에 끼워 파는 껌으로 선풍적인 인기를 끌었다. (사진 : nibler.ru)

널드' 껌은 1960~80년대 디즈니 캐릭터 사용권을 갖고 있던 네덜란드의 껌 회사 '메이플 리프(Maple Leaf)'가 만든 것으로, 디즈니 만화 '도날드 덕'에 끼워 팔던 상품이었다. 당시로서는 한 개당 1루블이라는 엄청난 가격으로 집시들을 통해 불법적으로 팔려나갔다. 이후 덴마크 회사 '캔디 팀(Candy Team)'의 '도널드 덕' 껌이 출시됐지만, 소비자들은 1990년대 초반을 강타했던 '메이플 리프'의 껌을 여전히 잊지 못했다. 1950~60년대 한국에서 아이들이 외국인만 보면 초콜릿을 외쳤다고 하던 것과 비슷한 현상이라고 할 수 있다.

1990년대 초부터 보이기 시작된 유학생들의 숫자는 90년대 말에 이르러서는 폭발적으로 증가한다. 국교 수립과 함께 유학생 숫자도 늘었다. 국내에서 러시아로 바로 가는 경우도 있었지만, 수교 이전에 동유럽이나 독일 등지에서 공부하던 유학생들이 수교 직후 러시아로 건너오기도 했다. 국제통화기금(IMF)의 한국 통제가 일어나기 전까지 러시아에는 많은 유학생이 있었는데, 이들 중에는 중도에 학업을 포기하고 사업으로 전환한 경우도 종종 있었다. 한국 유학생 중에는 한국 기업의 현지 채용으로 일을 시작하는 경우도 있었고, 학업 중에 가능성이 있다 싶은 아이템을 발견하고 개인 사업을 벌이는 경우도 있었다. 또 대기업 주재원으로 파견되었다가 퇴직이나 이직을 해서 독자적인 사업을 시작하는 경우도 더러 있었다. 사업 수완이 좋은 이들은 러시아에 없거나 필요한 물건들을 간파하고서 국내에서 가져다 팔았다.

초기에 이런 유형의 사업가들은 공식적으로 사업을 등록하고 상품을 판매하는 것이 어려웠던 만큼 한국산 속옷이나 볼펜, 녹음기 등 소형 전자제품, 전기장판, 소품 등을 주로 가져다 팔았다. 러시아 시장의 발전 가능성을 타진한 사업가들은 이후 좀 더 큰 사업을 시작했는데, 그중에는 로만손과 같은 고급시계부터 전기밥솥, 가스보일러 등 가격대가 제법 높은 제품들이 있었다. 또 사진첩(앨범)처럼 한국에서 용도 폐기된 물건들이나 중고버스와 커피 자판기 등을 떼어다 팔기도 했다. 모스크바에 상륙한 한국의 사업가들은 초기에 사업장이라고 할 만한 것이 없었고, 모스크바 북쪽 필룝스키 공원 근처 '고르부시카'라고 하는 오디오와 비디오 제품 판매 전자상가를 활용했다. 이곳은 없는 게 없다고 할 정도로 온갖 물건을 구할 수 있는 곳이었다. 현재는 멋지게 리모델링을 해서 대형 상가 건물들이 모여 있는 복합쇼핑몰이 되었지만, 당시만 하더라도 소매상들이 컨테이너식 상점에서 각종 물건을 판매하는 벼룩시장 같은 곳이었다.

유학생과 교민이 이용할 수 있는 최초의 한국 상점으로는 베르나

오늘날 '고르부시카'의 외관. 좌판과 노점이 대형 건물 안의 상점으로 모두 변했다. (사진 : directions-skc.narod.ru)

고르부시카 내부. 전자상가의 면모를 잘 갖추고 있다. (사진 : IRS)

드스키 대로에 있는 모스크바국립대학교 기숙사 내 간이슈퍼마켓을 들 수 있다. 한국 물건을 구하기 어렵던 시절에 이 기숙사는 한국산 식료품을 구할 수 있는 유일한 곳이었다. 작은 슈퍼에서부터 빵집, 미용실 등 다양한 생활 관련 서비스업이 이 기숙사 한쪽에서 운영되고 있었다. 대학 기숙사 안에서 안전을 보장받으면서 상업 활동을 하는 사람들이 당시에는 적지 않게 있었다. 1990년대 중후반 이후 이곳이 한국 유학생의 중심지가 되면서 이 기숙사에 사는 한국 사람들을 대상으로 반찬과 도시락을 팔다가 주재원들 사이에서 식사의 품질이 좋고 맛있다는 소문이 돌면서 아예 모스크바 주재 한국 대기업 지사에 도시락을 전문적으로 납품하게 된 사례도 있었다. 하지만 개방 초기에는 임대료만 지불하면 살 수 있던 이 기숙사는 여러 폐해로 인해 학교에 등록된 유학생에게만 방을 제공할 수 있도록 학칙을 변경했다. 그러자 한국인을 대상으로 한 상점들은 급속히 줄게 되었다. 상점 주인들도 처음에는 연수생으로 등록해서 이 기숙사에서 터전을 유지해보려고 하다가 원활치 않자 차츰 다른 곳으로 이동하기 시작했다. 그러던 중 한국인 상점들이 레닌대로에 위치한 오를료뇩 호텔로 모여 들면서 제대로 된 상점 형태가 본격적으로 생겨나기 시작했다.

오를료뇩 호텔에는 한국인을 대상으로 하는 식료품과 전문 음식점, 슈퍼마켓, 러시아산 녹용이나 차가버섯, 전자알약과 KGB 요원들이 먹었다는 술에 취하지 않는 약 RU21 등을 파는 상점들이 대거 입점했다. 그러면서 이 호텔은 한국 사람들의 본거지가 되었다. 한국에서 오는 사람들은 일부러 이곳부터 들러 귀국할 때 가져갈 물건을 골랐다. 기존의 상점들이 교민을 주요 고객으로 생각했던 반면, 이곳 상점 가운데에는 러시아를 방문하는 한국인들이 막상

2000년대 초까지 모스크바의 명물이었던 한국 식당 '신라'. 현재는 코르스톤 호텔 지하로 이동했다. (사진 : IRS)

구 아를료뇩 호텔. 현재는 코르스톤으로 개칭되었다. 카지노가 성행하던 시절의 모습. (사진 : IRS)

언어적 난관이나 제품에 대한 불신으로 말미암아 구하기 만만치 않았던 러시아산 제품들을 구비해 놓음으로써 소비자의 폭을 대폭 확장시킨 곳들이 있었다. 이런 전략은 적절했고, 덕분에 유학생과 교민들에게만 아니라 한국에서 오는 손님들에게까지도 오를료녹 호텔은 꼭 들려야 할 곳으로 명성이 자자했다. 어느 때나 상관없이 이곳은 유학생이나 교민을 비롯하여 한국 식당을 이용하는 사람들로 발 디딜 틈이 없었다. 이후 한국 식당들은 이곳에서 시작하여 근처의 살류트 호텔과 스푸트니크 호텔 등으로도 확장됐다.

오를료녹 호텔은 우리나라의 교육문화회관과 자매결혼을 맺어 운영 방법을 배운 것으로 알려져 있다. 자본주의식 경영이 본격적으로 이루어진 곳이다 보니 주먹구구식 운영으로 사라지는 상점들과는 판이하게 달랐다. 최근에는 고려인들도 떡국 떡이라든지 한국산 아이스크림과 과자 등을 사러 이곳을 자주 찾고 있다. 교민들끼리만 알음알음으로 운영되던 식료품과 식당들이었지만, 이제는

한국인 관광객에게 선물로 인기 있는 차가버섯 (사진 : aktei.ru)

고려인 동포들과 러시아 사람들 사이에도 점점 입소문이 나면서 소비자층이 한층 넓어지게 되었다. 한편, 오를료녹은 새끼 독수리란 뜻으로, 러시아 사람들에게는 소련 시절 공산소년단을 연상시키는 명칭이다. 주로 청소년 수련원이나 연맹의 합숙소 등을 일컫던 명칭이어서 오를료뇩 호텔은 몇 년 전 코르스톤이라는 현대식 이름으로 바뀌었다. 코르스톤 호텔은 여전히 한국 사람들이 가장 많이 모이고 즐겨 찾는 장소이다.

이 시절 한국인들의 식문화로 인해 흥미로운 장면이 자주 연출되었다. 유학생과 교민들이 러시아에서 살면서 제일 그리워한 음식 가운데 하나가 삼겹살과 곰탕이었다. 러시아는 날씨가 추운 만큼 열량 소비가 많은 곳인지라 육류 구매가 많을 수밖에 없었다. 하지만 러시아 사람들은 삼겹살에 대한 개념도 없었고 더군다나 쇠뼈와 쇠꼬리는 먹지도 않았다. 그러다보니 모스크바에서 규모가 가장 큰 재래시장 중 하나인 체레무시킨스키 시장에나 가야 소의 다리뼈와 꼬리를 구할 수 있었다. 한국 사람들은 이곳에 들러 동이 날 정도로 다리뼈와 꼬리를 사갔다. 무게가 만만치 않았는데도 거의 거저다시피하는 값이어서 보이는 대로 사와서 든든히 배를 불렸다. 시장 상인들은 자신들이 식자재로 쓰지 않는 이런 부위들을 한국인들이 대량으로 사가는 것을 보면서 석연치 않은 행동에 혹시나 하는 생각으로 점점 더 값을 올려 팔기 시작했다. 러시아 사람들이 선호하지 않던 이런 식자재 값이 대폭 올라간 데에는 한국인들의 영향이 크다고 할 수 있다.

모스크바에서는 원불교와 한인 성당이 러시아 당국에서 공식적으로 허락을 받고 활동하고 있다. 한국의 원불교가 러시아에 미친 영향도 상당했다. 원불교는 종교적 색채가 적었던 까닭에 한국문화

소련 시절의 체레무시킨스키 시장 풍경 (사진 : rapsinews.ru)

현대식으로 바뀐 러시아 재래시장 내부 (사진 : bazar-msk.ru)

모스크바 한글학교인 원광 세종학당 현판
(사진 : wonkwang.ru)

원광 세종학교의 한국어 수업에 참여하는 학생들 (사진 : IRS)

센터로서 활동 허가서를 받을 수 있었다. 1992년부터 모스크바에서 활동하기 시작한 원불교는 '세종' 한글학교를 세워 고려인들에게 한국어와 한국 문화를 가르쳤다. 또 한민족민속큰잔치를 열고 고국 방문을 주선해주기도 했다. 현재는 한글학교 교재를 발간해 각 대학에 보급하는가 하면, 한국 정부의 지원 아래 원광 세종학당을 운영하고 있다. 모스크바 원불교의 러시아인 신도 수는 2015년에 이미 500명을 훌쩍 넘을 정도로 성장하고 있으며, 한글학교는 추석 때마다 몇 천 명이 모일 정도로 규모가 커졌다. 원불교는 러시아 정교의 문턱이 높고 뿌리가 깊다는 것을 인정하고, 자신들의 종교 색채를 가급적 빼고 문화 포교에 주력하면서 현지인에게 부담을 주지 않는 자연스러운 접근 전략을 시도한 성공 사례로 드러나고 있다. 모스크바 한인천주교회도 1994년부터 러시아 정부에서 공식 허가를 받아 활동하고 있다.

소련 붕괴 이후 물자난과 혼란 속에서 많은 사람들이 떠나갔다. 러시아 측에서 보자면 일자리를 찾아 국외로 떠나는 자국의 두뇌 유출이 심했을 뿐 아니라 찾아오는 외국인들의 발길도 뜸해졌다. 모두가 떠나가던 그 즈음 강력한 자본을 바탕으로 하는 새로운 한

원광 세종학당에서 매년 열리는 한국어 경시 대회 (사진 : taday.ru)

원광 세종학교의 한국어 수업 이수 학생들 (사진 : wonkwang.ru)

국인들이 러시아에 상륙했다. 이전까지만 하더라도 러시아에서는 한국인이라고 하면, 오래 전부터 러시아 땅에 터를 잡고 산 고려인이거나 북한에서 온 사람들만있는 줄로 알았다. 소련이 무너져갈 시점에서 등장한 한국인은 고려인도 북한인도 아닌 새로운 인류였다. 깔끔하고 돈이 많은 데다 뭐든 가능해 보이는 사람들이었다. 이들은 모스크바에서도 자신들이 살아왔던 자본주의의 방식대로 풍족하고 편안한 생활을 이어나갔다. 개방 초기 러시아 사람들은 한국인들에게 아파트를 임대해주기를 선호했다. 한국인에게 아파트를 임대해주면 들어갈 때보다 나갈 때 더 깨끗하게 하고 나간다는 소문이 나 있었다. 게다가 월세를 늦게 내거나 체불하는 경우가 없었고, 오히려 1년 치 월세를 한 번에 선불하는 호탕한 면도 있어 주인입장에서는 최고의 세입자일 수밖에 없었다. 그러다보니 집주인들 사이에서는 앞 다투어 한국인에게 임대해주는 것을 즐겼다고 한다. 반면 이 시절 한국인에 대한 부정적인 시선도 존재했다. 지나친 황금만능주의로 돈이면 뭐든지 다 된다고 생각해서 질서를 흐리거나 돈으로 위계질서를 정하는 등 눈살을 찌푸리게 하는 한국인도 있었다. 한국인들이 현금을 많이 소지하고 있다는 소문이 돌아 종종 강도의 표적이 되기도 했다.

최근에는 러시아로 관광을 떠나는 한국 사람들이 늘어나면서 진기한 현상이 벌어지고 있다. 과거에는 한국 사람들의 쇼핑 품목에 녹용과 차가버섯 등 자연건강식품이 대부분을 차지했지만, 최근에는 초콜릿, 보드카, 화장품 등 좀 더 다양한 품목으로 품목이 넓어지는 추세이다. 최근 한국의 종합형 뷰티 스토어에서도 러시아산 초콜릿을 팔기 시작했고, 대형 마트에서도 러시아산 보드카를 구입할 수 있다.

러시아 마트에 진열된 각종 보드카. 요즘은 한국 대형 마트에서도 러시아산 보드카를 살 수 있다. (사진: IRS)

한국의 종합형 스토어에 등장한 러시아 '알룐카' 초콜릿 (사진 : IRS)

뷰티 스토어 '추도데이'. '기적의 하루'란 뜻으로 인기 화장품들을 쉽게 구입할 수 있다. 러시아산 크림을 구입하기 위해 한국인 여행자들이 자주 찾는 인기장소이다. (사진 : vtixase.ru)

당근크림. 얼굴에 바르는 크림으로 자연성분으로 만들어져 있다. 이 크림 라인에는 당근 외에도 다양한 자연산 열매와 과일성분을 넣은 제품들이 있다. (사진 : spasibovsem.ru)

차가버섯을 주원료로 한 상품. 차가버섯 가루와 엑기스.
(사진 : gastrot.ru)

그중에서도 가장 선풍적인 인기는 천연화장품이다. 인터넷으로 입소문이 난 당근크림이 대표적이라 할 수 있다. 극동 지역을 관광하고 온 여행자들 사이에 값싸면서도 가격 대비 효능이 좋다고 알려진 이 크림은 포도, 석류, 녹차, 올리브, 보리수 열매 등 주성분만 다른 동일한 라인의 제품이 구비되어 있다. 효능에는 차이가 없지만, 당근으로 만들었다는 특별한 재미와 더불어 상품명이 쉽게 각인되는 탓인지 이 중에서도 유독 당근크림만큼은 구하기가 하늘의 별따기이다. 그도 그럴 것이 뷰티 스토어인 '추도데이'에서 이 크림을 다량으로 구입하는 한국 관광객들을 쉽게 만나볼 수 있기 때문이다. 러시아의 어느 지역이든지 대형마트나 가판대에서 쉽게 찾을 수 있는 크림이지만, 블로거들의 선전으로 추도데이 매장이 유명해지는가 하면, 이곳에서 당근크림 제품을 한 바구니 가득 담는 광경을 쉽게 볼 수 있다 덕분에 당근크림은 일찍부터 동나기 일쑤이고, 당근크림을 찾으러 왔다가 없어 실망하고 아쉬운 대로 다른 성분이 담긴 크림을 집어 드는 경우도 있다.

이 밖에도 여전히 차가버섯 가루와 엑기스 등을 구입하는 사람들이 적지 않다. 러시아는 식품이나 화장품에 화학성분을 첨가하지 않아 친환경적인 상품들이 많은 편이다. 과거에는 한국의 공산품이 러시아에서 인기였다면, 이제는 러시아산 친환경 제품이 그 장점으로 한국의 소비자들을 끌어당기고 있다.

소련 붕괴 이후 모두가 떠난 곳에 노비예 코레이치가 등장했고, 그 존재만으로도 러시아 사람들에게 신선한 충격을 주었다. 초기 혼란했던 시절 그곳에서 나름의 사업들을 펼쳐나간 많은 사업가가 한국인 특유의 성실함과 부지런함, 도전정신으로 러시아 사람들에게 강한 인상을 주었다. 또 그 시절 혼란스럽고 가난했어도 따뜻했던 러시아가 있었기에 한국 기업이나 상인들, 유학생과 교민들은 삶의 터전을 일굴 수 있었다. 여전히 오늘날에도 러시아로 향하는 발길이 끊이지 않는 것도 그 시절 한국인과 러시아인들이 서로 보여준 깊은 신뢰와 애정 덕분일 것이다.

10장

러시아에 흐르는 한류

요즘은 고도의 소비문화와 첨단기술이 집중된 러시아의 국가 수도 모스크바나 문화 수도 상트페테르부르크에서만 아니라 저 멀리 시베리아 사하 공화국의 수도 야쿠츠크, 극동의 중심지 블라디보스토크에서도 전자제품이나 식료품 등 다양한 한국 상품을 흔하게 접할 수 있다. 하지만 러시아에서 한국과 한국인의 존재감은 이제 상품으로만 그치지 않는다. 이른바 '한류'로 대표되는 한국 대중문화의 확산도 수도 모스크바에서만 아니라 지방의 많은 도시에서도 뚜렷하게 감지할 수 있다. 한류의 물결이 수도 모스크바를 넘어 지방 도시들로 자연스럽게 범람하고 있는 양상은 2017년 8월에 타타르스탄 공화국의 수도 카잔과 레닌의 고향 도시 울랴놉스크, 남부 도시 사라토프 등 볼가강 연안의 여러 도시를 방문했을 때 도시 거리나 광장에서만 아니라 상점과 카페 안에서도 들려왔던 한류의 대명사 케이팝의 친숙한 노랫소리에서 분명하게 확인할 수 있었다. 예를 들면, 사마라, 볼고그라드와 함께 볼가강 하류 3대 도시 가운데 하나로 손꼽히는 사라토프의 중심가에서 주말을 맞아 많은 사람이 축제를 즐기는 시간에 10대 소녀들이 각자 가진 끼와 재능을 선보였는데, 이때 러시아 소녀들이 추는 춤의 배경 음악으로 한국 아이돌 걸그룹 <블랙핑크>의 히트곡 「붐바야」가 스피커에서 자연스럽게 흘러나왔다. 그러자 댄스 경연에 참여한 소녀들만 아니라 주변에서 구경하고 있던 다른 소녀들도 「붐바야」 노래를 흥얼거리며 따라 부르고 몸을 들썩이기도 했다. 또 「붐바야」에 맞춰 춤을 춘 팀이 무대에서 사라지고 나서 다른 팀이 올라왔을 때도 한국 보이그룹의 케이팝 노래가 댄스 배경 음악으로 흘러나왔다. 러시아 남부 도시 사라토프에 사는 10대 소녀들에게 케이팝은 자신들의 흥과 끼를 발산하는 일상생활과 놀이문화에서 아주 자연스러운 일부가 된 것처럼 보였다.

케이팝이 이끄는 한류의 흐름이 러시아 지방 도시 곳곳에 깊숙이 스며들어 있다는 생생하고 구체적인 증거는 레닌의 고향 도시 울랴놉스크에서도 발견할 수 있었다. 러시아 문화에서 '어머니 러

볼가강 하류에 있는 러시아 남부 도시 사라토프 중심가에서 케이팝 걸그룹 <블랙핑크>의 노래 「붐바야」에 맞춰 흥겹게 춤을 추고 있는 러시아 10대 소녀들 (사진 : IRS)

시아(Mother Russia)'의 젖줄로 통하는 볼가강 유역에는 오늘날 크고 작은 도시들이 많이 자리 잡고 있다. 수도 모스크바에서 동남쪽으로 893km 떨어진 울랴놉스크도 볼가강 연안에 있는 대표적인 도시들 가운데 하나이다. 울랴놉스크는 현재 인구 약 61만 명으로, 니즈니 노브고로드, 카잔, 사마라 등 인구 100만 명 이상의 다른 볼가강 유역 도시들과 비교할 때 규모가 아주 크지는 않다. 하지만 격동의 20세기 러시아 역사에서, 특히 사회주의 국가 소련의 생성과 발전, 소멸 과정에서 울랴놉스크만큼 영광과 좌절을 동시에 겪은 도시는 볼가강 유역에서 찾아보기 어려울 것이다. 이곳은 지금으로부터 정확히 100년 전인 1917년 '10월 혁명'을 성공시켜 세계 최초의 사회주의 국가 소련을 탄생시킨 '혁명의 지도자' 블라디미르 일리치 레닌(본명 '울랴노프')이 태어난 곳으로, 레닌과 소련의 운명에 따라 적지 않은 부침을 겪었기 때문이다. 다시 말해 울랴놉스크는 이곳에서 태어나서 열일곱 살 때까지 소년 시절을 보낸 러시아 혁명 지도자 레닌의 삶과 죽음, 소련의 흥망성쇠에서 볼가강 유역의 어느 도시보다도 더 많은 영향을 받았다.

이곳 울랴놉스크의 심장부는 도시를 두 부분으로 나누며 도도하게 흐르고 있는 볼가강 연안 바로 위로 높게 솟은 이른바 '레닌의 왕관' 언덕으로 이뤄져 있고 따라서 레닌을 기념하는 소련 시대의 다양한 건축물로 장식돼 있다. 울랴놉스크가 비공식적으로 과거의 이름인 심비르스크를 사용하며 러시아의 역사적 연속선 위에 서 있음을 강조하고 있기는 해도 이 도시의 핵심 부분은 '레닌 기념관' 등 소련 시대에 조성된 건축물들이 지배하고 있다. 실제로 볼가강 연안 바로 위로 드넓게 펼쳐진 '레닌의 왕관' 언덕은 크게 '레닌 기념관'과 '레닌 광장'으로 양분되어 있는데, 거대한 기념관에

울랴놉스크 중심부의 '레닌의 왕관' 언덕 풍경 (사진 : ru.wikipedia.org//wiki/Ульяновск)

는 레닌 박물관이 자리 잡고 있고 광장에는 레닌 동상이 우뚝 서 있다. 또 '레닌 기념관' 바로 뒤편에는 레닌이 유년 시절을 보낸 집이 '레닌 생가 박물관'으로 잘 보존되어 있고 그 앞에는 어린 레닌의 어깨 위로 다정하게 한 손을 올려놓고 있는 어머니의 동상이 조성되어 있다. 게다가 이 언덕 옆을 가로지르는 도로 건너편의 고층 호텔 이름도 언덕 이름과 똑같은 '레닌의 왕관'이어서 울랴놉스크의 중심부가 온통 레닌을 주제로 조성돼 있음을 느낄 수 있다.

1917년 10월 러시아에서 세계 최초로 사회주의 혁명이 일어난 지 100주년이 되는 2017년 8월 하순에 찾은 울랴놉스크 '레닌의 왕관' 언덕은 기대와 다르게 그저 한산하기만 했다. 이날이 평일이기는 했지만, 이때가 여전히 여름 휴가철이었다는 점과 울랴놉스크를 전후로 방문한 니즈니 노브고로드, 카잔, 사마라, 사라토프 등 다른 볼가강 유역 도시들의 중심부에 사람들이 적지 않았던 점

울랴놉스크 '레닌 생가 박물관'과 '어린 레닌과 어머니' 동상 (사진 : IRS)

을 고려한다면 울랴놉스크의 심장부를 형성하는 드넓은 '레닌의 왕관'이 한산하기만 했던 모습은 상당히 뜻밖이었다. 드물게나마 보이는 얼마 되지 않은 관광객들도 절대다수가 할아버지와 할머니들이었다. '레닌 광장'에서 관광 해설사를 따라다니며 이곳저곳 둘러보던 노인들은 이곳에서 '소비에트 노스탤지어'에 젖어 소련 시절의 아련한 추억을 떠올리는 것처럼 보였다. 이날 넓디넓은 '레닌의 왕관'에서는 몇 안 되는 노인들 외에 다른 관광객들은 거의 찾아볼 수 없었다. 혁명의 지도자 레닌이 태어나 자란 소련의 성지가 이보다 더 한산하고 초라해 보일 수는 없었다. 더욱이 '레닌의 왕관'을 둘러싼 상징적 풍경에서 가장 중요한 곳으로 보이는 '레닌 기념관'은 거대한 규모와 육중한 느낌만 인상적일 뿐 찾는 사람이 거의 없어서 그런지 더 초라하게 보였다. 소련 시절 이곳은 남녀노소 할 것 없이 레닌의 흔적과 숨결을 직접 느껴 보고자 찾아온 수많은 사람

'레닌의 왕관' 언덕에 조성된 거대한 규모와 육중한 느낌의 '레닌 기념관' 전경 (사진 : IRS)

으로 인산인해를 이뤘을 것이다. 그러나 소련 붕괴 이후 사반세기 이상 지난 시점에서 방문해 둘러본 울랴놉스크 중심부는 과거의 뜨거운 열기와 화려한 모습을 더는 보여주지 못했다.

놀랍게도 이처럼 조용하다 못해 초라하게 보였던 레닌의 고향 울랴놉스크에서도 케이팝을 앞세운 한류가 도도한 볼가강 물결을 타고 면면히 흐르고 있다는 사실을 알 수 있었다. '레닌의 왕관' 언덕에 우뚝 서 있는 '레닌 기념관' 앞으로 드넓게 펼쳐진 광장에서 노인들 위주로 드문드문 보이는 구세대 관광객들 사이로 파라솔을 펼치고 시원한 음료와 아이스크림을 판매하고 있는 아가씨가 눈에 띄었다. 아가씨에게 다가가 '레닌 박물관'이 어디에 있느냐고 물었다. 아가씨는 낯선 이방인들의 질문에 곧장 대답하고 나서 우리가 어느 나라에서 왔냐고 되물었다. 그녀는 뭔가 몹시 궁금하다는 표정이었다. '한국에서 왔다'고 러시아어로 대답하자 아가씨가 밝은 표정을 지으며 또렷한 한국어로 '안녕하세요!'라고 말했다. 전혀 예상치 못한 그녀의 한국어가 반갑기도 하고 놀랍기도 했다. 한국인은 고사하고 한국어도 전혀 볼 수 없을 것만 같은 지방에서 '진짜 한국인'들을 향해 한국어를 반갑게 말하는 러시아 아가씨를 만났던 것이다. 알고 보니 그녀는 대학에서 체육을 전공하고 있었는데, 학교에서 수영이나 사격을 열심히 훈련하는 것 못지않게 집에서는 <블랙핑크>, <엑소> 등 한국 아이돌 그룹들의 노래를 열심히 듣고 따라 부르며 케이팝에 푹 빠져 있었다. 이름이 마리야 라브렌티예바라고 밝힌 이 여대생은 케이팝과 한류가 너무 좋다고 하면서 한국에 단 한 번만이라도 가볼 수 있으면 여한이 없을 것이라고 말했다. 마리야는 몇 년 전 인터넷을 통해 케이팝을 처음 접했고 그때부터 케이팝은 물론이고 한국 드라마도 보기 시작하면서 한글을 독

울랴놉스크 중심부의 '레닌 광장'에서 만난 러시아 여대생 마리야 라브렌티예바. 그녀는 케이팝에 빠져 한국어를 배우게 됐고 한국에도 꼭 가보고 싶어 한다. (사진 : IRS)

학으로 배우고 있다고 말했다. 울랴놉스크에 사는 평범한 여대생 마리야가 케이팝에 심취하고 한국어도 독학하며 한국 문화를 동경하는 모습에서 러시아 곳곳으로 확산하는 한류의 영향력을 실감할 수 있었다.

볼가강 연안을 따라 러시아를 관류하는 한류의 힘은 타타르스탄 공화국의 수도인 카잔의 크렘린에서 우연히 만난 어린 소녀에게서도 확인할 수 있었다. 카잔 크렘린은 이슬람 사원 '쿨-샤리프'와 러시아 정교회 성당이 앙상블을 이루며 조화롭고 아름다운 풍경을 연출하는 것으로 세계적으로도 유명하다. 그래서 이곳은 인종과 민족, 종교 등의 차이를 뛰어넘어 러시아 안팎에서 방문하는 사람들의 발길이 매일 끊이지 않는다. 2017년 8월 24일 카잔 크렘린에서 알게 된 아르메니아 출신의 한 소녀도 이곳이 대표하는 문화적 다양성의 일단을 잘 보여줬다. 중학생으로 보이는 이 소녀는

러시아연방 타타르스탄 공화국의 수도 카잔 크렘린 야경.
문화적 혼종성과 다양성을 대표하는 이슬람 사원과 정교회 교회가 좌우로 나란히 보인다. (사진 : IRS)

1988년 아르메니아에서 대지진이 일어나 수만 명의 목숨을 앗아가며 큰 피해를 낳았을 때 아르메니아에서 타타르스탄으로 이주해 온 아르메니아인 부모에게서 태어났다. 따라서 무슬림 공화국 타타르스탄에서 러시아연방 시민으로 사는 아르메니아인 소녀는 누구보다도 문화적 혼종성과 다양성을 잘 보여준다고 할 수 있다.

러시아연방 타타르스탄 공화국의 수도 카잔 크렘린에서 만나 케이팝 소녀 팬. (사진 : IRS)

하지만 알고 보니 요즘 이 소녀가 푹 빠져 있는 문화는 러시아 문화도, 이슬람 문화도, 아르메니아 문화도 아닌 바로 케이팝이 중심이 된 한국 대중문화였다. 카잔 크렘린 성벽의 망루에 올라간 사람들끼리 함께 기념사진을 찍다가 우연히 알게 된 이 소녀도 한류를 대표하는 케이팝 아이돌 그룹과 노래들이 너무 좋다고 하면서 마음에 드는 유명한 아이돌 가수 이름들을 술술 열거하면서 거기서 만난 일반 한국인들에게까지 친근감을 표시했다. 그녀가 흔쾌히 사진촬영에 응해준 이유도 여기에 있다. 어린 딸과 함께 카잔 크렘린을 찾은 엄마의 전언에 따르면, 소녀는 유튜브 등 인터넷 사이트를 통해 케이팝을 자주 접하곤 하는데, 이제는 케이팝만 아니라 한국 문화 전반에 걸쳐 관심을 기울이기 시작했다고 한다. 이런 점에서 볼 때 이 소녀는 앞으로 진정한 문화적 혼혈인이 될 가능성이 농후한데, 그녀의 문화적 혼혈성을 형성하는 데서 한류가 큰 부분을 차지할 것으로 보인다. 참고로 이 소녀는 우리와 나눈 이야기와 함께 찍은 사진이 한국에서 책으로 소개될지도 모른다고 말하자 수줍게 웃으며 좋다고 말했다.

최근 러시아에서 케이팝은 젊은이들의 일상생활과 놀이문화에서만 아니라 예술문화의 중요한 일부를 차지하는 영화에서도 영향력을 발휘하는 것으로 밝혀져 흥미롭다. 현대 러시아 영화계를 대표하는 여성감독 가운데 한 명인 안나 멜리키얀은 2007년 『인어공주』을 만들어 이듬해 아카데미 최우수외국어상 러시아 후보작으로 진출시켜 뛰어난 실력을 인정받았다. 그로부터 몇 년이 흐른 뒤 2015년에 멜리키얀은 『사랑에 관하여』라는 작품을 만들어 러시아 최고 영화상 가운데 하나인 '황금 독수리' 상에서 최우수작품상을 받았다. 이 영화는 여러 쌍의 남녀 간 사랑 이야기를 통해 사랑의 의미가 무엇인지 곰곰이 생각해 보게 한다. 멜리키얀은 특히 이 영화에서 주요 장면마다 그에 어울리는 배경 음악을 깔아주는데, 흥미롭게도 영화 속 첫 번째 남녀 커플의 사랑 이야기는 다름 아닌 케이팝을 대표하는 노래 「우리 사랑했잖아」가 티격태격하다 헤어지는 남녀 주인공의 심경을 대변하듯이 흘러나온다. 2011년 한국 걸그룹 <다비치>와 <티아라> 멤버들이 함께 불러 많은 인기를 모은 이 노래는 "제발 날 울리지 마. 오직 내겐 너 하나뿐이야. 눈을 감아도 보여. 귀를 막아도 들려. 제발 날 떠나가지 마"라는 가사에서 알 수 있듯이 어떤 이유에선지 헤어져야 하는 상황에서 상대에게 떠나지 마라고 애원하는 마음을 마음을 표현한다. 멜리키얀의 영화에서 「우리 사랑했잖아」는 사랑하는 남녀 주인공이 상대방의

안나 멜리키얀의 2015년 영화 『사랑에 관하여』에서 남녀 주인고이 목에 헤드폰을 걸치고 있다.
이들은 여기서 헤어지고 나서 배경 음악으로 흘러나오는 케이팝 노래 「우리 사랑했잖아」를 듣는 것처럼 묘사된다.
(사진 : kinopoisk.ru)

입장을 이해하지 못하고 헤어질 때 흘러나오는데, 이와 동시에 두 사람은 각자 길을 가면서 지니고 있던 헤드폰을 쓰고 음악을 듣는다. 이런 식으로 마치 영화 속 연인들이 다름 아닌 「우리 사랑했잖아」를 듣고 있는 것처럼 보이는데, 실제로 이 노래를 듣는 사람들은 바로 영화를 보는 관객들이다. 게다가 러시아 관객들만이 아니라 전 세계에서 다양한 통로로 이 영화를 보게 되는 사람들도 관객이 되어 「우리 사랑했잖아」를 듣는다.

요즘 케이팝은 러시아에서 다양한 방식과 경로를 통해 젊은이들의 마음을 사로잡고 있지만, 멜리키얀의 영화 『사랑에 관하여』가 보여주고 있는 것처럼, 러시아 대중문화 작품 속에 단순히 잠깐 소개되는 데 그치지 않고 서사의 한 부분에 유기적으로 녹아들어 작중인물들 사이에서, 또 작중인물과 관객들 사이에서 동일한 감정의 구조를 형성하는 케이팝 노래는 찾아보기 어렵다. 이처럼 러시아에서 케이팝은 일반 팬들 중심으로 점점 더 확산하며 사랑받고 있지만, 여기에 그치지 않고 수준 높은 러시아 대중문화와 예술에서도 창조적 상상력의 중요한 요소 가운데 하나로까지 활용되고 있다. 요컨대, 오늘날 케이팝은 러시아 대중문화에서 활동하는 유명 예술가들에게도 일정한 호소력과 영향력을 발휘하는 수준까지 올라와 있다고 말할 수 있다.

앞서 소개한 가장 최근 사례 몇 가지만 봐도 쉽게 짐작할 수 있듯이, 러시아에서 케이팝의 대중적 인기와 확산은 주로 러시아 10~20대 청소년층에서 자생적, 자발적으로 시작됐다. 이 과정에서 케이팝을 중심으로 한 한류에 자발적으로 관심을 보이고 관련 정보와 자료를 공유하고 널리 유포하는 크고 작은 인터넷 사이트와 동호회들이 가장 중요한 역할을 수행했다. 한국국제교류재단(Korea Foundation)이 몇 년 전부터 해마다 조사해 발간하는 『지구촌 한류 현황』 2017년 자료를 살펴보면, 현재 러시아 내 한류 동호회 수는 60개 이상으로 잘 발달해 있는 것으로 나타났다. 카자흐스탄 등 러시아 주변 독립국가연합(CIS) 거주 러시아어 구사자들도 상당수 가입해 있는 러시아 동호회 현상에서 드러나는 가장 두드러진 특징은 케이팝 동호회가 40개 이상으로 압도적 다수를 차지하며 러시아 한류를 이끄는 원동력이 되고 있다는 사실이다. 바꾸어 말자면, 러시아에서 한류의 확산과 소비는 전반적으로 케이팝의 인기에 힘입어 이뤄지고 있다고 할 수 있다.

이들 동호회는 주로 온라인 공간에서 활동하는데, 흔히 러시아판 페이스북으로 통하는 사회관계망서비스(SNS) '프콘탁테(VKontakte)'가 가장 대표적인 케이팝 동호회 활동 공간이다. 실제로 국제교류재단이 파악한 한류 동호회들은 압도적 다수가 프콘탁테에서 활동하고 있다. 예를 들면, '프콘탁테' 케이팝 동호회 <케이팝

팬(k pop fanaty)>(https://vk.com/fanatka_kpop)은 회원수 약 26만 명, 파로워 수 42만 명 이상으로 케이팝 동호회를 포함한 러시아 한류 동호회 전체를 통틀어 최대 규모를 자랑한다. 이 동호회는 케이팝 관련 최신 정보와 자료, 유용한 지식을 공유하고 소개하는 것이 일차 활동 목적이다. 이는 최근 영국 공영방송 BBC가 현재 전 세계에서 가장 유명한 케이팝 아이돌 그룹 가운데 하나인 <방탄소년단(BTS)>에 관한 다큐멘터리 영화를 제작해 공개했다는 소식이 동호회 사이트 대문에 걸려 있는 데서 알 수 있다. 이와 함께 <케이팝 팬>은 회원들이 각종 현안과 문제 등에 관해 자신들의 의견을 표현하고 다른 회원들과 논의할 수 있는 토론 게시판도 운영하고 있다. 이 밖에 여기서는 케이팝 아이돌 그룹의 이름이나 로고가 들어간 티셔츠와 모자 등 케이팝 관련 상품들도 판매하고 있어 흥미롭다. 참고로 여기서 판매하는 <블랙핑크> 이름이 들어간 모자 가격은 한화로 약 2만 원이다. 이런 식으로 케이팝 동호회들은 러시아 내 한류의 인기와 소비에서 가장 중요한 부분을 차지하고 있는 케이팝의 확산에 크게 이바지하고 있다.

러시아 케이팝 동호회 <케이팝 팬> (사진 : kinopoisk.ru)

이와 관련하여 케이팝에서 드라마까지 한국 문화산업 전반에 관한 정보와 자료, 소식을 제공하면서 케이팝을 전면에 내세우는 러시아 인터넷 사이트(k-pop.ru)가 있어 특히 주목할 만하다. 2009년 2

www.k-pop.ru는 다양한 부문에 걸쳐 사이트 운영 요원들을 모집하고 있다. (사진 : k-pop.ru)

월 출범하여 올해로 8년이 된 이 사이트는 처음에 한국 유명 연예인들의 프로파일을 작성해 소개하는 작업에서 시작하여 지금은 케이팝뿐만 아니라 TV 예능까지 한국 문화산업 전체를 망라하는 정보와 뉴스를 제공하고 있다. 하지만 사이트 주소에 케이팝이라는 단어 하나만 사용하고 있는 데서도 알 수 있듯이, 이 사이트의 무게중심은 바로 케이팝에 있다. 달리 말하자면, 이 사이트의 모든 것은 케이팝에서 시작해서 케이팝으로 끝난다고 해도 과언이 아니다. 현재 이 사이트를 방문하는 사람들의 수는 하루 6~7천 명을 기록하고 있는데, 이들 대다수가 가장 많은 관심을 기울이는 것도 바로 케이팝이다. 케이팝 관련 실시간 뉴스와 정보가 사이트의 콘텐츠 대부분을 차지하고 있기 때문이다. 이곳은 최대 25만~30만 명으로 하루 방문자 수를 확대할 계획으로 있어 콘텐츠도 그만큼 더 알차고 풍부해질 것으로 예상된다.

다른 한편, 러시아에서 케이팝을 중심으로 한 한류의 소개와 전파는 한류 동호회 등을 통해 자생적, 자발적으로 이뤄지고 있는 것과 동시에, 최근에는 러시아 주재 한국 대사관이나 총영사관 등 정부기관들이 한류 보급과 확산에 적극적으로 나서고 있다. 2006년 설립돼 2007년 현재 기준으로 벌써 10년 이상 활동하며 한·러 문화 교류와 한류 확산에 크게 이바지하고 있는 모스크바 주재 한국문화원이 대표적인 사례이다. 한국문화원의 설립 목적은 각종 공연과 전시회, 영화 상영 등 다양한 행사 개최를 통해 한국 전통문화와 현대문화를 러시아와 CIS 국가들에 널리 소개하고 알리는데 있다. 이와 함께 한국문화원은 체육·관광·예술 분야 등에 걸쳐 한국과 러시아 사이의 활발한 문화 교류를 촉진하는 활동을 펼치고 있다. 한국어 강좌와 한국 인문사회 특강, 태권도 시범, 한지공

러시아 한국문화원 자료실 (사진 : IRS)

에 행사 개최도 한국문화원의 주요 활동에 해당한다. 러시아 한국문화원은 이러한 활동 내용과 결과를 인터넷 공식 홈페이지(http://russia.korean-culture.org)와 SNS, 유튜브, 월간 소식지 등 온라인과 오프라인으로 동시에 일목요연하게 소개하고 있어 러시아에서 진행되고 있는 한류 확산 현황을 한눈에 알 수 있다.

이러한 한국문화원의 왕성한 활동에서 주목할 만한 부분 가운데 한 가지는 한국문화원이 러시아 내 한류 진흥에 힘쓰는 과정에서 다양한 형태로 케이팝 관련 행사 개최를 지원하고 있다는 사실이다. 대표적인 최신 사례로는 2017년 10월 29일 한국문화원과 한국문화산업교류재단 공동 후원으로 모스크바에서 열린 'AIdolcon K-POP 페스티벌'을 들 수 있다. 모스크바를 비롯한 러시아 전국 10개 도시에서 온 케이팝 밴드와 커버댄스 팀들이 열띤 경연을 벌여 참석자들을 열광의 도가니로 몰아넣었던 이날 행사는 세 가지 점에서 중요한 의미가 있었다. 첫째, 2009년부터 열리기 시작한 이날 행사가 처음으로 한국문화원의 후원 속에 대규모로 열렸다는 점이다. 이는 러시아 내 한류와 케이팝 확산에서 한국 정부를 대신하여 한국문화원이 중요한 역할을 수행하고 있음을 뒷받침해준다. 둘째, 이날 행사가 러시아 케이팝 동호회 <아이구 러시아(Aigoo Russia)>의 주최로 성황리에 열렸다는 사실이다. 이는 케이팝 확산에서 동호회의 역할이 절대적임을 다시 한 번 확인해주는 동시에 한국 정부기관 후원과 러시아 동호회 주최라는 협력 틀이 효과적으로 작동했음을 보여준다. 셋째, 이번 행사가 러시아 등 동유럽 언드그라운드 록 밴드들이 공연하는 '시어터 B(Theater B)' 클럽에서 열렸다는 점이다. 이처럼 클럽에서 진행된 행사는 케이팝 관련 행사가 음악 공연에 특화된 장소에 열려 다양한 장르에 걸친 케이팝

'AIdolcon K-POP 페스티벌'에서 참가한 러시아 여성들이 케이팝 커버댄스를 선보이고 있다.
(사진 : vk.com/aigoorussia)

의 매력이 충분히 전달되고 여기에 청중이 자연스럽게 녹아들 수 있는 구조였다. 요즘 오프라인 현장에서는 러시아 젊은이들이 클럽에서 케이팝을 접하고 즐기고 있다는 것도 여기서 짐작할 수 있다.

한국국제문화교류진흥원의 최승현 통신원이 지적했듯이, 러시아에서 한류를 이끄는 케이팝의 인기는 모스크바 같은 대도시에서 10대 청소년들이 즐겨 찾는 클럽에 가보면 실감할 수 있다. 러시아에서 케이팝은 '프콘탁테' 등 SNS 공간을 통해 활동하는 동호회들을 중심으로 확산하고 있지만, 오프라인 공간에서는 바로 클럽을 통해 유행하고 있다. 이는 노래와 춤, 비주얼이 한데 어우러지면서 독특한 음악을 만들어 내는 케이팝의 성격이 클럽과 같은 문화공간에서 가장 잘 발현되기 때문이다. 그래서 모스크바처럼 클럽문화가 대중화되어 있는 곳들은 케이팝이 러시아 청소년 사이에 호소력을 발휘하고 확산하기에 더없이 좋은 환경을 제공해준다고 한다.

최승현 통신원의 소식에 따르면, 2014년 <블락비>나 <유키스> 등 케이팝 아이돌 그룹의 쇼케이스와 공연도 바로 클럽에서 진행됐다. 더 흥미로운 점은 모스크바나 상트페테르부르크의 유명 클럽들에서 여는 케이팝 페스티벌들이 러시아에 진출해 있는 한국 기업이나 기관 등에서 후원을 받으며 열리면서 동시에 페스티벌 무대가 한국 기업들의 상품 설명회나 전시회 장소가 되고 있다는 사실이다.

러시아 내 케이팝의 열기는 최근 들어 시베리아에서도 확연하게 감지된다. 2017년 5월 19일 시베리아를 대표하는 도시 가운데 하나로 바이칼호수를 끼고 있는 이르쿠츠크에서는 케이팝 콘서트가 시베리아 최초로 생중계되어 더 큰 화제를 모았다. 서울경제신문 등의 보도에 따르면, 이르쿠츠크 주재 대한민국 총영사관(엄기영 총영사)이 주최하는 케이팝 한류문화 콘서트가 이르쿠츠크국립극장에서 열렸다. 800석 규모의 극장이 이날 온 케이팝 팬 2천여 명을 수용하지 못하자 극장에 들어가지 못한 사람들은 밖에서 모니터를 통해 생방송 중계를 지켜보는 것으로 만족해야 했다고 한다. 이날 행사에서 관객들은 케이팝과 함께 한국 전통무용 등도 즐겼다. 이르쿠츠에 사는 러시아 소녀 30명으로 구성된 '주근깨 무용단'이 부채춤을 선보였고 한국 국립국악원과 한국무용단도 전통 음악과 춤을 공연했다. 이와 함께 <엠팩트>가 케이팝 그룹을 대표하여 춤과 노래를 선보여 이날 케이팝 콘서트를 빛냈다.

러시아에서 케이팝 열기는 국제교류재단의 2017년 『지구촌 한류 현황』에서도 지적하고 있듯이 가수들이 러시아 음반 시장에 진출하지도 않고 전국 방송을 통해 본격적으로 소개되지 않은 상태에서도 점점 더 확산되고 있다. 이러한 과정에서 케이팝 가수들이 각종 페스티벌이나 쇼케이스 행사를 통해 러시아 현지에서 팬들

2013년 6월 7일 가수 싸이가 모스크바에서 열린 '무즈-TV' 팝음악상 시상식에 참석했을 당시 행사장 앞에서 열린 「강남 스타일」 플래시몹 장면 (사진; lifemusic.ru)

과 만나는 모습도 러시아 내 케이팝 열기 고조에 중요한 역할을 담당하고 있다. 다시 말해 케이팝 가수들의 러시아 방문은 어떤 목적과 형식이 되었든 러시아 내 케이팝 관심과 열기를 고조시키는 데서 매우 중요한 요인으로 작용한다. 이와 관련하여 언급하지 않을 수 없는 사건은 2012년 전 세계를 강타한 가수 싸이의 「강남 스타일」이 러시아에서도 큰 호응을 얻으면서 케이팝 확산에 일조했다는 사실이다. 특히 이듬해인 2013년 6월 7일에는 싸이가 모스크바를 직접 방문하여 올림픽경기장에서 러시아 음악 전문 TV 방송 '무즈-TV'의 팝음악상 시상식에 특별 손님으로 출연했다. 이날 싸이는 시상식 마지막 순서로 등장하여 먼저 신곡 「젠틀맨」을 선보이며 분위기를 조성한 다음에 마지막으로 공전의 히트곡 「강남 스타일」을 특유의 목소리와 몸짓을 섞어가며 불러 경기장을 가득 메운 러시아 팬들을 열광시켰다.

모스크바에서 싸이가 보여준 공연은 행사장을 직접 찾은 사람들뿐만 아니라 행사장 주변에서 그의 모습을 보려고 기다리던 사람들과 그의 모스크바 방문을 기념하여 프레시몹 행사를 열었던 팬들에게서도 뜨거운 반응을 불러일으켰다. 사람들은 싸이가 무대에서 「강남 스타일」을 부를 때만 아니라 플레시몹 장소에서도 싸이의 트레이드마크가 된 말춤을 흥겹게 따라 췄다. 이와 함께 싸이의 모스크바 방문과 공연은 당시 러시아 언론에서도 최대 화젯거리가 되어 대서특필됐고 그 이후 러시아에서 케이팝 확산에서 최대 기여 요인으로 평가됐다. 실제로 러시아에서 케이팝에 대한 관심은 2012년 싸이의 「강남 스타일」 발표와 2013년 그의 모스크바 방문을 계기로 대폭 증가했다고 볼 수 있다. 러시아 언론에서 케이팝을 조명할 때 아이돌 그룹들만 아니라 싸이도 중요하게 다루고 있는 점을 보면 그가 러시아 한류 발전에서 얼마나 이바지했는지 충분히 짐작하고 남는다. 현재까지도 러시아 주요 언론에서 신곡 제작과 발표, 행사 참석 등 싸이의 근황을 비중 있게 전하고 있을 정도로 싸이는 러시아에서 케이팝과 한류를 대표하는 가장 중요한 인물이다. 예를 들면, 러시아 경제신문 「코메르산트」는 2017년 12월 21일 '역사 속의 오늘'에서 2012년 12월 21일 싸이의 뮤직비디오가 유튜브 관람 횟수 10억 회를 돌파한 역사적인 하루로 소개하고 있다. 인류 역사에서 12월 21일은 그동안 농구 발명, 세르게이 에이젠시테인의 영화 『전함 포템킨』 상영, 드골의 프랑스 5공화국 대통령 선출로 기억됐는데, 앞으로 이 날은 싸이의 「강남 스타일」이 이룩한 대기록으로도 기억될 것이다.

한편, 2017년 10월 14일 상트페테르부르크국립대학교에서는 러시아 내 한국학 연구 120주년을 기념하는 국제학술회의가 열렸다. 이날 학술회의에서는 한국을 연구하는 러시아 국내외 학자들이 다양한 분야에 걸쳐 연구주제를 발표했는데, 러시아 내 한류 현황을 소개하는 차세대 한국학 연구자들의 발표도 흥미로웠다. 특히 최근 러시아에서 한류 바람을 타고 조금씩 유행하기 시작한 한국 드라마에 대한 러시아 젊은이들의 관심을 보여주는 주제 발표가 눈에 띄었다. 시베리아 크라스노야르스크에서 온 여자 대학원생의 발표에 따르면, 러시아에서 한국 드라마에 대한 관심은 대부분 10~20대 젊은 여성들에게서 나타나고 있다. 특히 러시아 젊은 여성들이 한국 드라마에 빠져드는 이유는 무엇보다도 한국 배우들의 훌륭한 연기력과 탄탄한 시나리오, 건전한 주제 구성 등에서 찾을 수 있다. 특히 가족애 등 전통적인 가치들을 중시하는 러시아 사회에서는 신세대와 구세대 사이의 존중 관계가 여전히 잘 지켜지고 있는 것으로 묘사되고 있어 한국 드라마가 선호될 수밖에 없을 것이다.

이르쿠츠크에 사는 의상 디자이너인 소피야 모스크비티나도 한국 드라마의 이런 요소들에서 매력을 느낀다고 말한다. 그녀는 한국 문화에 관심을 두게 되면서 인생 자체에 큰 변화가 생겼다고 밝혔다. 소피야는 한국의 매력에 빠져들기 전에는 평범한 경제학자가 되어 은행 같은 데서 일할 생각이었다고 한다. 하지만 어느 날 우연히 케이팝 음악을 접하게 되면서 그녀의 삶은 완전히 다른 방향으로 바뀌게 되었다. 하지만 소피야는 한국 문화에 대해 알게 되자 단지 케이팝에만 관심을 기울이지 않고 드라마에도 빠져들기 시작했다. 그녀는 한국 드라마에서는 좋은 주제와 멋진 연기, 독창적인 유머감각이 특히 마음에 들었다고 밝혔다. 더욱이 소피야는 케이팝과 한국 드라마의 매력에 빠져들면서 이르쿠츠크나 울란우데 같은 데

한국 드라마와 케이팝의 매력에 빠져 인생 방향이 바뀌었다고 말하는 소피야 모스크비티나 (사진 : the-village.ru)

서 열리는 한국 문화 페스티벌에 직접 참가하면서 자기 자신을 포함한 참가자들을 위한 행사 의상을 디자인하기도 했다. 이런 식으로 그녀에게 한국 드라마는 케이팝과 함께 한국이라는 미지의 세계를 알고 사랑하게 된 중요한 창구가 되었다.

소피야처럼 최근 러시아에서는 한국 최신 드라마들을 통해 한국의 전통적인 생활양식만 아니라 한국 젊은이들의 현대 생활에 매력을 느끼기 시작하는 젊은 여성들이 점점 늘어나고 있다. 이에 발맞춰서 주로 인터넷을 통해 한국 드라마들이 러시아 젊은이들 사이에 유포되기 시작하고 있는데, 이러한 경향은 공식 언론이나 학계의 주목을 받으면서 하나의 현상으로 발전하고 있다. 그러나 한국 드라마가 러시아에서 인기를 끌고 있기는 해도 공식 경로를 통해 러시아로 수출되는 사례는 거의 없다. 러시아에서는 한국 드라마를 공식 수입하여 유포하는 것이 아니라 인터넷이나 SNS

러시아에서 소개되고 있는 한국 드라마 (사진 : 유튜브)

를 통해 비상업적인 방식으로 다운로드하여 보는 것이 현재로서는 가장 대중적인 접근 방식이 되고 있다. 러시아어권에서 가장 많은 시청자를 보유하고 있는 러시아 도메인은 '드라마 TV'다. 드라마와 관련해 다양한 온라인 설문조사를 진행하고 있는 드라마광(дорамщик)을 통해서도 한국 드라마와 관련한 유용한 정보를 입수할 수 있다.

러시아에서 점점 확산하고 있는 한류를 얘기할 때 케이팝이나 한국 드라마와 함께 빼놓을 수 없는 것이 바로 한국 영화이다. 러시아에서 한국 영화의 존재감은 미미하나마 한류가 시작되기 훨씬 전부터 찾아볼 수 있다. 1989년 임권택 감독이 만든 영화 『아제아제바라아제』가 같은 해 6월 모스크바국제영화제에 출품되어 주연배우 강수연이 여우주연상을 받으면서 러시아에서 한국 영화의 존재가 알려지기 시작했다. 그로부터 약 30년이 흐른 2017년 6월에도 한국 영화들이 모스크바국제영화제를 찾아 존재감을 뽐냈는데, 흥미롭게도 이때도 불교 관련 영화가 러시아 관객들의 시선을 사로

2017년 제39회 모스크바국제영화제 한국영화특별전 포스터
(사진 : 러시아 한국문화원)

잡았다. 강수연이 비구니 역을 맡아 연기한 『아제아제 바라아제』도 불교의 세계를 묘사하여 이국적인 한국 문화를 러시아 관객들에게 알리는 데 이바지했듯이, 제39회 모스크바국제영화제 한국영화 특별전을 통해서도 유영 감독의 『산상수훈』이 불교의 세계를 현대 러시아 관객들에게 소개하는 데서 한몫을 담당했다. 공교롭게도 러시아에서 한국 영화는 바로 불교의 세계를 소개함으로써 현지 관객들의 관심과 사랑을 받았다. 이는 러시아에서 가장 많은 인기를 끌고 있는 한국 영화감독 가운데 한 명인 김기덕 감독의 영화들에서 불교가 차지하는 위치를 통해서도 쉽게 확인할 수 있다.

한국영화특별전은 2016년에 이어 2017년에도 모스크바국제영화제에서 열렸다. 6월 22일부터 29일까지 열린 특별전에는 윤제균 감독의 『국제시장』과 『해운대』, 『댄싱퀸』, 『공조』, 『1번가의 기적』 다섯 작품이 초청받아 상영됐다. 러시아 주재 한국문화원은 2017년 6월 25일 러시아 영화계와 일반 관객들에게 한국 영화 홍보를 위해 모스크바 '노비 아르바트' 거리에 있는 '옥탸브리' 영화관에서 기자회견을 열었고 영화계 주요 인사들을 초청하는 리셉션을 별도로 열기도 했다. 러시아 한국문화원과 언론 보도에 따르면, 이날 박노벽 러시아 주재 한국대사는 리셉션 축하연설에서 "한국대사관 문화원과 러시아 영화인협회가 작년과 올해 매우 성공적으로 '러시아 내 한국영화의 해'를 진행하고 있다고 평가하면서, 영화를 통해 한국과 러시아 간의 상호이해와 우호협력 증진에 기여하기를 바란다"고 말했다. 한국영화 특별전 개막작은 윤제균 감독의 『국제시장』이었고 경쟁 부문에는 김봉한 감독의 『보통사람』이, 비경쟁 부

'한국영화의 해' 개막식에 참석한 『히말라야』의 이석훈 감독 (사진 : 러시아 한국문화원)

문에는 비구니 스님 감독으로 유명한 유영 감독의 『산상수훈』과 김기덕 감독의 『그물』 등이 초청받아 상영됐다. 특히 경쟁부문에 출품한 김봉한 감독의 『보통사람』은 아시아영화진흥기구최우수상 NETPAC상을 받았다. 이에 앞서 2016년 러시아 '영화의 해'를 맞아 러시아 주재 한국대사관과 한국문화원은 러시아영화인협회와 공동으로 러시아 전역에서 '한국영화의 해' 행사를 열었다. 이때 모스크바에서는 시내 극장에서 매월 한 편씩 한국 최신 영화를 무료로 상영했는데, 이석훈 감독의 2015년 영화 『히말라야』가 대표작이었다. 이 밖에 모스크바 주재 한국문화원은 다양한 형태로 한국 영화 상영회를 열고 있다. 예를 들면, 한국문화원은 2017년 12월 4일 모스크바 '돔 키노'에서 '유라시아 협력 조명 2017 한국영화의 해 기념 영화제' 부대행사로 이연우 감독의 『피 끓는 청춘』(2014)을 무료로 상영했는데, 이날 550명 이상의 관객이 영화관을 찾았다고 한다.

2017년 시베리아에 있는 아무르주 블라고베셴스크에서 열린 '아무르의 가을' 국제영화제 특별전에 초대된 데서 알 수 있듯이 김기덕 감독은 러시아에서 가장 유명하고 가장 많은 사랑을 받는 한국 영화감독이다. 2017년 10월 14일 상트페테르부르크국립대학교에서 열린 한국학 개설 120주년 기념 국제학술회의 사회문화 분과에서도 러시아 연구자들은 한국 영화에 관해 소개하고 분석하는 자리를 바로 김기덕 감독의 영화에 할애했다. 상트페테르부르크국립대학교 사회학과의 옐레나 오스트롭스카야 교수는 현대 한국 영화의 대표작으로 김기덕 감독의 『봄, 여름, 가을, 겨울, 그리고 봄』을 소개하고 이 영화의 독특한 매력이 불교의 종교 세계와 속세의 그로테스크한 충돌에 있다고 설명했다. 하지만 오스트롭스카야 교수

'아무르의 가을' 국제영화제에 참석한 김기덕 감독의 모습 (사진 : ridus.ru)

는 김기덕 감독의 트레이드마크라고 할 수 있는 끔찍하고 잔인한 폭력의 세계에 관해서는 거의 언급하지 않고 지나쳤는데, 김기덕 감독의 영화에 나타난 폭력의 주제는 러시아에서 한국 영화 전체를 대표하는 것처럼 인식되고 있다. 대표적인 예로 2001년 개봉한 김기덕 감독의 처녀작 『섬』을 들 수 있다. 이 영화는 지나친 폭력성으로 러시아 관객과 비평가를 충격과 경악으로 몰아넣었다. 일각의 평가에 따르면, 이 영화에서 시와 사랑, 죽음에 대한 보편적 진리를 발견한 사람들은 김기덕 감독을 일본의 오시마 나기사나 이탈리아의 미켈란젤로 안토니오니 같은 거장 감독들과 같은 반열에 올려놓기도 한다.

상트페테르부르크국립대학교 사회학부에서 한국 사회를 연구하는 림마 탄갈리체바 교수는 한국 아트하우스 영화의 대표주자로 김기덕 감독을 꼽으면서 그의 영화 세계를 자주 언급하곤 한다. 여

상트페테르부르크국립대학교 사회학과의 옐레나 오스트롭스카야 교수가 2017년 12월 14일 러시아 한국학 120주년 기념 국제학술회의에서 김기덕 감독의 『봄, 여름, 가을, 겨울, 그리고 봄』에 관해 발표하고 있다. (사진 : IRS)

기서 알 수 있듯이 러시아에서 한국 영화를 지배하는 특징적인 현상은 러시아 사람들이 김기덕 감독에게 기울이는 특별한 관심이다. 러시아에서 열리는 영화제들에 김기덕 감독이 단골로 초대받고 러시아 언론에 대서특필되는 데서 알 수 있듯이, 김기덕 감독은 러시아 영화계에서 특별한 대접을 받는 한국 영화감독이다. 모스크바국제영화제에서 외국어영화상 후보작 3편 가운데 2편이 김기덕 감독의 작품이었을 정도로 그의 영화는 러시아에서 마력 같은 호소력을 발휘하고 있다. 이미 지적했듯이, 지금까지 러시아에서 김기덕 감독처럼 방송 인터뷰도 많이 하고 신문 기사에 많이 소개된 한국 영화감독은 거의 찾아보기 어려울 것이다.

최근 러시아에서 한류 붐은 케이팝과 드라마, 영화를 넘어 만화로까지 확산하고 있는 것으로 나타났다. 「연합뉴스」 보도에 따르면, 2000년대 중반부터 러시아에 번역, 소개되기 시작한 한국 만화가 그보다 몇 년 앞서 전해진 일본 만화에 필적할 만큼 큰 인기를 누리고 있다고 한다. 2016년 11월 13일 한국 국제교류재단 모스크바 사무소와 한국외국어대학교 러시아연구소가 공동으로 주최한 제2차 한·러 인문교류포럼에서 '러시아문화출판사'를 대표해 참석한 알렉산드라 볼코바는 "2007년 김연주의 『소녀왕』을 시작으로 러시아어로 번역, 출판되기 시작한 한국 만화책이 지금까지 모두 35종이 소개됐다"고 밝혔다. 여기서 짐작할 수 있듯이, 한국 만화도 영화나 드라마처럼 러시아에서 한류 붐 조성에 일조한다고 볼 수 있다. "한국 아이돌 스타들의 복장을 본 뜬 옷가지와 모자, 장신구 등과 함께 한국 만화책을 함께 파는 전문 매장들까지 생겨나고 있다"는 볼코바 대표의 말은 만화도 한류를 이끄는 케이팝의 인기에 힘입어 러시아 팬들을 확보해 나가고 있음을 보여준다. 이 포럼에 한국 측 대표로 참석한 김현택 한국외국어대학교 러시아연구소 전 소장은 "한국 드라마와 영화, 케이팝 등과 함께 만화가 한·러 문화 교류의 중요한 장르로 떠올랐다"고 말하고 "이러한 분위기를 이어갈 수 있도록 한국 측의 관심과 적극적 지원이 필요하다"고 강조했다. 요컨대, 만화가 한류 확산에서 큰 힘이 되려면 한국 정부기관이나 기업들이 케이팝에 기울이듯이 만화에도 많은 관심을 기울이며 구체적인 지원책을 모색해야 할 것이다.

제2차 한-러 인문교류포럼 모습 (사진 : IRS)

러시아 한류 붐을 이야기할 때는 한글을 배우는 러시아 사람들의 수가 갈수록 점점 늘고 있다는 사실을 빼놓을 수 없다. 이는 모

2016년 9월 1일 블라디미르 푸틴 러시아 대통령이 '지식의 날'을 맞아 방문한 블라디보스토크의 한 학교 교실 칠판에 한글로 '태극기'가 쓰여 있다. 한국 전통문화 관련 포스터들도 옆에 걸려 있다. (사진: kremlin.ru)

스크바 한국문화원에서 진행하는 한글 수업에 보이는 러시아 젊은이들의 폭발적인 반응에서 가장 잘 확인할 수 있다. 또 모스크바 등 러시아 9개 지역에서 운영되고 있는 세종학당의 역할도 중요하다. 이와 함께 러시아 주요 대학교 동양학부에 한국어와 한국 문화를 가르치는 한국학과 개설이 지속적으로 늘고 있는 것도 주목할 만하다. 가장 최근 사례를 들자면, 2017년 9월 상트페테르부르크국립대학교 동양학부에 한국학과가 독립적으로 설치됐다. 그 이전에 이 대학에서 한국학과는 독립적으로 운영되지 않고 몇몇 동양어 관련 학과와 함께 일부분을 구성했다. 이곳에서 한국학과가 명실상부한 독립 학과로 설치돼 운영되기 시작한 데에는 상트페테르부르크 주재 대한민국 총영사관의 노력이 컸다고 한다. 이진현 총영사의 설명에 따르면, 한국학과 설치와 운영은 대한민국 총영사관에서 상트페테르부르크국립대학교에 직접 제안해 이뤄졌다고 한다.

러시아에서 한국어에 대한 관심은 최근 케이팝 등 한류의 영향력

모스크바의 한 서점에서 한글 티셔츠를 입고 있는 러시아 여대생이 사진 촬영을 위해 포즈를 취하고 있다.
(사진 : IRS)

이 날로 증가하면서 젊은이들 사이에서 고조되고 있다. 모스크바 주재 한국문화원 한글학교에서 무료로 제공하는 한국어강좌를 듣는 학생들이 폭발적으로 증가하고 원불교 모스크바 교당에서 운영하는 세종학당에서도 청소년들이 한글을 배우려고 자발적으로 찾는 발길이 하루가 다르게 늘어나고 있는 것이 좋은 예이다. 이들 학생 중에서는 한글이 적힌 티셔츠를 입고 모스크바 거리를 자랑스럽고도 자연스럽게 활보하는 사람들도 종종 눈에 띈다. 그만큼 요즘 러시아에서는 한글이 절대 낯선 언어가 아니다. 이들은 케이팝이나 한국 드라마에 대한 관심에서 한글을 배움으로써 다시 한국문화와 역사를 알게 되고 결국 한국을 사랑하는 친한파 러시아인으로 성장할 것으로 기대를 모은다.

11장

한국의 맛에 반한 러시아

모스크바에 가면 이제 다양한 한국 음식을 곳곳에서 맛볼 수 있다. 간장 같은 식재료, 다양한 재료로 만든 '코레이스키 살라트'와 김치, 라면을 대표하는 상표 '도시락', 패스트푸드 체인을 통해 유통되는 한국식 만두 '퍈세(pianse)', 국수 전문 식당, 테이블마다 고기 굽는 그릴이 마련된 한국식 고급 레스토랑 등 다양하기 이를 데 없다. 서울에서 온 한국인을 주요 고객으로 하는 몇몇 식당이 고작이었던 수교 이후 상당 기간의 모습과는 전혀 딴판이다. 러시아와 중앙아시아 지역 전역의 전통시장 모든 곳에서 판매되던 '코레이스키 살라트'는 유명했지만, 다양한 한국 전통 음식이 원래 모습 그대로 또는 현지화 과정을 거쳐 러시아 주요 도시에서 최근 인기를 끌게 된 것은 무척 흥미로운 일이다. '고려사람'으로 알려진 한인들이 19세기 중반 이후 러시아 연해주 지역으로 이동하면서 처음 유입된 한국 음식이 러시아인들에게 매력 있는 메뉴로 등장하게 된 과정과 그 배경은 무엇일까.

음식과 음식 문화는 사람의 이동에 영향을 받고, 또 변화하고 발전하는 것이 기본 이치이다. 다른 지역으로 이주하는 사람들은 무

모스크바의 한국 식당 하이트 외관 (사진 : IRS)

엇보다도 자신들의 음식과 식생활 관습을 쉽게 떨쳐버리지 못한다. 그리고 이러한 전통은 새로 정착한 지역의 기후와 환경, 문화 등의 영향을 받아 다양한 형태로 변화하기도 한다. 마찬가지로 19세기 중반 이후 경작할 땅을 찾아 러시아로 이주한 한반도 최북단 지역 동포들은 가장 중요한 식재료인 간장과 된장, 우리 고유의 음식인 김치와 다양한 나물 등을 현지로 유입시키는 '한국 음식의 전파자' 구실을 했던 셈이다. 그리고 러시아 극동 지역에 집중적으로 거주하던 한인들이 나중에 정치적 상황 때문에 유라시아 공간의 다른 지역으로 이주하면서 이들의 음식 문화는 더 넓은 지역으로 확산되는 결과로 이어졌다. '베이징조약'으로 러시아가 두만강 이북 지역을 자국의 영토로 가져가면서 연해주는 함경북도와 러시아가 국경을 접하는 변경 지방이 되었다. 인구가 희박하던 이 지역에 제정 러시아 정부는 우크라이나와 벨라루스, 유대인 등 유럽 지역 출신 민족의 이주와 정착을 장려했다. 새로 정착한 유럽계 사람들과 한인들은 정착한 땅에서 재배 가능한 자신들 고유의 곡물과 식재료를 생산했다. 유럽계 민족은 감자와 밀, 양배추, 토마토 등을, 한국인은 가지와 무 등의 채소를 경작하기 시작했다.

연해주에 정착한 다양한 민족과 러시아인들은 서로 교류하면서 각자의 전통 음식을 나누는 기회를 가졌다. 한인들은 러시아 사람들에게서 빵과 양배추 등을 받아들였고, 러시아인들은 한인들에게서 미역의 식용 법을 배웠다. 초창기 한인 이주민들은 조상을 기리는 제사 음식으로 쌀로 만든 떡 대신 빵을 올려놓는 경우도 있었다. 한인들이 러시아인들에게 전해준 음식 중 대표적인 것으로는 쌀로 지은 밥과 미역무침 등이 있었다. 연해주 해안에 널려 있던 미역은 러시아인들에게는 그때까지 낯선 식재료였는데, 한인들을 통해 건강식품인 미역 샐러드 요리 방법을 배워 식탁에 올리기 시작했다. 한국식 미역 샐러드가 이 지역에 점차 확산되면서 미역이 러시아어로 '바다의 양배추'라는 의미의 '모르스카야 카푸스타'로 불리게 된 점도 흥미롭다. 러시아인들이 고사리가 식재료로 사용될 수 있다는 것을 알게 된 것도 바로 한인의 음식 문화 덕분이었다. 가장 초기 단계의 양국 간 음식 문화 교류는 이런 형태로 진행되었다.

러시아에서 판매되는 한국식 미역 샐러드 (사진 : IRS)

러시아 땅의 한국 음식이 연해주와 극동을 떠나 다른 지역으로 이동하는 다음 단계는 1930년대 후반에 진행되었다. 구체적으로는 1937년 스탈린의 명령에 의해 한반도와 국경을 접한 극동 지역 거주 한인들이 카자흐스탄과 우즈베키스탄으로 강제 이주된 시기이다. 많은 어려움을 극복한 한인들은 또다시 낯선 땅과 문화에 적응해야 했다. 그나마 다행이었던 것은 따뜻한 기후 덕택에 이전에 극동에서는 재배할 수 없었던 농작물을 생산할 수 있다는 것이었다. 여기서 한인들은 주식인 쌀농사를 비롯해서 수박과 양파 등 다양한 채소를 재배하는 데 성공했고, 이들이 운영하는 지역의 콜호즈들은 소련에서 가장 소출이 좋은 생산단위로 명성과 풍요를 함께 누리기에 이르렀다. 당시 이 지역 한인들이 생산한 양파는 크기와 품질 면에서 최상품으로 소비자들 사이에서 인기가 대단했다.

중앙아시아에 정착한 한인들은 같은 운명으로 이 지역에 온 여러 소수민족, 그리고 현지의 카자흐와 우즈베크인들과 섞여 살면서 새로운 음식 문화에 노출되었다. 대표적으로 야채와 양고기를 넣은 볶음밥과 유사한 우즈베크 전통음식 '플로프(plov)'는 쌀을 주식으로 하던 한인들에게 쉽게 수용되었고, 한인 식탁에서 필수적인 김치와 다양한 야채 나물이 현지인들 사이에서 점차 알려졌다. 아울러 한국 음식 준비에서 기본 재료에 해당하는 간장과 된장, 고추장 같은 식품들도 일부 현지 사람에게 전해졌다.

우즈베크 전통 음식 플로프 (사진 : IRS)

한국 음식이 우리 동포들의 이주 경로를 따라 연해

주를 떠나 중앙아시아 지역으로 이동하는 것과 함께 또 하나의 이동 루트가 존재했는데, 이는 다름 아닌 일제 시절 강제징용으로 사할린으로 이주한 한반도 남부 지역 출신 동포들이 러시아의 외딴 지역에 소개한 한국 음식 문화였다. 육지에서 떨어진 폐쇄 공간이었던 사할린에서 거주하던 동포들의 러시아 본토 이주는 오랫동안 제한적일 수밖에 없었지만, 러시아인들에게 이국적인 이 섬에서 가장 숫자가 많은 소수민족이었던 한인의 음식 문화 역시 현지 러시아인들 사이에서 널리 확산되었다.

모두 15개 공화국으로 구성된 방대한 영토를 갖고 있던 소련에서 한국 음식이 변방을 떠나 러시아의 유럽 지역으로 이동하게 된 것은 1960년대 이후의 일이다. 스탈린 사후 흐루쇼프 체제에서 부분적으로나마 이주의 자유를 얻은 한인들은 모스크바와 레닌그라드, 키예프, 오데사, 카잔, 민스크 등과 같은 대도시에서 고등교육을 받거나 전문 분야 종사자로 근무했다. 한인 중 일부는 이전과 비교하여 이주와 이동 여건이 완화된 상황을 이용해서 특정 지역에서 한 철 농사를 지은 후 복귀하는 이른바 '고본질' 계절노동 경제 활동을 하기도 했다. 중요한 것은 이러한 이동 경로를 따라 한국 음식이 한국인과 한국 문화가 전혀 생소하던 러시아 지역들로 점점 널리 퍼져나갔다는 사실이다.

그 결과 우리가 소련 땅을 밟을 수 있었던 1990년 무렵 소련 영토 동쪽 끝의 블라디보스토크에서 서단의 레닌그라드까지, 남부의 타시켄트에서 시베리아 노보시비르스크에 이르기까지 사실상 소련 전역의 전통시장 어디에서나 김치를 비롯한 한국식 반찬 매장을 볼 수 있었다. 그중에서 가장 대표적인 품목은 김치, 미역무침, 가지나물, 당근채 등이며, 이러한 반찬들은 이미 상당수 러시아인

다양한 '코레이스키 살라트' (사진 : IRS)

사이에서 제법 인기를 누리고 있었다.

러시아인 사이에서 한국을 대표하는 반찬은 당연히 김치다. 한국인이 살지 않는 곳에서도 김치가 판매되었는데, 제조 과정에 한국인이 참여하는 경우가 많았지만, 현지인들이 독자적으로 김치를 만들어 시장에 내놓기도 했다. 김치를 담그는 과정은 우리 전통 방식과 흡사하지만, 이 김치는 러시아에서 현지화된 일종의 변종이었다. 우선은 우리가 보통 사용하는 배추가 아닌 양배추인 것이 달랐고, 다른 양념과 젓갈을 사용하는 것은 비슷했지만, 현지인 입맛에 맞게 고추는 적게 사용했다. 한국을 대표하는 음식인 김치는 일부 러시아인 사이에서 '김차'로 불리기도 했는데, 이는 러시아어 여성 명사가 보통 모음 -a로 끝나고 그 복수형이 -y 또는 -i로 변하는 문법 규칙 때문에 '김차'를 '김치'의 단수형으로 여겼기 때문일 것이다. 소련 개방 초기 우리 동포들이 운영하던 몇 안 되는 한인 음식점에 가면 밥 대신 빵, 그리고 나물 몇 가지가 김치와 함께 나오고 여기에 러시아식 주요리가 추가되는 메뉴가 있었는데, 이는 한국 음식이 러시아 음식 문화와 혼합되어 현지화된 사례에 해당한다.

김치를 능가하는 인기를 누리며 러시아인의 입맛을 사로잡은 한국 음식은 러시아 전역의 전통시장, 그리고 지금은 포장식품으로 러시아 대다수 슈퍼마켓에서 구입할 수 있는 당근채인 일명 '코레이스카야 모르콥카'이다. 아주 가늘게 썬 홍당무채에 식용유, 식초, 마늘, 약간의 고추가루, 후추 등을 가미해서 만든 이 반찬은 우리가 먹는 무로 만든 채의 변종이다. 홍당무를 아주 잘게 썬 솜씨에 러시아 사람들이 탄복하는 이 음식이 어디서 어떻게 유래했는지는 불분명하지만, 제대로 된 김치를 준비하는 데 중요한 한국 배추가 아주 귀한 상황에서 김치를 대체하는 반찬으로 등장한 것으로 추정된다. 양파와 쪽파, 오이, 가지, 고추 등 채소 재배에 특별한 솜씨를 보인 우리 동포들이 소련 사회에서 보여준 근면하고 정직한 이미지와 결합한 덕분인지 전통시장을 통해 러시아 전역으로 뻗어나간 '코레이스카야 모르콥카'는 러시아인들 사이에서 한국 반찬의 대표 브랜드가 되었다.

'코레이스카야 모르콥카' (사진 : IRS)

앞서 언급한 우리나라 생미역무침에 해당하는 '모르스카야 카푸스타', 우리말로 옮기면 '바다에서 나는 양배추'로 만든 미역 샐러드도 러시아인들 사이에 건강식품으로 널리 알려졌다. 적당한 크기로 썬 미역을 식초와 소금, 양파, 쪽파 등으로 양념해서 만드는 이 음식은 연해주 거주 한인들의 음식 문화를 통해 러시아 전역으로 확산되었다. 생미역의 운송 문제 때문에 극동 지역 위주로 공간이 한정되어 있던 미역무침은 나중에 냉동 상태로 먼 지역까지 재료가 유통되면서 러시아 내륙 지역으로도 퍼져나갔다. 한국 음식 문화의 영향으로 등장한 또 다른 흥미로운 반찬 메뉴로 '고사리 샐러드'가 있다. 사할린과 연해주 지역 거주 우리 동포들에게 숲 속에 널려 있는 고사리는 당연히 매력적인 식재료였고, 이것을 본 러시아인들도 고사리를 다양한 샐러드 재료로 활용하기 시작했다. 시베리아의 거점 도시 크라스노야르스크 인근에 거주하는 어느 러시아 작가가 서울에서 온 한국 학자에게 말린 고사리 한 보따리를 선물한 데서 알 수 있듯이 고사리 요리는 한국이 진원지라는 인식

고사리 샐러드 (사진 : IRS)

이 지배적이었다.

우리의 가지무침에 해당하는 현지화 음식 '바클라잔 살라트'도 러시아인들이 좋아하는 한국식 음식이다. 가지 요리는 원래 터키 계통 음식에서 자주 등장하는데, 이 사람들이 사용하는 크고 둥근 모양의 짙은 색 가지 대신, 한인들이 재배하는 가늘고 긴 모양의 옅은 색 가지를 살짝 데친 다음 마늘과 쪽파, 깨소금, 고추가루 등으로 양념한 '바클라잔 살라트'는 주로 여름철에 애용되었다. 일부 러시아 가정에서는 빵에 이 샐러드를 올려서 먹는 경우도 있었다. 지금까지 언급된 러시아에서 현지화된 한국 음식들은 대개 마늘과 양파, 쪽파 등으로 양념된 것이 특징이다. 생 마늘이 들어간 음식을 유럽 사람들이 꺼려하던 것과 달리, 러시아인을 포함한 슬라브 민족들은 마늘과 양파에 비교적 익숙한 음식 문화를 갖고 있었다. 러시아식 샐러드에서 익히지 않은 양파나 쪽파는 널리 사용되고 있었다. 보드카가 나오는 식탁에는 전채로 싱싱한 쪽파와 오이, 그리고 러시아인들이 좋아하는 킨자, 페트루시카 같은 야채가 접시에 담겨 나오기도 한다. 낯선 한국 음식이 러시아인들에게 널리 수용될 수 있었던 것은 이러한 러시아 식생활 습관 때문이었을 수도 있다.

러시아 샐러드용 야채 (사진 : IRS)

우리 음식 문화의 중심에 있는 쌀로 지은 밥도 한인들과 함께 러시아 땅으로 이동했다. 극동과 사할린 거주 우리 동포들에 의해 러시아인들에게 유입된 쌀밥은 벼농사가 용이하지 않은 현지 기후 탓에 널리 확산되지는 못했지만, 빵보다 훨씬 더 비싼 귀한 주식으로 인식되었다. 중앙아시아 지역으로 이주한 한인들은 이 지역에서 벼농사를 짓기 시작했고, 우즈베키스탄 전통 음식 플로프처럼 쌀을 사용하는 음식과 함께 우리의 '밥'도 점차 알려지기 시작했다. 쌀밥은 러시아인의 주식인 빵보다 건강에 좋다는 소문도 퍼져 있었다. 소련 시절 현지에서 공급되는 쌀의 품질이 좋지 않아 쌀밥이 크게 확산되지는 않았지만, 이후 다양한 수입 쌀이 러시아 슈퍼마켓에 등장하면서 이른바 '밥 문화'도 새로운 국면에 접어들었다. 초빙교수로 한국 대학에서 몇 해째 강의를 하고 귀국 길에 오른 러시아인 교수들이 이미 오래전에 필수 구입 품목으로 전기밥솥을 꼽았던 것을 보면, 쌀밥에 대한 인식이 상당히 바뀌었다는 것을 알 수 있다. 그때부터 약 20여 년이 지난 지금 상트페테르부르크에는 '밥집'이라는 상호를 러시아어로 표기한 젊은 세대를 겨냥한 한국 음식점이 운영되고 있다.

러시아 거주 한인 동포를 통해서, 그리고 현지화 과정을 거치면서 러시아 땅에 소개된 한국 음식은 19세기 후반부터 양국이 수교를 맺은 1990년 이전까지 극동에서 중앙아시아로, 그리고 사할린과 중앙아시아에서 유럽 지역의 러시아로 이동하며 확산되었다. 우리 고유의 음식과는 차이가 있지만, 현지 식재료와 양념을 활용해서 만든 러시아식 한국 음식들이 나름대로 인기를 누릴 수 있었던 데에는 몇 가지 요인이 있다. 먼저 한국 음식에서 자주 사용되는 마늘과 양파, 쪽파 등의 채소를 친근하게 여기던 러시아 음식 문화 전통을 들 수 있으며, 다음으로는 낯선 이국 문화에 대한 러시아인들의 깊은 호기심과 수용 능력을 들 수 있다. 김치를 담을 때 사용하던 생선 젓갈 맛도 보드카의 단골 안주인 청어 절임 요리 '셀료드

상트페테르부르크 '밥집' (사진 : IRS)

카'에 익숙한 러시아인들에게는 그다지 부담스럽지 않았을 것이다. 고추의 매운 맛이 약간 가미된 미역과 당근, 가지, 고사리 등을 재료로 하는 다양한 '코레이스키 살라트'는 러시아에 뿌린 내린 부지런하고 정직한 '고려사람'의 이미지와 결합하면서 이국적인 건강식품으로 자리 잡을 수 있었다.

한국의 맛이 러시아에 전달된 또 하나 중요한 계기는 1990년 양국 간 수교를 맺은 일이다. 한국과 러시아 사이에 민간인의 직접 교류가 가능한 시대가 열리면서 양국을 방문하는 사람 숫자가 증가했다. 그리고 서울이나 부산을 방문한 러시아인들은 한국 식당에서 '진짜' 한국 음식을 맛볼 수 있었고, 또 우리 식료품을 구입하기도 했다. 다른 한편, 새로 열린 러시아 시장 개척을 목표로 모스크바에는 한국 사업가들이 속속 도착했으며, 언어 연수나 유학을 목적으로 러시아에 입국한 한국 학생들도 상당수에 달했다. 이처럼 두 나라 사이의 인적 교류가 이루어지면서 우리 한국 음식과 음식 문화는 또다시 러시아에 상륙하게 되었다.

도시락 광고 (사진 : IRS)

수교 이후 약 15년 동안 러시아에 새로 소개된 한국 음식 문화의 영향력은 식료품 거래와 음식점 현장 두 영역에서 상당한 차이를 보였다. 한국산 라면, 간장, 마요네즈 등이 러시아 극동 지역에서 시작해서 유럽 지역의 러시아로 빠른 속도로 확산되어 나갔고, 초코파이 등과 같은 우리 스낵 상품들도 급성장세를 보이며 러시아 시장에 진입했다. 양질의 식료품을 자체적으로 생산할 능력을 갖추지 못하던 러시아 현실에서 블라디보스토크 항구로 들어온 한국 식료품들은 대단한 매력과 경쟁력을 갖추고 있었고, 이 상품들은 시베리아횡단철도를 타고 유럽 지역 러시아로 서진을 계속했다. 우리 식료품이 러시아 시장에서 약진하던 것과 대조적으로, 한국 음식을 제공하는 음식점들의 초기 단계 활동은 그다지 인상적이지 않았다. 모스크바에서 운영되던 한두 개의 북한 식당, 모스크바 거주 한국 사업가들을 대상으로 하던 서너 개의 한국 식당은 현지 음식에 적응하지 못한 한국인들이 주로 찾는 우리들만의 공간으로 일정 기간 머물러 있었다. 모스크바에 외식문화가 아직 정착하지 못한 시기였던 탓도 있지만, 이러한 한국 식당들이 자리 잡은 위치도 한국인들이 자주 출입하던

도시락 라면 (사진 : IRS)

초코파이 (사진 : IRS)

호텔이나 시내 중심에서 벗어난 장소였다.

서울에서 온 한국 사람들이 즐겨 찾던 이 한식당들은 때로는 러시아 손님들의 접대 장소로도 이용되었는데, 외식문화가 대중화되기 이전 시절 이 식당들의 음식 값은 러시아 서민들에게는 부담스러운 수준이었다. 한때 성장세를 보이던 모스크바 한식당들은 모스크바 한인 커뮤니티 숫자가 줄면서 분위기가 시들해진 때도 있었다. 시내 좋은 위치에 있던 한국 식당이 임대료가 저렴한 공간으로 이전하는 것과 같은 어려움을 겪은 시기도 있었다. 되돌아보면, 모스크바에 도착한 새로운 한국인들과 함께 온 한국 음식이 러시아인들에게 다가가기에는 아직 여건이 성숙하지 않았던 때였다. 외식문화가 정착되지 않은 시기였기도 하지만, 마땅한 현지 음식을 찾지 못한 한국인들을 위한 매콤한 맛의 서울식 한식 메뉴가 러시아 사람들에게 아직 익숙하지 않았을 수도 있다. 그럼에도 한국인들이 드나들던 한국 식료품 가게에 와서 쌀, 간장, 김치 등을 구입하는 러시아인들도 간혹 발견할 수 있었다. 러시아에서 현지화된 김치가 아닌 좀 더 강한 맛의 우리 김치에 재미 붙인 사람들이 등장하고 있었던 것이다.

한국 사람이 주요 고객이던 한식당 시대가 지나고, 고객이 러시아인들로 점차 확대되는 양상이 전개된 것은 비교적 최근의 일이다. 모스크바에서 오랫동안 영업하던 한식당들이 입소문을 타고 알려지기도 했지만, 더 근본적인 이유는 러시아인들이 외식을 즐겨하고 또 다양한 외국 식당을 방문하기 시작한 데서 찾을 수 있다. 높은 석유 가격 덕분에 러시아 경제가 호황을 누리던 시기에 모스크바를 비롯한 러시아 주요 도시에서 레스토랑 비즈니스는 놀라운 속도로 번창했다. 이른바 패스트푸드부터 러시아 식당, 구소련 소속 여러 공화국, 특히 우크라이나와 중앙아시아, 조지아, 아제르바이잔 전통 음식 레스토랑은 물론이고, 프랑스와 이탈리아 같은 유럽식 레스토랑이 앞을 다투며 문을 열었다. 고급 레스토랑에 투자하는 러시아 부자들의 이름이 언론에 회자되었다. 이 무렵 크게 약진한 동양 음식은 일본 스시였다. 나무젓가락으로 집어든 스시를 건강에 좋다고 소문난 간장에 푹 담가 먹는 것이 이 무렵 러시아인들에게는 넉넉한 경제력을 보여주는 일상 문화였다. 이런 일본 음식 열풍 속에서 한국의 된장찌개나 김치찌개, 생선 탕, 불고기 등은 중심부에 진입하기 어려운 것으로 여겨졌다.

하지만 시간이 흐르면서 놀라운 일이 벌어졌다. 한국 대중문화, 특히 아이돌 그룹과 케이팝, 그리고 우리 드라마가 러시아 젊은이들을 중심으로 선풍적 인기를 누리면서 한국 관련 이미지가 선명하게 부각되었다. 물론 여기에는 소련 개방 이후부터 큰 인기를 누

모스크바 중심부에 위치한 롯데호텔 (사진 : 롯데호텔)

린 한국산 전기전자 제품, 휴대전화, 그리고 자동차 등의 상품이 갖는 매력과 신뢰 덕분에 축적된 한국에 대한 긍정적 인상이 큰 역할을 담당했다. 게다가 러시아 현지 공장에서 생산되는 한국의 도시락 라면, 초코파이, 다양한 스낵 식품의 역할도 과소평가할 수 없다. 부수적으로는 모스크바에 진출한 한국의 대표 서비스 기업인 롯데호텔이 월등한 시설과 높은 수준의 서비스로 현지 고객들에게서 찬사를 받게 된 것도 중요한 요인으로 작용했을 것이다. 모스크바 최고의 호텔로 인정받는 롯데호텔은 상트페테르부르크 이삭 성당 인근의 고풍스런 건물에 새 호텔을 개장했고, 사마라 같은 지방 거점 도시에는 롯데호텔 명칭을 사용하는 현지인 소유의 호텔도 등장할 예정이다. 한국 전자제품과 자동차, 식료품, 서비스 산업 등을 통해 축적된 한국에 대한 긍정적 이미지가 최근 러시아 젊은이들이 열광하는 한국 대중문화의 인기와 결합되면서 현재 러시아에서 한국의 인기는 고공비행 중이다. 그 덕분에 한국 음식도 주변부에서 중심부로 점차 이동하는 징후들도 나타나고 있다.

러시아에서 한국 음식의 약진 현상은 여러 층위에서 진행되고 있다. 우선은 러시아 남부 지역에서 또는 온실 재배를 통해 제대로 된 김치를 담는 데 적합한 배추가 지속해서 대량 생산되고 있다는 점을 들 수 있다. 양질의 식재료와 양념 등이 공급되어야 제대로 된 한국 음식을 만들 수 있는 것은 당연한 이치이며, 오래전 우리 동포들의 손으로 만들던 김치와 다양한 샐러드는 대량 생산과 체계적 유통망을 통해 러시아 전역에서 소비되는 시대에 진입했다. 수교 직후 부산을 방문한 러시아인들이 구입하면서 러시아 땅에 상륙한 라면은 주식회사 팔도가 현지 생산하는 다양한 맛의 '도시락' 라면으로 러시아 시장을 주름잡고 있다. 사할린과 중앙아시아 거

이르쿠츠크 한식당 '아리수' (사진 : IRS)

주 동포들이 즐겨먹던 한국식 만두인 편수와 피고댜(pigodia)는 스트리트 푸드 혹은 가정식 식사로 널리 애용되는 새로운 경향도 나타나고 있다. 한국과 지리적으로 가까운 블라디보스토크에서는 한국식 치킨집이 등장하는가 하면, 한국 음식을 전문으로 하는 푸드코트 가게도 문을 열었다. 여러 지역에 분포한 지방 거점 도시에 가면 '서울' 등과 같은 상호를 가진 현지 거주 우리 동포가 운영하는 한식과 현지 음식을 겸한 고급 레스토랑들을 어렵지 않게 발견할 수 있다. 상트페테르부르크 한국 음식점 '밥집' 벽에 있는 러시아 젊은이들의 낙서에서 우리 대중문화에 대한 이들의 관심 수준을 읽을 수 있다. 수도 모스크바에서는 현지인이나 러시아 국적의 우리 동포가 경영하는 러시아인 고객을 대상으로 특화된 현대풍 고급 레스토랑들이 성업 중이다.

라면 시장의 대명사가 된 주식회사 팔도의 '도시락'이 러시아에 진출한 역사는 특히 흥미롭다. 처음 부산에 온 러시아인들이 라면을 자주 구입하는 것을 목격하면서 러시아에 관심을 두게 된 이 회사는 극동 지역에 소규모 수출을 하면서 러시아 시장에 진출했다. 우리가 보통 사용하는 일회용 라면 용기와 다른 도시락 모양의 네모난 포장의 이 라면은 현지인들에게 낯선 식품이었다. 하지만 날씨가 추운 까닭에 뜨거운 물을 끓이는 장비가 기차 객차마다 비치되어 있는 러시아에서 이 라면은 간편한 식사로 때우기에 안성맞춤이었다. 여름철에는 교외 별장인 다차로 떠나는 사람

도시락 라면 (사진 : IRS)

들을 위한 휴대 식품으로도 인기가 있었다. '도시락' 라면이 러시아 시장에서 성공하기까지는 여러 요인이 있었다. 소련 체제가 해체된 이후 대두된 경제 위기 상황에서 저렴한 가격으로 구매 가능하고 쉽게 조리할 수 있는 즉석식품은 충분한 매력을 갖고 있었다. '도시락'이라는 우리 단어를 그대로 러시아 문자로 옮겨서 처음에 'Dosirak'으로 불리던 상표가 광고 제작 과정에서 발음하기에 편하고 프랑스어 느낌도 나는 'Doshirak'으로 바뀌었는데, 이국적 명칭의 사용은 탁월한 선택이었다. 초기의 포장에는 머리에 하얀 보자기를 쓴 한국 여성의 모습이 등장하는데, 러시아인들은 이 인물을 간호사로 생각하고 한때는 '간호사 라면'이라는 별명으로 부르기도 했다. 그 과정이야 어찌되었든 간에 위생적으로 제조된 식품의 이미지를 전달하려던 회사 측의 의도는 잘 전달되어서 먹어도 안전한 식품으로 인식되는 데 이바지했다. 우리 입맛에는 별로일 것 같은 '도시락' 라면은 실제로는 러시아인들의 입맛을 고려하여 매운

진열대의 도시락 라면 (사진 : IRS)

맛은 줄이고 러시아인들의 기호에 맞는 천연 향료나 야채 등을 적극적으로 도입하는 등 현지화 노력을 기울인 '작품'이었다. 소치 올림픽 쇼트트랙에서 우승하면서 러시아의 국민적 영웅으로 떠오른 빅토르 안 선수를 광고 모델로 등장시키기도 한 이 상품은 현재도 러시아 식료품 시장의 강자로 군림하고 있다.

한국식 만두가 현지화되어 스트리트 푸드로 제법 인기를 누리고 있는 사례도 있다. 터키식이나 유럽식 음식 위주로 이뤄졌던 길거리 음식에도 동양 음식 바람이 불었고, 이 덕분인지 우리 동포들이 사할린과 중앙아시아에서 즐겨 먹던 만두가 극동에서 출발해서 모스크바를 비롯한 주요 도시로 진출하고 있다. 1980년대 사할린에서 유행하던 '판세(pianse)'라는 명칭의 만두는 1990년대 블라디보스토크에 상륙했고, 그 후 러시아 전역으로 퍼져 길거리 음식으로 인기를 끌고 있다. 차게 먹는 개성식 만두 '편수'에서 유래한 것으로 추정되는 이 만두는 처음에는 주로 양배추와 다진 고기를 섞어서 만들다가 현재는 여러 맛이 나는 다양한 품목으로 진화되었다. 비슷한 형태의 만두를 중앙아시아 지역에서는 '피고댜'라

만두 편수 매장 (사진 : IRS)

피고디 (사진 : IRS)

고 불렀는데, 이 명칭은 만두를 뜻하는 '교자'에서 유래한 방언을 러시아어로 표기하면서 나타난 명칭으로 생각된다. 러시아어 여성 명사가 -a로 끝나기 때문에 이것의 복수형으로 끝을 -i로 변화시킨 형태가 널리 통용되고 있다. 유사한 한국식 만두의 다른 두 명칭인 '퍈세'와 '피고디'는 서로 다른 경로로 유통되고 있다. 과거 우리나라에서 유행하던 호빵이나 야채 빵을 따뜻하게 보관하는 장비가 있었던 것처럼, 특별히 제작된 보온 장치 안에 든 '퍈세'는 길거리 간이매점에서 판매되고 있다. 한편, 중앙아시아에서 올라온 '피고디'는 다양한 속을 넣고 만두 표면에 야채를 얹는 등 변화된 모습으로 일부 식당 또는 가정에서 조리하는 음식으로 인기를 얻고 있다. 러시아식 군만두 '피로시키(pirozhki)'나 지나치게 기름진 시베리아식 만두 '펠리멘(pelmen)'과 비교하여 만두피가 얇고 속이 알차고, 뜨거운 김으로 찌는 조리법으로 맛이 부드러운 한국식 만두는 러시아인들에게 일종의 별미인 셈이다.

한국에서 가장 가까운 도시 블라디보스토크는 러시아에서 한국을 향한 창이다. 매일 여러 편의 항공기가 인천과 부산을 이 도시와 연결하고 있고, 우리나라 동해안 항구와 이 도시를 왕래하는 정기 여객선도 있다. 최근 들어 블라디보스토크와 극동 지역을 여행하는 우리 젊은이들의 숫자도 상당수에 달하여 한국어 간판과 안내판도 눈에 띄는 곳이다. 한국산 식료품 수입에도 유리한 위치여서 국내에서 생산된 음료와 스낵들도 곳곳에서 발견할 수 있다. 자연스레 한국 음식의 판매도 활성화되어 밥과 다양한 찌개를 제공

블라디보스토크 한국 식당 (사진 : IRS)

부산 치킨집 (사진 : IRS)

하는 식당이 여럿이다. 이 지역에서 나는 해산물을 이용한 메뉴들도 여행 중인 한국인과 현지인들 사이에서 주목을 받고 있는가 하면, 한국에서 유명한 치킨 집을 모델로 하여 '치맥'을 러시아에서 선보이는 매장도 등장하고 있다.

러시아 영토 서쪽 끝에 있는 상트페테르부르크에서도 한국 음식의 새로운 바람을 느낄 수 있다. 이 도시를 찾는 한국 관광객을 주요 대상으로 하는 전통적인 한국 식당 외에 최근에는 현대식 분위기로 러시아 젊은 층을 겨냥한 음식점이 문을 열었다. '밥집'이라는 평범한 상호를 갖고 있지만, 분위기는 전에 러시아에서 보던 한국 식당과는 뚜렷이 다르다. 약간 촌스런 가게 이름과 달리 이 음식점은 젊음과 활기가 넘치는 분위기를 갖고 있다. 여기서 일하는 러시아 젊은이들의 밝은 표정도 인상적이지만, 식당 곳곳에서 한국에 대한 관심과 호감을 느낄 수 있다. 비빔밥과 같은 무난한 메뉴도 있

'밥집' 종업원들 (사진 : IRS)

'밥집'의 벽면 낙서 (사진 : IRS)

'밥집'의 메뉴 된장찌개 (사진 : IRS)

지만, 된장찌개처럼 과거 러시아 손님 앞에 쉽사리 나서지 못했던 토종 메뉴들이 당당하게 제공되고 있는 것도 새롭다. 벽면의 낙서에는 한국의 대표적 아이돌 그룹 명칭과 인기 멤버의 이름이 서툰 한글로 쓰여 있는 것도 이채롭다. 상트페테르부르크의 '밥집'에서 제공하는 한국 음식이 우리 입맛에 맞는지 여부와는 상관없이, 이 공간은 한국에 관심 있는 러시아 젊은이들이 한국적 분위기를 느끼고 또 한국에 대한 관심과 애정을 표현하는 장소로 손색이 없다. 이러한 한국 식당이 이 도시에 널리 확산된 것은 아니지만, 한국 음

'밥집'을 찾은 손님들이 벽에 쓴 기념 낙서 (사진 : IRS)

식에 관한 대중적 관심이 새로운 단계에 진입하고 있다는 의미 있는 신호인 것은 분명하다.

수도 모스크바에서 한국 음식은 현재 약진 중이다. 세계 여러 나라의 대표적 음식을 전문으로 하는 럭셔리 레스토랑이 즐비한 이 도시에서 현재 한국 음식이 차지하는 비중을 고려하면 약간 과장일 수도 있지만, 과거와 다른 새로운 양상이 활발하게 진행되고 있는 것은 사실이다. 가시적인 변화로는 한국 음식을 제공하는 레스토랑 숫자가 많이 늘고 있고 식당 규모도 커지고 있는 추세를 들 수 있다. 이 레스토랑들을 출입하는 고객들이 대부분 현지인들인 것도 특징이다. 더욱이 새로 문을 연 식당 인테리어도 한국적 정서나 전통을 현대적으로 표현한 밝은 분위기여서 고급 레스토랑으로 손색이 없어 보인다. 화려하기 이를 데 없는 모스크바의 유명 레스토랑들과 비교하면 이전의 한국 식당들이 초라하게 보이던 시절도 있었지만, 요즘 문을 연 한국 식당들은 시설과 서비스 수준, 음식 품질 등에서 뒤지지 않는다. 수교 이후 30년 가까운 시간이 흐르면서 한국에 대한 이미지가 지속적으로 상승한 것이 주된 배경이겠지만, 러시아에서 급격히 확산된 우리 대중문화의 영향과 이에 뒤따른 한국어 학습 열기, 우수한 품질의 우리 화장품과 여성 용품을 중심으로 하는 K-Beauty 관련 인기 등이 최근 모스크바에서 전개되고 있는 한식 열풍을 뒷받침하는 힘이 되었다. 아무튼 일본이나 중국 음식에 밀려 상대적으로 주변에 있던 한국 음식이 새로운 도약의 시기를 맞이하고 있다.

레스토랑 김치 광고 사진 (사진 : IRS)

새로 문을 연 레스토랑 중에는 모스크바 시내 중심부에 몇 개의 업소를 동시에 운영 중인 식당 '김치'가 있다. 한국식 고기구이를 전문으로 하는 이 식당의 상호가 보통명사 '김치'인 것이 특이하다. 보기에 따라서는 전통시장에서 유통되던 김치나 포장 판매되던 우리의 전통음식 김치가 보란 듯이 모스크바 중심부에 모습을 드러낸 것으로 이해할 수 있다. 아울러 특유의 냄새 때문에 대중적 인기를 얻기 어려울 것으로 여겨지던 된장찌개나 김치찌개 같은 메뉴가 현지인들의 취향에 맞는 형태로 제공되면서 고급 음식으로 탈바꿈한 것일 수도 있다.

또 다른 사례로는 시내 중심의 식당가에 개업해서 러시아인들 사

'HITE' 내부 사진 (사진 : IRS)

이에 대표적 한국식 바비큐 레스토랑으로 자리 잡은 고급 한식당 'HITE'를 들 수 있다. 조리 중에 연기를 빨아들이는 장비를 장착한 그릴이 각 테이블마다 마련된 이 식당의 시설은 서울 강남에서 흔히 보는 고기구이 집 설비와 인테리어를 그대로 옮겨온 것 같은 느낌을 준다. 육식을 좋아하는 러시아인들에게 한국의 양념 갈비나 불고기, 삼겹살이 갖는 매력은 익히 알려져 있지만, 모스크바 시내 중심에 현대적 분위기를 갖춘 한식 고기구이 전문점이 등장한 것은 처음 일이다. 고기구이하면 중앙아시아나 캅카스 지역에서 유래한 꼬치구이 '샤실리크'를 떠올리던 러시아에서 양념한 고기를 앉아 있는 테이블에서 직접 구어 야채 쌈을 싸서 먹는 한국식 고기구이는 매력적인 음식으로 등극했다. 모스크바에서 얼마 전부터 정착된 배달 서비스를 통해 이 식당에서 조리한 음식을 포장 배달하는 영업을 하고 있는 것도 한식의 대중화에 한몫 담당하고 있다.

'HITE' 배달 광고 사진 (사진 : IRS)

'K-Town' 메뉴 (사진 : IRS)

최근에는 특화된 한국 음식을 모스크바 소비자들의 기호에 맞게 서비스하는 'K-Town'이라는 상호의 국수 전문 식당도 등장했다. 프랜차이즈 매장을 통해 모스크바에 신개념의 한국 음식을 제공한다는 취지로 문을 연 이 레스토랑의 공동 창업자는 현지 거주 우리 동포와 러시아인 두 사람이다. 소련 시절 현지인들이 입맛에 적응하며 변화했고 나중에 서구 사람들의 취향에 따라 다시 현대화된 한국 음식을 러시아 고객들에게 제공하는 것이 이들의 목표이다. 한국식 전채, 수프, 국수를 전문으로 하는 이 식당은 한국 음식 고유의 조리법을 토대로 러시아인 입맛에 맞게 매운 맛을 줄이고, 한식 고유의 특징인 단맛, 매운맛, 신맛, 짠맛 등을 조화시킨 독창적 음식을 추구한다는 내용도 안내문에 적고 있다. 더 나아가서 한국 음식의 기초가 되는 된장과 함께 참기름과 들기름, 식초, 향

'K-Town' 창업자 알렉산드르 강과 일리오도르 마라치 (사진 : incrussia.ru)

료, 콩나물, 버섯, 고사리 등 다양한 식재료를 사용하는 한편으로, 발효 음식의 특징을 살릴 수 있도록 하겠다고까지 말하고 있다. 이 레스토랑의 성공 여부를 쉽게 점칠 수는 없어도, 이쯤 되면 다른 분야에서 형성된 한국에 대한 긍정적 이미지가 러시아 고급 식당가에 정착될 가능성을 기대할 수도 있다는 느낌이다.

19세기 중반 러시아로 이주한 우리 동포들과 함께 처음 소개된 한국 음식은 중앙아시아와 사할린을 거점으로 러시아 대부분 지역으로 확산되었다. 현지인들의 취향과 입맛에 맞게 변화한 한국 음식은 김치를 비롯한 다양한 반찬, 주식인 쌀밥, 주요 식재료인 장류 식품 등을 중심으로 러시아인들 사이에서 상당히 널리 유통되었다. 시장경제 체제 아래 러시아의 레스토랑 문화가 빠르게 분화하고, 다변화되는 과정의 초기 단계에서 한국 식당은 소수 사람들에게만 알려진 주변적 공간으로 존재한 때도 있었다. 최근 수도 모스크바에서 새로 문을 연 한국 레스토랑들은 한국 음식과 음식 문화가 다른 국가들의 대표 음식들과 어깨를 나란히 할 수 있는 가능성도 보여주고 있다. 앞으로 러시아에서 한국 음식이 어떤 위상을 차지하며 새로운 변화의 궤적을 그려나갈지 기대가 되기도 하지만, 한식의 새로운 도약을 위해서는 민간이나 국가 차원의 진지한 모니터링과 구체적인 지원 전략이 필요하다는 생각도 든다.

12장

러시아 시장을 휩쓴 한국 브랜드

모스크바 중심부를 가로지르는 간선도로 가운데 하나인 '노비 아르바트'는 모스크바를 찾는 사람들이라면 누구나 한 번쯤 찾는 거리이다. '노비 아르바트'에는 모스크바 최대 서점 가운데 하나인 '돔 크니기'가 있어 러시아 신간 도서를 사려는 사람은 학생이든 일반인이든 이곳을 찾곤 한다. 또 여기서 얼마 떨어지지 않은 곳에는 모스크바에서 가장 유명한 영화관 가운데 하나인 '옥탸브리'가 있어 러시아 최신 영화를 관람하고 싶은 사람들도 '노비 아르바트'로 자주 오곤 한다. 이 밖에도 '노비 아르바트'는 최근 세르게이 소뱌닌 모스크바 시장이 시내 간선도로 보행로를 보행자 친화적으로 대폭 확장하는 등 도시 정비사업을 대대적으로 펼치고 있는 덕분에 이전보다 훨씬 더 널찍하고 산뜻한 모습을 갖추어 찾는 사람이 많아져 활기가 넘친다. 특히 주말이면 이곳은 시내 구경을 나온 모스크바 시민들은 말할 것도 없고 러시아의 다른 도시들에서 온 사람들과 세계 각국에서 러시아의 수도를 방문한 외국인 관광객들로 하루 종일 북적인다. 바로 한 블록 떨어진 곳에는 그냥 '아르바트'로 더 잘 알려진 러시아 전통문화의 거리 '스타리 아르바트'가 있어

모스크바 '노비 아르바트' 거리에 있는 현대자동차 스튜디오 (사진 : IRS)

이곳을 찾는 사람들이 더 많기는 하지만, 러시아에 와서 대형 서점을 방문하여 책도 사고 멀티플렉스 영화관에서 영화도 보고 편안한 테라스를 끼고 있는 카페나 레스토랑에서 다양한 식사도 즐기고 싶을 때 꼭 한 번 들르지 않을 수 없는 곳이 바로 '노비 아르바트'이다. 이렇게 다채로운 풍경을 연출하는 널찍한 거리를 걷다 보면 북쪽 끝으로 2층짜리 통유리 건물에 우리에게 낯익은 한국산 자동차 브랜드인 현대자동차 스튜디오가 자리 잡고 있는 것을 쉽게 볼 수 있다.

현대자동차는 2015년 1월 20일 '노비 아르바트' 거리 북단에 자사의 다양한 제품을 러시아 고객들이 직접 둘러볼 수 있는 브랜드 체험 공간으로 '현대 모터스 스튜디오'를 외국에서는 처음으로 선보였다. 러시아 고객들은 이곳을 언제든지 자유롭게 방문하여 현대자동차의 최신 트렌드를 가장 잘 보여주는 각종 창작물과 현대

2017년 여름에 현대자동차 스튜디오 1층은 2018년 러시아 월드컵을 주제로 하고 있었다. (사진 : IRS)

자동차 특유의 콘텐츠를 오감으로 직접 경험해볼 수 있다. 또 이 스튜디오에는 2층에 자동차 전문 도서관도 조성되어 있어 유리창을 통해 '노비 아르바트'가 한눈에 내려다보이는 가운데 조용하고 쾌적한 분위기에서 자동차 문화 관련 도서들을 읽어볼 수 있다. 270평 규모로 아주 널찍하고 대형 통유리 벽이 설치돼 있어 밖에서도 실내가 훤히 들여다보이는 2층 공간은 자동차 전문 도서관 외에도 근사한 분위기의 카페도 있어 여기서 커피나 차를 마시며 책을 조용히 읽을 수도 있다. 2017년 여름 이곳 스튜디오 1층은 2018년 러시아 월드컵을 주제로 꾸며져 있었다. 예를 들면, 월드컵 축구 경기가 열리는 러시아 지방 도시들이 전시관 벽에 표시돼 있고 그 앞에 현대자동차 모델이 있었다. 현대자동차가 국제축구연맹(FIFA) 공식 후원사여서 러시아 월드컵을 앞두고 홍보 이벤트를 열었던 것으로 보인다.

1층과 2층을 연결하는 벽면 중앙에 90도로 돌려 전시된 현대자동차 모델 솔라리스 (사진 : IRS)

이와 함께 스튜디오 1층과 2층을 연결하는 벽면 중앙에는 현대자동차가 러시아 시장에서 가장 많이 판매하고 있는 솔라리스 모델이 90도 회전 방식으로 걸려 있어 눈길을 끌었다. 이런 식으로 스튜디오 1층은 러시아에서 현대자동차를 대표하는 자동차 모델을 전시하고 유명 예술가들의 각종 조형물도 함께 보여주고 있다. 또 1층에는 '디지털 드라이빙 가상 체험장'도 조성되어 있어 이곳을 방문하는 사람이 전시돼 있는 차량에 탑승하면 전면의 대형 스크린 위로 다양한 도로 배경 영상이 펼쳐지면서 탑승자가 실제로 운전하는 것처럼 느낄 수 있다. 이 밖에 다양한 성격의 기념행사도 이곳에서 진행되곤 하는데, 2017년 7월 8일에는 러시아 시장에서 현대자동차 상용차가 세운 4만 대 판매 기록을 축하하는 행사가 열렸다. 이와 관련하여 스튜디오 밖에는 상용차 모델이 전시돼 있어 '노비 아르바트'를 오가는 사람들의 눈길을 끌었다.

현대자동차 스튜디오 2층에 있는 카페 모습 (사진 : IRS)

일반적으로 스튜디오 전시 공간에는 제네시스, 에쿠스 등 고급 차종들이 전시된다. 하지만 2017년 여름에는 스튜디오 안에 러시아 월드컵을 주제로 한 솔라리스 모델이 전시됐고 밖에는 러시아 판매 실적 4만 대를 기록한 기념으로 현대차 트럭이 전시돼 있었다. 이렇게 1층이 현대자동차 주력 차종들이 전시되어 방문객들의 눈길을 끈다면, 2층에는 자동차 전문 도서관이 있어 여기서 자동차 관련 정보를 얻을 수 있다. 자동차 전문서 외에 예술과 역사에 관한 일반 도서들도 300여 권 비치돼 있어 문화예술에 관심 있는 방문객들은 이 책들을 자유롭게 읽어볼 수 있다. 또 도서관 옆에서는 카페도 운영되고 있어 커피나 차 등 다양한 음료와 함께 샌드위치를 즐길 수 있다. 현대자동차 공식 홈페이지에 올라와 있는 보도자료에 따르면, 현대자동차 모스크바 스튜디오는 "현대차가 추구하는 가치가 무엇인지, 자동차가 우리 일상에서 어떤 역할을 하는

지" 고객들에게 알려준다는 점에서 가치 있는 역할을 수행한다고 강조하고 있다. 이 스튜디오는 현대자동차가 경쟁이 갈수록 치열해지고 있는 러시아 시장에서 자사 입지를 점점 더 넓히고 브랜드 인지도도 한층 더 끌어올리려는 목적에서 나온 것으로 볼 수 있다.

이처럼 현대자동차가 모스크바 중심가인 '노비 아르바트'에 외국에서는 처음으로 자동차 전시와 문화공간을 마련하기까지 지난 2010년 상트페테르부르크에 현지 생산 공장을 완공한 이후 꼬박 5년이 걸렸다. 현대자동차는 2008년 세계 금융 위기가 러시아를 강타하자 큰 위기를 맞았지만, 러시아 시장에서 철수하지 않고 오히려 러시아 시장의 미래 발전 가능성을 믿고 현지에 완성차 공장을 세우는 예상 밖 행보를 보여 세계 자동차 시장의 주목을 끈 것으로 알려져 있다. 당시 누구도 성공을 확신하지 못했지만, 정몽구 현대·기아자동차 회장은 위기를 기회로 삼는 역발상에서 현대자동차 러시아 현지 공장을 건설하는 뚝심을 보였다. 세계 금융 위기가 러시아 시장도 강타하면서 자동차 판매량이 급감하고 자본금도 바닥을 드러내는 상황에서 공장을 지어 생산라인을 확대하는 것은 어쩌면 자살행위나 다름없는 무모한 짓으로 받아들여졌을 것이다. 하지만 현대자동차 최고 경영진은 이에 아랑곳하지 않고 투자를 확대하고 끝내 현지 공장을 완공하여 주변의 우려를 불식시켰다.

실패로 이어져 경영 악화로 러시아 시장에서 아예 문을 닫을 수도 있었지만, 할 수 있다는 믿음과 뚝심으로 밀어붙인 결과는 성공이었다. 안팎의 좋지 않은 상황에서도 좌고우면하지 않고 계획을 실행에 옮기는 현대자동차의 행보는 러시아 정부에도 강한 인상을 심어주어 전폭적인 지원을 끌어낼 수 있었다. 당시 블라디미르 푸틴 러시아 총리는 현지 공장 준공식에 직접 참석하여 현대자동차가 경제 위기 속에 시장 상황이 좋지 않은데도 공장 건설 계획을 예정대로 실행한 점에 좋은 인상을 받았다는 듯이 러시아 정부가 중앙과 지방 차원에서 현대자동차 공장의 성공을 위해 지원을 아끼지 않겠다고 밝혔다. 이날 준공식 행사에서 푸틴 총리는 정몽구 회장과 함께 현지 공장에서 생산된 솔라리스 모델을 직접 탑승하여 시승하고 나서 오른손 엄지를 치켜들며 만족감을 드러냈다. 이런 모든 점에서 볼 때 현대자동차의 러시아 현지 공장 건설은 위기를 기회로 삼는 경영진의 역발상이 낳은 최상의 결과로 이어졌다고 할 수 있다. 금융 위기로 러시아 경제 상황이 어려워져 일자리 찾기가 쉽지 않은 상황에서 현대자동차가 현지 공장을 건설하여 수천 명에 이르는 러시아인을 고용한 것만으로도 러시아 정부가 현대자동차에 대해 좋은 이미지를 갖지 않을 수 없었을 것이다.

2017년 12월 16일 더불어민주당 추미애 대표 일행은 러시아를 공식 방문한 가운데 현대자동차 상트페테르부르크 공장을 찾았다.

현대자동차 상트페테르부르크 공장 준공식에 참석한 블라디미르 푸틴 러시아 대통령이 솔라리스에 엄지 치켜들고 있다. (사진 : solaris-help.ru)

더불어민주당 추미애 대표가 현대자동차 상트페테르부르크 현지 공장을 방문하여 생산 라인을 둘러보고 관계자들을 면담했다. (사진 : 더불어민주당)

이 자리에서 추미애 대표는 현대자동차가 러시아에 진출하여 현지 공장을 건설하면서까지 적극적인 기업 활동을 펼쳐 성공적인 결과를 보여주고 있다고 평가했다. 이는 2008년 현지 공장 준공 이후 10년 가까이 흐른 시점에도 러시아에서 현대자동차가 여전히 활발하게 활동하고 있다는 점을 다시 한 번 확인해준 것이다. 이런 점에서 현대차의 러시아 활동은 특히 1990년 공식 수교 이후 한국과 러시아 사이에서 진행되고 있는 경제 협력의 바람직한 사례 가운데 하나로 손꼽힌다. 관련 언론 보도에 따르면 실제로 추미애 대표는 "한국과 러시아의 경제협력 사례에서 현대자동차의 성취가 중요한 의미를 지닌다"고 평가했다. "블라디미르 푸틴 러시아 대통령의 신동방정책과 문재인 대통령의 신북방정책에는 현지에 진출한 (우리) 기업에 대한 평가가 중요하다"고 강조한 추미애 대표는 현대자동차와 같은 기업의 적극적인 활동이 한·러 양국의 경협과 관계 발전에 매우 필요하다고 덧붙여 말했다.

대한무역진흥공사(KOTRA) 등 관련 기관 조사에 따르면, 2017년 러시아 자동차 시장 상황은 그리 나쁘지 않은 것으로 나타났다. 특히 현대기아자동차는 침체 국면에서 조금씩 벗어나기 시작한 러시아 자동차 시장에서 짭짤한 재미를 본 것으로 평가됐다. 2017년 상반기만 놓고 볼 때 현대기아자동차는 러시아 자동차 시장에서 점유율 1위를 기록했다. 특히 기아차 모델 '리오'가 모델별 판매량에서 1위를 기록했기 때문이다. 4~5년 전만 하더라도 러시아 자동차 시장에서 현대기아자동차의 시장 점율은 5위권 안에 들기는 했지만, 정상 자리를 넘볼 정도는 아니었다. 하지만 최근 들어서 현대자동차에 대한 시장 반응은 매우 고무적이었다. 특히 현대차 모델 '솔라리스'는 기아차 모델 '리오'와 함께 러시아 소비자들이 선호하는

현대자동차 솔라리스 모델 광고 사진 (사진 : ok.ru)

중소형 승용차 판매 순위에서 정상을 차지했거나 넘보는 경우가 많았다. 2014년 러시아의 크림 합병과 서방의 대러 경제 제재로 말미암아 러시아 경제 상황이 계속해서 좋지 못한 상황에서 미국 자동차 기업 제너럴 모터스(GM) 등 다른 기업들은 러시아 시장에서 철수하기 시작했지만, 현대자동차는 2008년 상트페테르부르크 현지 공장 건설 때처럼 위기를 기회로 삼아 러시아 시장을 지키며 오히려 더 적극적인 투자와 마케팅을 펼쳐 러시아 소비자들에게서 긍정적인 반응을 얻었다. 서방의 대러 경제 제재가 시작되고 나서 자동차 시장 상황이 나빠지자 GM은 러시아 내 세 곳의 생산 공장을 폐쇄하고 철수한다고 밝혔다. 이처럼 다른 기업들이 경기 악화를 이유로 러시아에서 빠져나갔지만, 현대자동차는 여전히 남아 틈새시장을 적극적으로 공략하여 성공적인 결과를 이끌어냈다. 현대자동차는 공교롭게도 GM이 러시아 시장 철수를 발표하던 2015년에 2014년에 이어 2년 연속으로 '러시아인이 가장 사랑하는 대중 브랜드' 자동차 부문에서 1위를 차지했다. 특히 솔라리스는 4년 연속으로 소형차급 러시아 '올해의 차'로 선정되는 기염을 토했다.

글로벌 최고 기업 애플(Apple)과 어깨를 나란히 할 만큼 이미 세계적인 브랜드로 발돋움한 삼성은 러시아에서도 최고의 브랜드로서 탄탄한 입지를 구축하고 브랜드 호감도와 선호도에서 몇 년째 1위 자리를 놓치지 않고 있다. 실제로 삼성전자는 2011년부터 2017년까지 7년 연속으로 러시아 시장조사기관 OMI(Online Market Intelligence)가 ㅅㄴ정하는 '러시아가 가장 사랑하는 브랜드' 1위에 올랐다. 나이키, 아디다스, 소니, 애플 등 유명 기업들을 제치고 부동의 1위를 기록하고 있다. '가장 일하기 좋은 기업 가전, 전자기기 부문에 선정된 삼성전자 스마트폰의 러시아 시장 점유율은 2017

	2017				2016			2015		
1.	SAMSUNG	(SAMSUNG)	19%	0	SAMSUNG	17%	0	SAMSUNG	20.1%	0
2.	adidas	(ADIDAS)	10.5%	0	adidas	10.5%	+2	SONY	9.6%	+1
3.		(NIKE)	10.1%	+2	SONY	10%	-1	Apple	9.5%	+3
4.	Apple	(APPLE)	8.6%	0	Apple	9.7%	-1	adidas	8.4%	-2
5.	SONY	(SONY)	7.7%	-2		9.4%	0		8%	-1
6.	Coca-Cola	(COCA-COLA)	5.7%	+2	BOSCH	4.9%	+1	NOKIA Connecting People	5%	-1
7.	LG	(LG)	4.3%	0	LG	4.2%	+1	BOSCH	4.7%	0
8.	BOSCH	(BOSCH)	3.8%	-2	Coca-Cola	3.7%	+1	LG	4.5%	+1
9.	ZARA	(ZARA)	3.7%	+1	PHILIPS	3.5%	+1	Coca-Cola	4.2%	-1
10.	PHILIPS	(PHILIPS)	3.2%	-1	ZARA	3.1%	+2	PHILIPS	3.8%	0
11.	NOKIA Connecting People	(NOKIA)	2.8%	+3	H&M	3%	new	ASUS	3%	+3
12.	ASUS	(ASUS)	2.6%	+1	O'STIN	3%	new	ZARA	2.7%	+1
13.	H&M	(H&M)	2.5%	-2	ASUS	2.7%	-2	lenovo	2.5%	new

삼성전자는 2017년에 7년 연속으로 '러시아가 가장 사랑하는 브랜드' 1위에 올랐다. (사진 : adindex.ru)

년에 37%를 기록하여 1위를 차지했다. 이처럼 삼성전자가 1990년 한·러 수교와 함께 처음으로 러시아에 진출한 이후 각종 순위와 지표에서 정상을 차지하고 있는 것은 치밀하게 수립하여 철저하게 실행한 현지 진출 전략 덕분인 것으로 분석되고 있다. 다시 말해 삼성전자는 동유럽을 포함해 유럽 전체에서 최대 시장 가운데 하나인 러시아에서 압도적인 시장 점유율을 기록하며 긍정적인 브랜드 이미지를 구축하기까지 오랫동안 러시아 현지 상황에 최적화된 마케팅을 적극적으로 구사하는 동시에 사회적으로 이바지하는 문화 활동도 활발하게 펼쳐왔다. 러시아 소비자들에게 충분한 호소력을 발휘한 삼성의 한결 같은 노력은 자사 제품의 최고 품질과 함께 시너지 효과를 일으키면서 러시아에서 성공 가도를 달릴 수 있었다.

삼성은 전 세계적인 차원에서 끊임없이 기술을 혁신하고 품질을 개선하는 등 최고의 기업 경영 전략을 펼친 덕분에 러시아 시장에서도 커다란 성공을 이어갈 수 있었다. 하지만 이와 함께 삼성은 철저한 현지화 전략도 병행하면서 좋은 효과를 보고 있다. 예를 들면, 삼성전자는 2008년 모스크바에서 자동차로 2시간 걸리는 칼루가주에 현지 공장을 설립하여 텔레비전과 드럼세탁기 등 자사의 대표적인 전자제품을 생산하여 러시아 시장에서 직접 판매하기도 하고 인근 동유럽 시장에도 수출하기도 한다. 삼성전자는 이 공장 건설에 총 2억 2천 8백만 달러를 투자했다고 한다. 이러한 현지 투자 효과는 삼성전자 자체에만 돌아가는 것이 아니라 현지 러시아인들도 톡톡히 보고 있다. 삼성전자가 공장을 건설하여 가동함으로써 현지인들을 많이 고용하여 러시아 내 고용 효과가 창출됐기 때문이다. 이런 식으로 삼성전자는 러시아 현지에서 긍정적인 기업 이미지를 창출하는 효과를 보고 있다. 이는 다시 삼성이 러시아 전체에서 가장 사랑받는 브랜드 1위에 오르는 데서도 중요한 요인으로 작용한다. 다른 한편, 삼성의 사업 현지화는 한국 정부의 경제 정책에도 잘 부합하는 사례를 보여준다. 국내에서 상품을 생산하여 수출하는 '메이드 인 코리아'를 고집하지 않고 국외 공장에서 국내 기업이 상품을 만들어 파는 '메이드 바이 코리아'를 적극 지원한다는 한국 정부의 경제 정책은 다름 아닌 삼성전자 등 러시아에 진출하여 현지 공장을 짓고 제품을 생산해 판매하는 한국 기업들도 실행에 옮기고 있기 때문이다. 2017년 10월 정세균 국회의장 일행이 삼성전자 칼루가 공장을 방문하고 기업 활동 현장을 직접 둘러보게 된 계기도 삼성이 보여준 좋은 사례에서 나왔을 것이다.

삼성전자 공식 홈페이지 뉴스룸 2015년 12월 08일 자 기사 "'러시아가 사랑하는 브랜드' 삼성전자, 그 비결은?"에 잘 나와 있듯이, 러시아에서 삼성의 성공 요인 중 하나는 삼성의 현지 문화사업 참여를 들 수 있다. 실제로 삼성은 다양한 문화사업을 적극적으로 수행하면서 러시아에서 문화적으로 이바지하는 사회 공헌 기업 이미지를 굳힌 지 오래이다. 대표적인 사례로는 러시아의 문화적 자존심이라고 할 수 있는 볼쇼이 극장의 복원 사업 참여를 들 수 있다. 삼성은 이 사업 참여를 통해 볼쇼이 극장과 긴밀한 협력 관계를 현재까지도 계속해서 유지하고 있다. 잘 알려졌듯이 모스크바 중심가에 우뚝 서 있는 볼쇼이 극장은 1776년에 건립되어 제정 러시아에서만

삼성전자 칼루가 공장 전경 (사진 : smilekaluga.ru)

볼쇼이 극장을 배경으로 펼쳐치는 '모스크바 국제 빛 축제'의 후원사로 나선 삼성전자
(사진 : news.samsung.com)

아니라 소비에트 시대에도 러시아 문화를 세계에 알리는 첨병 구실을 담당했다. 하지만 볼쇼이 극장은 1991년 소련 붕괴 직후 러시아 정부의 재정 지원 중단으로 인해 유서 깊은 문화 공간의 문을 닫을 처지에 놓였다. 이때 삼성전자는 위기에 놓인 볼쇼이 극장에 5만 달러를 후원하고 그 뒤 복원 공사도 적극적으로 지원해줬다. 관련 뉴스에 따르면, 삼성전자는 재정적 후원만이 아니라 자사 TV를 세계 3대 오페라 카르멘 공연 무대 위에 올리기도 했는데, 이 TV는 연출자의 요구에 따라 공연의 절정을 화면으로 보여줌으로써 극적 효과를 높였다고 한다. 지난 2015년에는 삼성전자가 볼쇼이 극장에서 열리는 '모스크바 국제 빛 축제'의 후원사로서 극장 외벽에 자사 제품을 주제로 한 영상을 내보내 큰 호응을 얻기도 했다.

삼성전자가 매년 가을에 러시아 최고 권위의 문학상 가운데 하나인 '톨스토이 문학상'을 후원하고 있는 것도 자사 브랜드 이미지 향

히딩크 감독 삼성전자 광고 (사진 : IRS)

상에 크게 이바지하고 있다. 러시아 대문호 레프 톨스토이의 탄생 175주년을 맞아 2003년 제정된 이 문학상도 러시아의 문화를 공략한 삼성전자의 또 다른 사회공헌 활동이다. 톨스토이 문학상은 총 5개 부문에서 수상자를 선정하는 시상식으로, 톨스토이의 인본주의 정신을 기리고 러시아 문학 전통을 발전시키기 위해 제정됐다. 삼성전자는 지난 2015년 톨스토이 문학상을 현지 최대 수준의 시상식으로 확대한다고 발표했다. 이와 관련하여 세르게이 페브네프 삼성전자 러시아 법인 기업관계부장은 2015년 5월 12일 「Russia포커스」와의 인터뷰에서 해외 문학상 부문을 신설했다고 밝히면서 이렇게 말했다. "레프 톨스토이의 명작들은 세계 문학에서 일종의 '금

본위제'와도 같다. 그의 명작들은 러시아와 전 세계의 다른 많은 나라에서 도덕적 준거점으로 기능한다. 자신의 작품을 통해 러시아 고전문학 전통에 경의를 표하고 러시아와 해외에서 톨스토이의 문학 전통 증진에 이바지하고 있는 외국 작가들을 지원하게 돼 기쁘다." 이와 함께 삼성전자 CIS총괄 김의탁 전무도 '톨스토이 문학상' 지원과 관련하여 삼성전자가 20여 년간 러시아 주요 문화단체들과 협력해왔다고 밝히고 어려운 경제 환경에도 불구하고 삼성이 러시아의 사회·문화 프로젝트들을 계속해서 활발히 지원하고 있다고 「Russia포커스」에 밝혔다. 다른 한편, 삼성전자는 프랑스 루브르 박물관, 영국 대영 박물관과 함께 세계 3대 박물관으로 손꼽히는 에르미타시 박물관도 1997년 러시아 금융 위기 때부터 다각적으로 지원하고 있다. 삼성전자는 에르미타시 박물관 시설과 소장품의 복원을 재정적으로만 아니라 기술적으로도 지원하여 러시아 측과의 큰 신뢰와 협력 관계를 쌓고 있는 것으로 알려졌다.

모스크바 심장부에 있는 크렘린 궁에서 건너다보면 모스크바강을 가로지르는 다리가 여러 개 있다. 그중에서 '볼쇼이 카멘니 모스트' 다리는 16세기에 건설됐고 오랫동안 '프세흐스뱟츠키 모스트'로 불렸다. 유서 깊은 역사를 자랑하는 데서 알 수 있듯이 '볼쇼이 카멘니 모스트'는 모스크바에서 가장 먼저 건설된 다리로 간주되며 크렘린 궁을 배경으로 하는 아름다운 경치를 담은 사진이나 엽서, 그림에서 항상 등장하는 다리로도 유명하다. 이처럼 모스크바의 도시 역사에서만 아니라 모스크바 사람들의 일상생활에서도 빼놓을 수 없는 명소인 '볼쇼이 카멘니 모스트'는 한국 사람들 사이에서도 많이 언급되며 의미 있는 곳으로 기억되고 있다. 지금은 이 다리에 서 있는 가로등 기둥에 어떤 광고판도 존재하지 않지

한국인들 사이에서 일명 'LG 다리'로 불리는 '볼쇼이 카멘니 모스트'의 LG 광고판
(사진 : LG전자 공식 블로그 'Social LG전자')

만, 2000년대 내내 이 다리의 가로등 기둥들은 대한민국을 대표하는 가전기업 LG전자의 광고판들로 장식되어 있었다. 그래서 모스크바에 거주하는 한국인들만 아니라 모스크바를 방문하는 한국인들도 이 다리를 가리켜 'LG다리'로 부르곤 했다. 심지어는 모스크바 지리를 잘 모르는 사람들조차 택시를 타고 이곳으로 가고자 할 때면 정식 이름을 부르지 않고 'LG다리'라고 말하면 택시기사가 곧바로 알아듣고 찾아갈 수 있었다고 한다. LG전자 광고판이 없는 지금도 한국인들 사이에서는 이 다리를 가리켜 'LG다리'라고 부르곤 한다.

'LG다리'가 상징적으로 말해주듯이 러시아에서 차지하는 LG의 위상은 아무리 강조해도 지나치지 않는다. 러시아 하면 곧바로 연상되는 많은 이미지 가운데 하나가 시베리아일 정도로 러시아는 추운 나라의 대명사인데, 바로 이런 나라에서 LG는 에어컨을 가장 많이 판매하는 기업으로 잘 알려져 있다. 삼성전자와 마찬가지로 1990년 한·러 수교와 함께 러시아에 진출한 LG는 현재 '사랑해요, LG!'라는 말이 현지인들의 입에서도 자연스럽게 나올 정도로 러시아에서 가장 사랑받는 가전 브랜드로 우뚝 서 있다. 오늘날 러시아에서 LG의 브랜드 이미지와 위상은 모스크바 같은 대도시 거리들을 장식하고 있는 대형 광고탑에서만 찾아볼 수 있는 것은 아니다. 시베리아 사하 공화국의 야쿠츠크 중심부에 자리 잡고 있는 LG빌딩이나 블라디보스토크 시내의 고가교를 장식하고 있는 LG 광고판들을 보더라도 LG는 지방 도시들에서도 두드러진 존재감을 뽐내고 있는 것을 확인할 수 있다. LG전자 모스크바 법인장이 최근 언론 인터뷰에서도 강조했듯이, LG의 러시아 진출 전략에서 가장 중요한 부분은 러시아의 자연스러운 일부가 되기 위해 그동안 다각도로 기울인 각고의 노력이었다. 바꾸어 말하자면, LG전자는 러시아에서 한국 기업이 아닌 러시아 기업으로 착각할 정도로 현지화 전략에 심혈을 기울여 왔다.

LG전자는 1990년 10월 러시아에 진출하여 모스크바에 지사를 설치하고 러시아와 대한민국의 국가 간 경제협력 사업을 지원하기 시작한 것으로 흔히 알려져 있다. 다시 말해 처음에 LG전자는 기업의 독자 사업을 추진하지 않고 정부의 사업을 도와주는 차원에서 기업 활동을 펼쳤다고 한다. 하지만 곧이어 LG는 독자적인 사업을 벌이기 시작하여 1997년부터 러시아 시장에 파고드는 영업 전략을 본격적으로 추진했다. 당시 러시아에 진출한 다른 한국 기업들과 마찬가지로 LG도 곧이어 터진 러시아의 모라토리엄 선언으로 사업을 본격적으로 시작하자마자 큰 어려움에 직면했다. 그러나 LG는 나중에 현대자동차가 그랬던 것처럼 위기를 기회로 삼는 정면 돌파 전략을 선택하여 결과적으로 성공에 이르렀다. 당시 LG는 체제 전환기의 혼란에 빠져 있던 러시아에서 자사 브랜드 이미지를 러시아 소비자들에게 각인시키는 일이 급선무임을 깨닫고 시장 분석에 들어갔다. 이 과정에서 LG 현지 경영진들은 단순히 제품을 생산해 판매하는 데에 그치지 않고 러시아인들의 삶을 이해하고 그들의 마음을 사는 노력을 기울였다. 이때 LG전자는 러시아 지방 각지에서 열리는 축제에 후원사로 나서면서 지역민들에게 러시아와 함께 하는 기업이라는 이미지를 심어주었던 것으로 유명하다. 이 과정에서 LG는 고아원 등 해당 지역 시설들에 자사 제품들을 제공하고 시민들에게도 축제 참가 선물을 선사하면서 러시아인들의 마음을 조금씩 사로잡기 시작했다고 한다.

러시아 시장에 이런 방식으로 접근하는 전략은 대성공으로 이어졌다. 소비자들과 동떨어져 다가가기 어려운 기업이 아니라 그들과

LG전자는 2016년 6월 12일 '우주인의 날'을 맞아 러시아에서 우주비행사를 초청해 이벤트를 진행했다. 사진은 우주 비행사 옐레나 세로바의 모습이다. (사진 : woman.ru)

자주 접촉하면서 친숙해진 기업 이미지가 생성됐다. 이와 함께 LG는 2000년대 러시아 경제가 살아나면서 사회가 급변하기 시작하자 각 지역의 특성과 문화를 치밀하게 파악하고 그에 걸맞은 영업 전략을 구사했다. 사회공익에 이바지하는 행보를 펼친 것도 성공 전략 가운데 하나였다. 당시 LG 사보 내용에 따르면, 우리나라에서 옛날에 유명했던 장학퀴즈 프로그램을 러시아 현지에서 추진하여 좋은 반응을 얻었다. LG의 후원으로 2000년에 고등학생을 대상으로 시작된 장학퀴즈 프로그램은 러시아 교육부가 주관하고 모스크바국립국제관계대학교 교수들이 문제를 직접 출제했다 이 퀴즈 프로그램에서 우승한 학생은 이 대학 입학 자격과 해외유학 기회라는 큰 특혜가 주어지기 때문에 러시아 전국에 걸쳐서 큰 관심을 끌었고 그와 동시에 후원사인 LG의 이미지도 더 많이 알려졌다.

2017년 12월 1일 롯데그룹은 현대중공업을 상대로 러시아 블라디보스토크 소재 현대호텔과 농장에 대한 인수계약을 체결했다고 밝혔다. 특히 호텔롯데는 블라디보스토크에서 유일하게 5성급 호텔인 현대호텔의 지분 100%를 인수하는 계약을 체결했다. 이로써 롯데는 러시아의 수도 모스크바에서는 물론이고 서쪽 끝 페테르부르크와 동쪽 끝 블라디보스토크에서도 최고급 호텔을 보유하게 되어 러시아 내 호텔업 최고의 기업으로 브랜드 이미지를 더욱더 강화하게 됐다. 블라디보스토크에서 최고의 호텔로 유명한 현대호텔은 지하 1층, 지상 12층 규모에 5개 연회장, 153개 객실을 갖춘 5성급 호텔로, 극동에서 한국의 이미지를 알리는 데 첨병 구실을 담당했다. 이제 현대호텔은 호텔롯데의 품에 안겨 한국의 '신북방정책' 추진 과정에도 일정한 역할을 수행할 것으로 보인다. 언론 보도에 따르면, 2017년 12월 현대호텔을 인수한 롯데 측은 "문재인 대통령

블라디보스토크 현대호텔 모습 (사진 : 블라디보스토크 현대호텔)

이 '신북방정책'을 소개하면서 러시아와의 협업은 물론 극동 지역 개발에 적극 참여할 것을 밝힌 만큼, 롯데를 포함하여 해당 지역으로의 진출을 추진하는 한국기업들과 시너지가 창출될 수 있을 것으로 기대하고 있다"고 밝혔다. 이제 현대호텔은 롯데에 인수됨으로써 한 단계 더 도약하여 러시아 극동의 수도 블라디보스토크에서 한국의 이미지를 드높이는 데 이바지할 것으로 보인다.

롯데호텔은 이미 러시아 수도 모스크바에서 최고급 호텔 가운데 하나로 자리 잡아 명성이 자자하다. 모스크바 중심부를 가로지르는 스몰렌스카야 거리에 있는 롯데호텔은 최고의 서비스를 제공하는 5성급 호텔의 대명사로서 러시아 한복판에서 한국의 이미지를 제고하는 데도 매우 긍정적인 기능을 수행하고 있다. 다시 말해 한국의 대표 기업인 롯데호텔의 고급스러운 이미지와 훌륭한 서비스

모스크바 롯데호텔 객실 모습. 창문 밖으로 모스크바 경치가 멋지게 펼쳐져 있다. (사진 : 롯데호텔)

는 러시아 사람들에게 한국에 대한 좋은 인상을 심어주기에 충분하다. 현대와 삼성, LG가 자동차에서 에어컨, 스마트폰까지 최첨단 기술과 품질을 갖춘 제조업 제품들로 러시아 사람들의 마음을 사로잡았다고 한다면, 롯데는 최고의 숙박 서비스 품질로 러시아 사람들에게 한국의 좋은 이미지를 아로새겨 넣고 있다. 스몰렌스카야 거리에서 모스크바의 랜드마크 중 하나인 러시아 외무성 건물과 나란히 서 있는 롯데호텔은 모스크바를 방문하는 한국 사람들에게도 뿌듯함을 심어주기에 충분하다. 롯데호텔은 러시아의 전설적인 록 가수로 유명한 빅토르 최를 추모하는 벽이 있는 '스타리 아르바트' 거리와 현대자동차 스튜디오가 있는 '노비 아르바트' 사이에 위치하고 있어 한국의 이미지를 알리는 데서 시너지 효과를 내고 있다.

게다가 롯데는 삼성이 권위 있는 '톨스토이 문학상'을 제정하여 러시아에서 문화 활동을 강화하고 있는 것처럼 2017년에 재능 있는 신진작가 발굴을 위한 '푸시킨 신인문학상'을 제정하여 운영하고 있다. 롯데그룹의 러시아 현지 법인인 '롯데루스'는 2017년 2월 27일 모스크바 시내 롯데호텔에서 기자회견을 열고 러시아의 역량 있는 신진작가를 발굴하는 신인문학상을 제정하여 시행한다고 발표했다. 이 문학상 이름은 러시아 국민문학의 아버지로 간주되는 시인 겸 작가 알렉산드르 푸시킨의 이름에서 따왔다. 이날 문학상 제정을 발표하는 기자회견 자리에는 러시아 도서협회 회장인 세르게이 스테파쉰 전 총리, 대통령 국제문화협력 특별대표 미하일 시빗코이 전 문화부 장관, 박노벽 러시아 주재 한국 대사, 김현택 한국외국어대학교 부총장 등이 참석했다. 관련 보도에 따르면, 양석 롯데루스 대표는 "러시아 내 최대 투자 한국 기업으로 현지 사회에 기여할 방안을 찾던 중 신진작가 발굴을 위한 제대로 된 문학상이 없다는 것을 알고 푸시킨 신인문학상을 제정하게 됐다"면서 "2013년 11월 블라디미르 푸틴 대통령의 방한에 맞춰 서울 소공동 롯데호텔 단지 내에 푸시킨을 기념하는 동상을 세운 것도 중요한 계기가 됐다"고 소개했다. 이로써 롯데는 삼성과 LG처럼 러시아에서 사회문화 공헌 사업에도 적극적으로 참여하는 기업의 이미지를 러시아 소비자들에게 심어주게 됐다.

롯데는 2017년 9월에 상트페테르부르크에도 5성급 호텔을 개관하여 자사의 사업을 더욱더 확장하고 기업 이미지도 한층 더 강화하기 시작했다. 롯데는 2010년 모스크바에 호텔을 연 뒤로 7년 만에 러시아의 문화 수도 페테르부르크에도 최고급 호텔을 열어 브랜드 이미지 향상과 확대에 적극적으로 나서고 있다. 한국 호텔 브랜드로서는 처음으로 러시아에 두 번째 호텔을 보유한 롯데는 러시아에서 한국의 이미지를 제고하는 데도 활발한 움직임을 보이고

상트페테르부르크 롯데호텔 (사진 : 롯데호텔)

ОТЕЛЬ
LOTTE

있다. 2019년 9월 17일 상트페테르부르크 롯데호텔 개관일 기념식에는 세르게이 스테파신 러시아 전 총리, 이고리 이바노프 전 외무부 장관을 비롯한 러시아 주요 인사들이 참석하여 호텔 개관을 축하했다.

상트페테르부르크에 새로 문을 연 롯데호텔은 특히 이 도시에서 최고 명소 가운데 하나인 이삭 대성당 맞은편에 자리 잡고 있어 페테르부르크를 방문하는 사람들에게 호텔의 이미지를 각인하는 데 좋은 기회를 갖게 됐다. 이곳은 세계 3대 박물관으로 손꼽히는 에르미타시 박물관과 세계 최고의 마린스키 극장으로 이어지는 넵스키 대로에 인접해 있어 호텔에 문화적 이미지와 분위기를 부여해주기도 한다. 롯데가 호텔용로 인수한 이곳 건물은 1851년 지어진 맨션이다. 이곳은 러시아 주재 최대 미국 대사로 미국 6대 대통령을 역임한 존 퀸시 아담스가 1810년부터 집무실로 사용하기도 했다. 이 건물은 롯데가 인수하고 나서 2년 6개월에 걸쳐 대대적인 수리작업을 거친 다음에 9월 17일 지하 1층, 지상 6층에 레스토랑 2개, 연회장 2개, 객실 150실을 보유한 최고급 호텔로 재탄생했다. 특히 롯데호텔 스카이라운지는 러시아의 대표적인 경제신문인 「베도모스티」에 의해 상트페테르부르크에서 도시 경치를 가장 잘 조망할 수 있는 곳으로 선정되어 러시아 국내외 관광객들의 발길을 더 많이 사로잡을 것으로 기대된다. 이와 관련하여 양석 롯데루스 대표는 "한국 호텔로 러시아의 최고급 브랜드 이미지로 성공한 모스크바에 이어 두 번째 개관하는 롯데호텔 상트페테르부르크는 유네스코 세계문화유산을 찾는 전 세계 관광객들에게 최고의 서비스로 다시 한 번 롯데호텔의 위상을 확인시켜 줄 것으로 기대한다"고 밝혔다.

롯데호텔 옥상 테라스에서 바라본 상트페테르부르크 이삭 대성당 주변 풍경 (사진 : vedomosti.ru)

맺음말

한국과 러시아가 함께 열어 가는 미래

맺음말

한국과 러시아가 함께 열어 가는 미래

유라시아 대륙의 중심축을 형성하는 러시아는 유럽 문화와 아시아 문화의 경계 지점에 위치하고 있으며, 이 대륙 동쪽 끝에 위치한 반도 국가 한국은 대륙 문화와 해양 문화를 연결하는 교량에 해당한다. 이 책에서 살펴본 '러시아 속 한국 발자취'는 지리적 인접성과 정서적 친근감을 공유하는 두 나라 사이에 교류가 150여 년간 진행되면서 서로 영향을 주고받았음을 확인해준다.

19세기 후반 한반도 최북단 거주 한인들의 러시아 이주로 시작된 양국 국민 사이의 직접적 교류는 외부 세계와 단절되어 있던 당시 한국인들에게 새로운 서구식 문물을 접하는 통로 역할을 담당했다. 특유의 근면과 성실을 바탕으로 러시아 연해주 지역에 뿌리내린 한인 동포들은 이후 정치적 변혁 속에서 중앙아시아로, 또 그곳에서 유라시아 대륙 방방곡곡으로 이주하며 러시아 내에 한국에 관한 최초의 이미지를 심는 데 이바지했다. 다른 한편, 식민지 공간에서 일부 우리 지식인은 조국 독립의 활로를 개척하기 위한 노력의 일환으로 당시 민족해방운동을 지지하고 지원하던 '붉은 러시아'를 직접 방문해서 현지에서 활동하기도 했다. 따라서 유라시아 대륙을 가로지르는 시베리아횡단철도를 이용한 한국인들의 여행도 오래전 역사 속에 남아 있었다. 구한말 우리 정부 축하 사절로 러시아 황제 니콜라이 2세 대관식에 참석했던 민영환 일행이 귀국 길에 당시 건설 중이던 시베리아횡단철도 일부 구간을 따라 이동하며 서울로 돌아왔는가 하면, 1907년 헤이그 만국평화회의에 특사로 파견된 이준 열사가 이 경로로 여행했고, 1936년 베를린 올림픽 마라톤 금메달리스트인 손기정 옹도 시베리아횡단열차를 타고 베를린에 도착했다. 최근 한국 젊은이들 사이에서 시베리아 횡단 여행이 상당한 인기를 끌고 있는 것도 이런 과거 역사와 무관하지 않을 것이다.

그 후 20세기 후반 이념 장벽에 의해 한국과 러시아 사이의 직접적 교류가 완전히 차단된 시기에조차 양자 간 교류는 다른 채널로 이어졌다. 러시아의 한국학 연구자와 지한파 인사들은 냉전 체제 아래서 이데올로기의 영향으로부터 상대적으로 자유로웠던 근대 이전 한국 문학과 인문학 분야에서 빛나는 업적을 지속해서 내놓았다. 러시아에서 출간된 우리의 번역 문학과 한국 관련 연구서들은 양국 국민의 상호 왕래가 불가능했던 시기에 한국과 한반도에 대한 관심을 지속시켜준 소중한 자산이었다. 한편, 러시아 땅 곳곳에 거주하던 한인들은 소비에트 노동 영웅 혹은 스포츠 스타들을 배출하며 모범 시민으로 인정받았다. 치열한 경쟁과 어려움을 뚫고 러시아 문화예술계의 중심 무대에 우뚝 선 우리 동포 출신 예술가들도 여럿이었다. 다양한 인종과 문화가 교차하는 드넓은 유라시아 공간에서 러시아 사람들과 섞여 살던 한국인들이 서로 영향을 주고받은 결과였다.

1990년 한·러 수교는 두 나라 사이 교류 역사에서 새로운 장을 열었다. 양국 간 사람의 이동이 가능해진 것은 물론이고 무역이 활발해지고, 문화예술 분야의 협력과 교류도 크게 활성화됐다. 한때 금단의 땅이었던 모스크바로 한국 유학생과 사업가, 관광객들이 물밀듯 들어왔고, 한국산 소비재와 전자제품이 러시아 시장에서 선풍적 인기를 누리기 시작했다. 과거 문헌을 통해서만 상대국을 공부하던 양국 전문가들도 현지 조사를 통해 러시아와 한국에 대한 심층 연구를 활발히 진행했다. 대표적 한국 기업의 러시아 투자로 경제 협력이 새로운 차원으로 도약하는가 하면, 러시아 젊은 세대 사이에서 한국 대중문화 열풍이 거세지면서 한국어와 한국 음식 등의 인기도 현재 고공비행 중이다. 과거 모스크바와 상트페테르부르크 등 유럽 지역 러시아에 집중되던 한국 관광객의 관심도 지리적으로 인접한 극동·시베리아 지역으로 이동하는 흥미로운 현상도 최근에 나타나고 있다. 전통적 매체를 넘어서서 인터넷 기반 플랫폼을 활용해서 한국과 러시아 두 나라의 일상생활과 문화를 친근감 있게 소개하는 다양한 프로그램에 양국의 젊은이들이 열광하는 새로운 양상도 벌어지고 있다.

이처럼 한 세기 반 동안 교류하면서 유무형의 공동 자산을 축적해온 한국과 러시아 양국은 상호 협력 범위와 내용을 비약적으로 확대하고 발전시킬 수 있는 새로운 시대로의 진입을 눈앞에 두고 있다. 1990년 수교, 2008년 양국 관계의 전략적 협력 동반자 관계로의 격상, 2014년 발효된 단기 체류 비자면제 협정 체결 등과 같은 중요한 계기를 거치면서 다양한 분야의 협력과 인적 교류가 활성화될 수 있는 기반이 마련됐다. 문화예술은 물론이고 교육과 과학, 지방 정부 간 협력처럼 양국 관계 활성화에 촉매로 작용할 수 있는 분야들도 지난 30여 년간의 직접 교류 경험을 바탕으로 상호 윈윈하며 시너지 효과를 낼 수 있는 미래 지향적 협력 모델 탐색 단계에 올라섰다.

여기에 덧붙여 최근 시행된 양국 국민 대상 상호 인식 조사 결과도 한·러 관계의 미래 전망을 한층 더 밝게 해주고 있다. 2017년 한국외국어대학교 러시아연구소와 프치옴(러시아여론조사센터)이 공동 시행한 조사 결과에 따르면, 한국과 러시아 양국 국민이 소중하게 여기는 가치관이 서로 흡사한 것으로 나타났다. 이 조사 결과는 양국 국민 공히 가족(러시아 응답자의 37%, 한국인 응답자의 76%), 전통(러시아인 22%, 한국인 48%), 효도(러시아인 24%, 한국인 44%) 등을 소중한 가치로 여기고 있음을 보여준다. 상대국과 국민을 향해 느끼는 호감과 호기심의 근저에 유사한 가치관을 공유하는 정서적 공감대가 자리하고 있음을 증명하는 단면이기도 하다. 직접 교류의 역사가 짧은 터라 상대국에 대한 인식 수준이 그리 높지는 않지만, 양국 국민의 절반에 육박하는 숫자(러시아인 45%, 한국인 43%)가 상대국 문화에 관심을 표명했고, 구체적으로 러시아인의 경우 한국 음식(36%)과 무예(24%)에 흥미를 느끼는 반면, 한국인은 러시아의 건축예술(32%)와 음식(27%)에 매력을 느끼는 것으로 응답했다. 양국 간 관계 발전의 잠재력에 대한 평가 또한 높은 수준을 기록했다. 러시아인 51%와 한국인 64%가 각각 양국이 전략적 동반자가 될 수 있다고 확신했으며, 러시아인 51%가 한국 방문을 희망하고, 또 한국인 중 66%가 러시아 여행을 원하는 것으로 나타났다. 상호 협력 가능 분야를 묻는 질문에는 러시아인이 첨단기술(32%), 무역(31%), 의약(31%) 분야 등을 꼽았고, 한국인들은 러시아를 산업과 에너지(58%) 분야, 정치·외교(33%), 군사기술(22%) 분야 협력 파트너로 보고 있는 것으로 밝혀졌다. 과거 냉전 체제와 한반도 분단 상황에서 기인한 상대방에 대한 일부 편견과 왜곡된 시각 등이 여전히 남아 있는 것도 이

조사 결과가 보여주고 있지만, 수교 30년을 앞두고 있는 지금 두 나라 국민이 함께 열어 가는 미래를 향한 힘찬 발걸음을 내딛을 수 있는 준비가 되어 있다는 점은 분명하다.

2017년 9월 블라디보스토크에서 열린 제3차 동방경제포럼에서 문재인 대통령은 양국 관계의 미래에 대해 언급하며 한국 정부가 추진하는 "신북방정책은 극동 지역 개발을 목표로 하는 블라디미르 푸틴 러시아 대통령의 신동방정책과 맞닿아 있다"면서 "러시아가 추진하는 극동 개발을 위한 최적의 파트너가 한국이며, 한국이 추진하는 신북방정책도 러시아의 협력을 전제로 한 것"이라고 천명한 바 있다. 미래를 지향하는 이러한 양국 관계가 구체화되고 좀 더 탄력을 받으려면 여러 조건이 충족되어야 하겠지만, 그중에서도 양국 국민 사이의 상호 이해 증진과 민간 차원 협력 확대가 갖는 중요성을 강조하지 않을 수 없다. 『포시에트에서 아르바트까지: 러시아 속 한국 발자취 150년』처럼 오랜 시간을 두고 이루어진 양국 간 교류와 협력, 대화와 소통의 역사를 되돌아보고 재구성하는 것과 같은 작업도 의미가 있지만, 양국 간 상호 협력이 갖는 크나큰 잠재력의 실질적 구현을 위해서는 문화적, 정서적으로 친밀감을 공유하는 양국 국민 사이의 심리적 거리를 획기적으로 좁히려는 양국 정부 차원의 적극적 노력이 훨씬 더 필요한 시점이다.

그리고 양국 국민 간 상호 인식 수준 제고, 다양한 분야에서의 협력을 위한 토대 구축, 창의적 협력을 통해 각자의 문화예술 융성에 이바지할 수 있는 민간 교류의 역할이 어느 때보다 중요해지고 있다. 이 분야 교류를 한 단계 격상시키기 위해 우리가 함께 노력해야 할 방향은 다음과 같다.

우선, 양국의 문화예술과 인문 교류 협력 수준을 현저히 제고하기 위해서는 양국 정상회담 또는 문화·학술 분야 고위급 회담 등에서 정부 차원의 구체적 협력 프로그램을 명시적으로 선언할 필요가 있다. 이를테면 한·러 수교 30주년을 맞는 2020년 양국에서 교차로 '한국-러시아 문화의 해'를 지정하는 것과 같은 대규모 이벤트를 과감히 유치함으로써 상대국에 대한 인지도를 높이는 계기로 삼을 수 있을 것이다. 또 양국 정부는 상대국에 호감을 갖는 차세대 지도자 그룹 양성을 목표로, 과학기술, 인문·사회과학, 문화예술·체육 분야를 망라하여 전문 분야 우수 인력을 양성하는 일에도 과감한 투자를 해야 할 것이다.

다음으로는 미래의 한·러 관계를 이끌어갈 청소년 대상 인적 교류 사업 활성화의 필요성을 강조하고 싶다. 극동·시베리아와 한국에는 한국과 러시아의 근대사 관련 역사적 장소와 기념물이 상당수 존재한다. 따라서 양국 청소년 대상 '역사·문화 유적 탐방' 프로그램을 마련하여 상대국에 존재하는 역사적 공간과 유적을 교차 방문하는 것과 같은 청소년 교류 프로그램을 양국 지자체 간 협력을 통해 추진할 수도 있을 것이다. 한반도 긴장 상황의 완화를 전제로 동해안 항로를 이용한 양국 중등학교 학생들의 청소년 캠프 활성화 같은 프로그램의 운영도 미래를 위한 소중한 투자가 될 것이다. 러시아의 국가 발전 계획에서 주요 전략 지역이자 과거 한인 동포들의 유라시아 이동 경로의 출발점에 해당하는 러시아 극동·시베리아 공간이 양국의 역사에서 갖는 의미와 미래의 가치를 양국 청소년이 체험하고 공감하는 일은 공동의 미래 설계에서 중요한 토대가 될 것이기 때문이다.

또한, 양국 국민의 정서적 공감대, 상대국 문화예술에 대한 높은 호감도 등을 적극적으로 활용하여 양국 국민이 자신의 것을 일방적으로 발신하던 이전의 교류 패턴에서 탈피하여 쌍방향 문화 협력을 활발하게 추진해야 할 시점도 맞고 있다. 무대예술, 특히 발레와 연극 분야 등에서 양국 전문가들의 공동 작업을 통해 이미 협력의 모범 사례들을 축적하는 데 성공했던 것처럼, 이러한 자산을 향후 파급력이 큰 영화, 뮤지컬, 대중예술 공연, 전시 등은 물론이고, 문학 번역과 학술연구 영역 등으로 확산하는 과정이 뒤따라야 할 것이다.

공간적으로는 양국 간 교류가 기존의 수도 중심, 대도시 중심의 운영 방식에서 벗어나 더 많은 양국 국민이 소통할 수 있도록 변화할 필요가 있다. 따라서 지역 사회에서 활동하는 예술가와 작품도 교류의 대상이 되어야 하며, 양국의 모든 지역 주민이 열려 있는 주체로 서로 만나고 소통할 수 있는 기회가 확대되어야 한다. 아울러 세계 예술계의 최근 흐름을 반영하여 동시대의 작업에도 관심을 기울여야 한다. 공연예술계의 최근 트랜드인 협업과 공동 제작 같은 시도들이 한국과 러시아 양국의 예술가 사이에서 더 활성화되어야 하는 것도 바로 이런 이유 때문이다.

근현대사의 굴곡 속에서 '가까이 있으면서도 먼 이웃'이었던 동시에 '서로 직접 만날 수 없을 때조차 정서적, 문화적으로는 가까운 이웃'이었던 한국과 러시아 두 나라는 이제 양국의 미래는 물론이고 동북아 지역 평화와 번영을 위해서도 주요 분야에서 서로 긴밀하게 협력해야 하는 전략적 동반자 관계를 맺고 있다. 이러한 관계가 더욱 공고해지고 충실해지려면 이 책에서 우리가 살펴본 양국 국민 사이의 상호 교류와 이해, 협력의 소중한 경험과 결실을 우리 시대의 요구에 맞게 새롭게 도약시키려는 양국 국민의 진지한 노력이 꾸준히 이어져야 할 것이다.

포시에트에서
아르바트까지

한국외국어대학교 러시아연구소
HK 연구사업단 학술연구총서 26

포시에트에서 아르바트까지

러시아 속 한국 발자취 150년

초판 인쇄 2017년 12월 26일
초판 발행 2017년 12월 31일

지은이 김현택 · 라승도 · 이은경
발행인 김인철
발행처 한국외국어대학교 지식출판원
02450 서울특별시 동대문구 이문로 107
전화 02)2173-2493~7
팩스 02)2173-3363
홈페이지 http://press.hufs.ac.kr
전자우편 press@hufs.ac.kr
출판등록 제6-6호(1969. 4. 30)
디자인 · 편집 디자인퍼브 02) 2254-4308
인쇄 · 제본 네오프린텍(주) 02)718-3111

ISBN 979-11-5901-258-7 03920 정가 18,000원

*잘못된 책은 교환하여 드립니다.

HUEBOOKs는 한국외국어대학교 지식출판원의 인문학도서 Sub Brand이다. 한국외대의 영문 명인 HUFS, 사람을 위하는 Humanism, 교육의 Education, 색조의 Hue의 다의적인 뜻으로 해석할 수 있으며, 인문학도서 출판에 대한 의지가 담겨있다.